全国高校出版社优秀畅销书
21 世纪高职高专规划教材·财经管理系列

统计学原理

（第 2 版修订本）

主　编　史书良　王景新
副主编　朱小华　张红玲
参　编　兰莹利　付诚忠

清华大学出版社
北京交通大学出版社
·北京·

内容简介

本书是新世纪全国高职高专规划教材。

全书共分10章：统计概论，统计调查技术，统计整理技术，统计静态分析指标，动态数列分析技术，统计指数分析技术，统计抽样技术，统计假设检验技术，相关关系分析技术，统计分析报告撰写技术。本书突出了简明性、应用性、模块化的特点。为了便于教学，各章均设置了知识技能要点与要求、小结、思考题、填空题、单选题、多选题、判断题与技能实训题。

本书虽以高职高专为主要对象，但也可作为普通本科院校的独立学院、成人高校和经济管理干部培训的教材或参考书。

本书封面贴有清华大学出版社防伪标签，无标签者不得销售。
版权所有，侵权必究。侵权举报电话：010-62782989　13501256678　13801310933

图书在版编目（CIP）数据

统计学原理/史书良,王景新主编. —2版. —北京：清华大学出版社；北京交通大学出版社，2009.1（2021.2修订）

（21世纪高职高专规划教材·财经管理系列）

ISBN 978-7-81123-455-8

Ⅰ.统… Ⅱ.①史… ②王… Ⅲ.统计学-高等学校：技术学校-教材 Ⅳ.C8

中国版本图书馆CIP数据核字（2008）第184552号

责任编辑：韩　乐
出版发行：清 华 大 学 出 版 社　　邮编：100084　电话：010-62776969
　　　　　北京交通大学出版社　　邮编：100044　电话：010-51686414
印　刷　者：北京时代华都印刷有限公司
经　　　销：全国新华书店
开　　　本：185×230　印张：18　字数：403千字
版　　　次：2009年1月第2版　2021年2月第1次修订　2021年2月第9次印刷
书　　　号：ISBN 978-7-81123-455-8/C·52
定　　　价：49.00元

本书如有质量问题，请向北京交通大学出版社质监组反映。对您的意见和批评，我们表示欢迎和感谢。
投诉电话：010-51686043，51686008；传真：010-62225406；E-mail：press@bjtu.edu.cn。

出版说明

高职高专教育是我国高等教育的重要组成部分，它的根本任务是培养生产、建设、管理和服务第一线需要的德、智、体、美全面发展的高等技术应用型专门人才，所培养的学生在掌握必要的基础理论和专业知识的基础上，应重点掌握从事本专业领域实际工作的基本知识和职业技能，因而与其对应的教材也必须有自己的体系和特色。

为了适应我国高职高专教育发展及其对教学改革和教材建设的需要，在教育部的指导下，我们在全国范围内组织并成立了"21世纪高职高专教育教材研究与编审委员会"（以下简称"教材研究与编审委员会"）。"教材研究与编审委员会"的成员单位皆为教学改革成效较大、办学特色鲜明、办学实力强的高等专科学校、高等职业学校、成人高等学校及高等院校主办的二级职业技术学院，其中一些学校是国家重点建设的示范性职业技术学院。

为了保证规划教材的出版质量，"教材研究与编审委员会"在全国范围内选聘"21世纪高职高专规划教材编审委员会"（以下简称"教材编审委员会"）成员和征集教材，并要求"教材编审委员会"成员和规划教材的编著者必须是从事高职高专教学第一线的优秀教师或生产第一线的专家。"教材编审委员会"组织各专业的专家、教授对所征集的教材进行评选，对列选教材进行审定。

目前，"教材研究与编审委员会"计划用2~3年的时间出版各类高职高专教材200种，范围覆盖计算机应用、电子电气、财会与管理、商务英语等专业的主要课程。此次规划教材全部按教育部制定的"高职高专教育基础课程教学基本要求"编写，其中部分教材是教育部《新世纪高职高专教育人才培养模式和教学内容体系改革与建设项目计划》的研究成果。此次规划教材编写按照突出应用性、实践性和针对性的原则编写并重组系列课程教材结构，力求反映高职高专课程和教学内容体系改革方向；反映当前教学的新内容，突出基础理论知识的应用和实践技能的培养；适应"实践的要求和岗位的需要"，不依照"学科"体系，即贴近岗位群，淡化学科；在兼顾理论和实践内容的同时，避免"全"而"深"的面面俱到，基础理论以应用为目的，以必要、够用为度；尽量体现新知识、新技术、新工艺、新方法，以利于学生综合素质的形成和科学思维方式与创新能力的培养。

此外，为了使规划教材更具广泛性、科学性、先进性和代表性，我们希望全国从事高职高专教育的院校能够积极加入到"教材研究与编审委员会"中来，推荐"教材编审委员会"成员和有特色、有创新的教材。同时，希望将教学实践中的意见与建议及时反馈给我们，以便对已出版的教材不断修订、完善，不断提高教材质量，完善教材体系，为社会奉献更多、更新的与高职高专教育配套的高质量教材。

此次所有规划教材由全国重点大学出版社——清华大学出版社与北京交通大学出版社联合出版，适合于各类高等专科学校、高等职业学校、成人高等学校及高等院校主办的二级职业技术学院使用。

21世纪高职高专教育教材研究与编审委员会
2009年1月

第 2 版前言

统计学原理是高职高专院校财经管理类专业一门必开的基础技能课。为满足高职高专院校财经管理类专业统计学原理的教学需要,我们在清华大学出版社与北京交通大学出版社联合组建的"全国高职高专教学研究与教材编审委员会"的指导下,编写的第一版《统计学原理》教材自 2007 年 1 月问世以来颇受广大读者的欢迎,在短短的近两年时间里已连续重印 4 次之多。本教材 2008 年荣获第八届全国高校出版社优秀畅销书一等奖。这次,我们考虑国家统计方法制度改革的需要和借鉴广大读者的宝贵意见,对第 1 版的《统计学原理》教材进行了修订和补充,以期更好地满足读者的需要。《统计学原理(第 2 版)》,继续秉承了第一版教材的体系框架,同时增加了统计假设检验技术一章,并增补了填空题、单选题、多选题、判断题等技能实训部分,但仍坚持了以下四个定位。

第一,培养目标。根据高职高专教育为现代化建设培养高素质高技能型专门人才的培养目标,本教材突出了统计基本技能的培养,目的是使学生掌握统计基本技能,提高解决统计实际问题的能力。

第二,培养对象。针对高职高专的培养对象,本教材突出了简明性,即课程内容所使用的说明事例是那些学生了解和熟悉的社会生产、生活的事例,文字表述浅显、通俗易懂,适合高职高专学生的理解和阅读。

第三,学科性质。一是它是高职高专财经管理类专业的基础课,统计学原理的有关内容将在财经管理类的相关专业课程中得到运用,因此,统计学原理的教学必须为相关专业课的进一步学习打好基础;二是它是一门技能课,它虽不是统计的具体专业技能,但它是统计的基础技能,要求学生必须掌握,并能熟练地加以运用以解决实际问题。

第四,教学内容。本教材的内容按照"理论够用、适度,强化技能,重在应用"的原则进行了整合,表现在:一是应用性,即弱化了理论,加重了统计基本技能的应用与实践;二是模块化,本教材设置了十章四大模块。四大模块为统计资料搜集技术、统计资料加工整理表现技术、统计分析指标与统计分析方法技术和统计分析报告的撰写技术。每章包括四个部分:第一部分是本章的知识技能要点与要求。设置本章知识技能要点与要求的目的是使读者阅读时可对本章的主要内容及教学目标有一个总括的了解,它会引导读者带着知识技能要点去阅读和学习;第二部分是本章节的内容;第三部分是本章小结,设置本章小结,对全章内容进行概括与提炼,归纳出知识点,目的是便于读者掌握要领,加深印象;第四部分是本章的思考题及各类技能实训题。设置思考题和各类技能实训题的目的是帮助读者复习、巩固本章的基本知识和基本技能,引发读者对所学问题进行更加深入的思考,使读者能够运用所学知识与技能分析解决实际问题。其中技能实训,既有单项实训,又有综合实训,综合实训依据课程内容的顺序采取渐进式模式。

本书虽以高职高专为主要对象,但也可作为普通本科院校的独立学院、成人高校和经济管理干部培训的教材或参考书。

本书由史书良教授、王景新副教授任主编,设计了全书的修订框架,编写了修订提纲。由朱小华、张红玲任副主编。参加本书修订编写的人员有:辽宁信息职业技术学院史书良教授(第1、4章)、沈阳工业大学工程学院兰莹利讲师(第2章)、辽宁信息职业技术学院王景新副教授(第3、6、7、8章,各章的填空题、单选题、多选题和判断题)、辽阳职业技术学院朱小华讲师(第5章)、辽宁金融职业学院张红玲讲师(第9章)、辽宁信息职业技术学院史书良教授和辽宁省统计局贸易外经处付诚忠处长(第9章),最后由史书良教授、王景新副教授对全书进行了总纂、定稿。

在本书的编写和修订过程中,辽宁信息职业技术学院的张宪立教授、赵元广副教授、祝艳春副教授、高元毅讲师等对全书进行了审阅,提出了许多宝贵的意见,并对全书的总体构思及内容给与了充分的肯定和较高的评价。得到了有关单位和院校领导及同仁的帮助和支持。参考和借鉴了有关专家、学者的研究成果,其中的绝大部分列在了参考文献中,有的由于时间匆促和工作疏漏可能未列其中,深表歉意。在此,对本书的编写及修订给与帮助和支持的各位专家、学者们,一并表示衷心的感谢。

限于编者的水平和经验,书中难免有不当之处,诚恳地欢迎广大教师、学员和读者雅正,多提宝贵意见。

编　者
2009年1月

目 录

第1章 统计概论 ································· 1
1.1 统计的研究对象 ································· 1
1.1.1 统计的含义 ································· 1
1.1.2 统计的研究对象和特点 ································· 2
1.1.3 统计的职能 ································· 3
1.2 统计的工作过程与统计的研究方法 ································· 3
1.2.1 统计的工作过程 ································· 3
1.2.2 统计研究的基本方法 ································· 4
1.3 统计学中的基本概念 ································· 6
1.3.1 总体与总体单位 ································· 6
1.3.2 标志与变量 ································· 7
1.3.3 统计指标与指标体系 ································· 7
本章小结 ································· 9
思考题 ································· 10
填空题 ································· 10
单选题 ································· 11
多选题 ································· 11
判断题 ································· 12
技能实训题 ································· 12

第2章 统计调查技术 ································· 13
2.1 统计调查的意义 ································· 13
2.1.1 统计调查的概念及地位 ································· 13
2.1.2 统计调查的基本要求 ································· 13
2.1.3 统计调查的种类 ································· 14
2.2 统计调查方案的设计 ································· 15
2.2.1 确定调查目的 ································· 15
2.2.2 确定调查对象、调查单位和报告单位 ································· 16
2.2.3 确定调查项目,设计调查表 ································· 16
2.2.4 确定调查时间、地点和方法 ································· 17
2.2.5 制定调查工作的组织实施计划 ································· 18
2.3 统计调查的组织方式 ································· 18

  2.3.1 统计报表 ·· 18
  2.3.2 普查 ·· 19
  2.3.3 重点调查 ·· 19
  2.3.4 典型调查 ·· 20
  2.3.5 抽样调查 ·· 20
 2.4 统计调查的方法与技术 ··· 20
  2.4.1 统计调查的方法 ·· 20
  2.4.2 问卷调查技术 ·· 21
 本章小结 ·· 24
 思考题 ·· 25
 填空题 ·· 25
 单选题 ·· 26
 多选题 ·· 26
 判断题 ·· 27
 技能实训题 ·· 27

第3章 统计整理技术 ··· 35
 3.1 统计整理的意义和步骤 ··· 35
  3.1.1 统计整理的意义 ·· 35
  3.1.2 统计整理的步骤 ·· 36
 3.2 统计分组 ··· 37
  3.2.1 统计分组的意义 ·· 37
  3.2.2 统计分组的原则和方法 ······································ 38
 3.3 分配数列 ··· 41
  3.3.1 分配数列的概念和种类 ······································ 41
  3.3.2 变量数列的种类 ·· 42
  3.3.3 变量数列的编制 ·· 45
  3.3.4 次数分布的主要类型 ·· 47
 3.4 统计资料的汇总技术 ··· 48
  3.4.1 统计汇总的组织形式 ·· 48
  3.4.2 统计汇总技术 ·· 49
 3.5 统计表和统计图 ··· 50
  3.5.1 统计表 ·· 50
  3.5.2 统计图 ·· 53
 本章小结 ·· 56
 思考题 ·· 57
 填空题 ·· 57

单选题 ……………………………………………………………………… 58
　　多选题 ……………………………………………………………………… 58
　　判断题 ……………………………………………………………………… 59
　　技能实训题 ………………………………………………………………… 59

第4章 统计静态分析指标 ………………………………………………………… 61
4.1 总量指标 ……………………………………………………………………… 61
4.1.1 总量指标的意义 ……………………………………………………… 61
4.1.2 总量指标的种类 ……………………………………………………… 62
4.1.3 计算和运用总量指标应注意的问题 ………………………………… 63
4.2 相对指标 ……………………………………………………………………… 64
4.2.1 相对指标的意义 ……………………………………………………… 64
4.2.2 相对指标的种类 ……………………………………………………… 65
4.2.3 计算和运用相对指标应注意的问题 ………………………………… 70
4.3 平均指标 ……………………………………………………………………… 71
4.3.1 平均指标的意义 ……………………………………………………… 71
4.3.2 平均指标的计算 ……………………………………………………… 72
4.3.3 平均指标的应用原则 ………………………………………………… 82
4.4 标志变异指标 ………………………………………………………………… 84
4.4.1 标志变异指标的意义 ………………………………………………… 84
4.4.2 标志变异指标的计算 ………………………………………………… 85
　本章小结 ……………………………………………………………………………… 91
　思考题 ………………………………………………………………………………… 93
　填空题 ………………………………………………………………………………… 94
　单选题 ………………………………………………………………………………… 95
　多选题 ………………………………………………………………………………… 96
　判断题 ………………………………………………………………………………… 97
　技能实训题 …………………………………………………………………………… 97

第5章 动态数列分析技术 ………………………………………………………… 104
5.1 动态数列的意义 ……………………………………………………………… 104
5.1.1 动态数列的概念 ……………………………………………………… 104
5.1.2 动态数列的作用 ……………………………………………………… 105
5.1.3 动态数列的种类 ……………………………………………………… 105
5.1.4 动态数列的编制原则 ………………………………………………… 106
5.2 动态数列的分析指标 ………………………………………………………… 107
5.2.1 发展水平 ……………………………………………………………… 108
5.2.2 增长量 ………………………………………………………………… 108

  5.2.3 发展速度和增长速度 ... 109
  5.2.4 增长1%的绝对值 ... 111
  5.2.5 平均增长量 ... 112
  5.2.6 平均发展水平 ... 113
  5.2.7 平均发展速度和平均增长速度 ... 119
 5.3 动态数列的趋势分析 ... 124
  5.3.1 长期趋势分析 ... 124
  5.3.2 季节变动分析 ... 129
 本章小结 ... 132
 思考题 ... 134
 填空题 ... 135
 单选题 ... 135
 多选题 ... 136
 判断题 ... 137
 技能实训题 ... 137

第6章 统计指数分析技术 ... 141
 6.1 统计指数的意义 ... 141
  6.1.1 指数的概念 ... 141
  6.1.2 指数的种类 ... 141
  6.1.3 指数的作用 ... 142
 6.2 综合指数 ... 142
  6.2.1 综合指数的意义 ... 143
  6.2.2 数量指标综合指数的编制 ... 143
  6.2.3 质量指标综合指数的编制 ... 145
 6.3 平均指数 ... 148
  6.3.1 平均指数的意义 ... 148
  6.3.2 平均指数的计算形式 ... 149
  6.3.3 平均指数与综合指数的区别和联系 ... 154
 6.4 指数因素分析法 ... 154
  6.4.1 指数体系的意义 ... 154
  6.4.2 指数因素分析法 ... 157
 6.5 平均指标指数 ... 158
  6.5.1 平均指标指数的意义 ... 158
  6.5.2 固定构成指数 ... 160
  6.5.3 结构影响指数 ... 160
  6.5.4 平均指标指数体系 ... 161

  6.5.5 平均指标指数与平均指数的异同 ········· 161
 本章小结 ········· 162
 思考题 ········· 164
 填空题 ········· 164
 单选题 ········· 165
 多选题 ········· 165
 判断题 ········· 166
 技能实训题 ········· 167

第 7 章 统计抽样技术 ········· 172

 7.1 统计抽样的意义 ········· 172
  7.1.1 统计抽样的概念与特点 ········· 172
  7.1.2 统计抽样的作用 ········· 173
  7.1.3 统计抽样的基本概念 ········· 174
 7.2 抽样误差 ········· 176
  7.2.1 抽样误差的意义 ········· 176
  7.2.2 抽样平均误差 ········· 177
  7.2.3 抽样极限误差 ········· 180
 7.3 抽样估计的方法 ········· 182
  7.3.1 点估计 ········· 182
  7.3.2 区间估计 ········· 182
 7.4 抽样方案的设计 ········· 184
  7.4.1 抽样框的编制 ········· 184
  7.4.2 抽取样本单位的方法 ········· 184
  7.4.3 抽样的组织形式 ········· 185
  7.4.4 必要样本单位数的确定 ········· 189
 本章小结 ········· 191
 思考题 ········· 193
 填空题 ········· 194
 单选题 ········· 194
 多选题 ········· 195
 判断题 ········· 196
 技能实训题 ········· 196

第 8 章 统计假设检验技术 ········· 199

 8.1 假设检验的一般问题 ········· 199
  8.1.1 假设检验的概念 ········· 199
  8.1.2 假设检验的基本思想 ········· 200

- 8.1.3 假设检验的基本步骤 ... 202
- 8.1.4 双侧检验和单侧检验 ... 202
- 8.1.5 进行假设检验应注意的问题 ... 203

8.2 总体平均值的假设检验 ... 203
- 8.2.1 双侧假设检验 ... 203
- 8.2.2 单侧假设检验 ... 206

8.3 总体成数的假设检验 ... 207
- 8.3.1 双侧 U 检验法 ... 207
- 8.3.2 单侧 U 检验法 ... 208

本章小结 ... 209
思考题 ... 210
填空题 ... 210
单选题 ... 211
多选题 ... 212
判断题 ... 212
技能实训题 ... 212

第9章 相关关系分析技术 ... 214

9.1 相关关系分析的意义 ... 214
- 9.1.1 相关关系的概念及特点 ... 214
- 9.1.2 相关关系的种类 ... 216
- 9.1.3 相关关系分析的内容 ... 217

9.2 相关分析 ... 217
- 9.2.1 相关表和相关图 ... 218
- 9.2.2 相关系数 ... 219

9.3 直线回归分析 ... 221
- 9.3.1 回归分析的含义 ... 221
- 9.3.2 简单线性回归方程的建立 ... 222
- 9.3.3 回归分析与相关分析的区别 ... 223
- 9.3.4 回归估计标准误差 ... 224

本章小结 ... 225
思考题 ... 226
填空题 ... 226
单选题 ... 226
多选题 ... 227
判断题 ... 228
技能实训题 ... 228

第10章 统计分析报告的撰写技术 231

10.1 统计分析报告的意义 231
10.1.1 统计分析报告的概念与特点 231
10.1.2 统计分析报告的作用 232
10.1.3 统计分析报告的种类 232

10.2 统计分析报告的结构格式 233
10.2.1 标题 233
10.2.2 导语 233
10.2.3 正文 234
10.2.4 结尾 235

10.3 统计分析报告的说理方法 236
10.3.1 统计的方法 236
10.3.2 逻辑的方法 236
10.3.3 辩证的方法 237

10.4 统计分析报告的类型 237
10.4.1 说明型 237
10.4.2 计划型 237
10.4.3 总结型 238
10.4.4 公报型 238
10.4.5 调查型 239
10.4.6 分析型 239
10.4.7 研究型 239
10.4.8 预测型 240

10.5 统计分析报告的写作程序 240
10.5.1 选择分析课题 240
10.5.2 拟制分析提纲 241
10.5.3 收集加工资料 241
10.5.4 分析认识事物 241
10.5.5 构思内容形式 242

本章小结 243
思考题 243
填空题 243
单选题 243
多选题 244
判断题 245
技能实训题 245

部分技能实训题参考答案……………………………………………………………………… 248
附录 A　国民经济和社会发展重要统计指标………………………………………………… 253
附录 B　正态分布概率表……………………………………………………………………… 263
附录 C　标准正态分布概率双侧临界值表…………………………………………………… 266
附录 D　t 分布临界值表……………………………………………………………………… 268
附录 E　标准正态分布概率较小制累计分布表……………………………………………… 270
参考文献………………………………………………………………………………………… 272

第1章 统计概论

📖 **本章知识技能要点与要求**

- 理解统计的研究对象与特点
- 理解统计的职能
- 重点掌握统计的工作过程与方法
- 重点掌握统计的基本概念

1.1 统计的研究对象

1.1.1 统计的含义

统计是适应人类社会生产生活的需要而产生的,并随着社会生产力的发展而发展的。"统计"一词起源已久,其含义在中外历史上不断演变,屡有变化。在我国当今的现实生活中,统计主要有三种含义,即统计工作、统计资料和统计学。"我是做统计的"中的"统计"是指统计工作,"据统计"中的"统计"是指统计资料,"我是讲统计的"中的"统计"是指统计学。

统计工作即统计实践活动,是指为实现一定的统计目的,采用科学的方法所从事的统计设计、调查、整理和分析,以提供各种统计资料、进行统计咨询、实行统计监督等各种活动的总称。统计资料是指统计工作活动所获得的各种数字资料及与之相关的其他资料的总称,它的内容是反映社会经济现象的总规模、总水平、速度、结构和比例关系等信息的数字资料及与之相关的文字资料;它的表现形式主要是统计表、统计图、统计报告、统计公告、统计年鉴等。统计学即统计理论,是统计工作实践活动的科学总结和理论概括,它系统地阐述了对社会经济现象总体的数量方面进行统计设计、调查、整理和分析的理论与方法。

统计的三种含义虽然不同,但有着密切的关系。统计工作与统计资料是过程与结果的关系,统计工作是一种具体的社会经济活动过程,统计资料是这种活动过程的结果。因此,统计资料的需求支配着统计工作的布局,而统计工作的好坏又直接影响着统计资料的质量。统计工作与统计学是实践与理论的关系,统计学来源于统计工作的实践,反过来又指导着统计实践活动的开展。统计工作与统计学的关系对于帮助统计的初学者学习、掌握和应用统计基本技能具有重要的指导意义。

1.1.2 统计的研究对象和特点

统计的研究对象是社会经济现象总体的数量方面,通过对社会经济现象总体数量方面的研究,目的是认识社会经济现象的现状、本质、现象间的数量关系和发展变化的趋势与规律。例如人口统计就是通过对我国人口总体各种数量方面的调查、整理和分析研究,以认识我国人口的现状、结构、发展变化及人口生产与物质生产的关系。统计研究社会经济现象总体的数量方面,可以从以下四个方面来理解,或者说统计区别于其他社会经济现象的调查研究活动有以下四个特点。

1. 数量性

统计的研究对象是社会经济现象的数量方面,包括现象量的多少、现象间的数量关系和决定现象质量的数量界限三个方面。统计研究现象的数量方面,是统计区别于其他调查研究活动的根本特点。必须指出,任何事物都存在质和量两个方面,事物的质与量是密不可分的,统计研究社会经济现象的数量不是纯数量的研究,而是必须在质与量的辩证统一中,遵循质→量→质的认识规律,即首先对社会经济现象的性质、特点及运动过程有一定的认识,其次在此基础上去研究现象的数量,最后达到对现象更高一级质的认识。比如,高职教育统计,必须先认识什么是高职教育,高职教育与高等普通教育有什么不同,高职教育与中职教育有什么不同,对高职教育有了正确的认识之后,才能去统计高职院校数、高职在校生数、不同专业高职在校生数等数量方面,进而研究高职教育的发展现状、高职教育的布局,高职教育的专业建设是否合理,高职教育是否适应社会经济发展的需要等问题。

2. 总体性

统计研究的对象不是个体现象的数量方面,而是由许多个体现象构成的总体现象的数量方面。统计研究对象的总体性特点,是由社会经济现象的特点和统计的研究目的所决定的。社会经济现象错综复杂,各个个体现象所处的条件不同,他们既受共同因素和基本因素的影响,又受某些个别的、偶然因素的影响。因此,个体现象的数量难以说明社会经济现象总体的本质和规律性。只有以社会经济现象总体为研究对象,才能消除那些个别的、偶然因素的影响,显示出共同因素和基本因素作用的结果,正确地揭示社会经济现象的本质和规律性。但必须指出,总体是由个体所构成的,研究社会经济现象总体的数量方面,必须从个体现象的调查研究开始,是从个体到总体的研究过程。比如,研究我国居民的生活水平,必须以所有居民户为研究对象,从个别居民户调查开始,在大量的或足够多的居民户调查资料中,才能认识到在社会主义基本经济规律的作用下,我国居民的生活水平不断提高的客观事实。

3. 具体性

统计所研究现象的数量是具体的量,不是抽象的量。数学虽是以空间形式和数量关系为研究对象,但它是抽象的,没有具体的内容。而统计所研究的量是具体事物在具体时间、地点和条件下的数量表现,它总是和现象的质密切结合在一起的。例如,2003年我国的钢产量为22233.60万吨,原煤产量为16.67亿吨,原油产量为1.70亿吨等,这组数据是具体的,是我国在2003年这一具体条件下,钢、原煤、原油生产的数量表现。统计的具体性是统计与数学的根本区别。但由于统计是研究社会经济现象数量方面的,所以在统计实践中广泛地运用数学方法与数学模型来研究社会经济现象的数量方面。

4. 社会性

统计是人类研究社会经济现象的实践活动,这种研究具有社会性。它表现在三个方面:一是统计研究的客体即社会经济现象具有社会性。社会经济现象是人类社会活动的条件、过程和结果,包括政治、经济、文化、教育、卫生、法律、道德等。它们反映着各种各样的社会经济关系;二是统计研究的主体即人类具有社会性。在人类社会认识活动的统计实践中,不同的人对社会经济现象的认识有不同的立场和观点,并总是为一定的社会集团利益服务。在社会主义制度下,进行社会经济统计活动的主体是社会主义国家的各级统计组织及其工作人员,他们的工作和人民的根本利益是一致的。但由于存在着全局利益和局部利益,集体利益和个人利益,长远利益和眼前利益的矛盾,这些矛盾必然会反映到统计实践中,影响统计资料的质量;三是统计主客体间的相互关系具有社会性。集中表现在主体对客体是否是实事求是的反映。为了充分发挥统计的作用,我们必须充分认识统计的社会性特点,正视矛盾,解决矛盾,坚持实事求是的原则,切实保证统计资料的准确性和科学性。

1.1.3 统计的职能

职能是人、事物、机构应有的作用或功能。统计这种社会认识活动在国民经济管理中具有信息、咨询、监督三大基本职能。

统计的信息职能是最基本的职能,它是指对统计的研究对象,运用科学的统计调查方法,灵敏、系统地采集、处理、传递、存储和提供以数量描述为基本特征的各种各样的信息。

统计的咨询职能是统计信息职能的延续和深化,它是指利用已经掌握的丰富的统计信息资源,运用科学的分析方法和先进的技术手段,深入开展综合分析和专题研究,为经济活动的科学决策和管理提供各种可供选择的咨询建议和对策方案。

统计的监督职能是通过信息反馈来评判、检验和调整决策方案,它是根据统计调查和统计分析资料,及时、准确地从总体上反映社会经济现象的运行状态,并对其实行全面、系统的定量检查、监督和预警,以促进国民经济按照客观规律的要求持续、稳定、协调的发展。

上述三种职能相辅相成、相互作用,构成了一个有机的整体。统计信息职能是保证统计咨询和监督职能有效发挥的基础。统计咨询职能是统计信息职能的延续和深化。而统计监督职能则是在统计信息和咨询职能基础上的进一步拓展,并促进统计信息和咨询职能的优化。

1.2 统计的工作过程与统计的研究方法

1.2.1 统计的工作过程

统计工作是一项错综复杂的系统工程,在研究社会经济现象总体的数量方面上有一套科学的工作程序,它包括统计设计、统计调查、统计整理和统计分析四个阶段。

1. 统计设计

统计设计是统计工作过程的准备阶段。它是根据统计研究对象的性质和研究的任务与目的,对统计工作的各个方面和各个环节所作出的通盘考虑和安排。统计设计既有横向设计又有纵向设计,既有从无到有的新设计又有对原有设计的修订设计。统计设计的结果表现为统计设计方案,统计设计方案包括明确统计工作的目的与任务;设计统计指标与指标体系,统计调查表,搜集统计资料的方法,资料汇总程序、资料整理方案;设计各阶段工作进度与力量安排;落实经费来源与物资保证等内容。统计设计指导着统计工作的各项具体活动。

2. 统计调查

统计调查是统计工作过程中搜集资料的阶段。统计调查的任务是根据统计设计的要求,有计划、有组织地搜集原始资料和次级资料。它是统计工作的基础环节。统计调查搜集资料的质量如何,直接影响着统计工作的最终质量。因此,统计调查的资料要准确、及时和完整。

3. 统计整理

统计整理是统计工作中的资料加工阶段。统计整理的任务是根据研究的目的,将统计调查取得的各项资料进行分组和汇总,以得到反映社会经济现象总体系统化、条理化的综合数字资料。统计整理在统计工作过程中处于中间环节,既是统计调查的继续,又是统计分析的前提,起着承前启后的作用。

4. 统计分析

统计分析是统计工作的最终成果阶段。它的任务是根据加工整理后的统计资料,结合具体情况,运用各种分析方法进行分析研究,肯定成绩,发现问题,找出原因,探究事物的本质及其规律性,提出解决问题的办法,作出科学的分析结论。统计分析是统计工作的决定性阶段。

统计工作的四个阶段是相互依存又紧密联系的。只有把各个阶段的工作做好,才能保证整个统计工作的质量。统计工作过程的四个阶段,从理论上讲是相互独立的,但在实际工作中,各个阶段又是经常交叉进行的。例如,在统计设计阶段中,要对所研究的客观现象有一个初步的了解,作些试点调查,才能确定统计的指标和指标体系;在统计调查和整理过程中,又往往离不开必要的分析研究,有时还要作一些补充调查;在统计分析中可能会发现某些资料有问题或不完整,又要重新进行调查或整理等。

1.2.2 统计研究的基本方法

统计研究的方法很多,但归纳起来有三大类,即大量观察法、分组法和综合指标法,现进行分述:

1. 大量观察法

所谓大量观察法就是对所要研究的事物的全部或足够多数的单位进行观察。在社会经济现象的总体中,个别现象往往受各种偶然因素的影响,如果孤立地就其中少数单位进行观察,其结果常常不足以反映现象总体的一般特征。列宁曾指出:"应该设法根据正确的和不容争辩的事实来建立一个可靠的基础,……要这个基础成为真正的基础,就必须毫无例外地掌握与所研究的问题有关的事实的全部总和,而不是抽取个别的事实。"① 所以,大量观察法是统计的基本方法之一。通过大量观察法,一方面可掌握认识事物所必须的总体的各种总量,另一方面还可以通过个体离差的相互抵消,在一定范围内排除某些个别现象和偶然因素的影响,从数量上反映出总体的本质特征。

在我国的统计实践中,广泛地运用了大量观察法组织各种统计调查,诸如各种基本的、必要的统计报表,普查、重点调查和抽样调查等。这些都是对总体进行的大量观察,以保证从整体上认识事物。当然,在统计观察和分析中,也常常对个别典型单位进行深入细致的调查研究,但是,它的最终目的仍然是为了说明总体的本质和特征。

2. 分组法

根据所研究对象总体的特点和统计研究的任务,按照一定的标志,把所研究的现象总体划分为不同性质或类型的组,这种方法在统计上称为分组法。

社会经济现象是十分复杂的,具有多种多样的的类型。从数量方面认识事物不能离开事物质的方面,将所研究的现象总体区分为不同性质的部分是统计进行加工整理和深入分析的前提。例如,要研究工业部门结构的发展变化及其对国民经济的影响,就必须把全部工业区分为冶金工业、电力工业、煤炭工业、化学工业、机械工业、建材工业、森林工业、食品工业、纺织工业、缝纫工业、皮革工业、造纸工业,文教艺术用品工业和其他工业等若干部门,才能分别调查和分析各个部门的产量、劳动力、固定资产、能源消耗、资金占用、利润及固定资产投资等方面的情况。统计分组法贯穿统计工作的全过程。统计调查离不开分组,统计资料加工整理中,分组是关键环节,统计分析更是时刻不能没有分组,统计分析中综合指标的应用更是要建立在统计分组的基础之上,没有科学的分组要制定正确的指标体系也是不可能的。这些都说明了统计分组法在整个统计工作过程中的重要意义。

3. 综合指标法

所谓综合指标法,是指利用综合指标对现象总体的数量特征和数量关系进行综合、概括和分析的方法。统计是研究社会经济现象总体数量方面的,所以,从总体上认识事物是统计研究的根本原则,它表现在统计分析上就构成了综合指标法,它是统计分析的基本方法之一。

综合指标法和分组法是运用于统计工作全过程的基本方法,而综合指标法又是建立在大量观察法的基础上的,分组法又为综合指标法的正确运用创造了前提。此外,统计工作中还要运用典型调查法、相关与回归分析法、科学估算法和预测分析方法等。

统计研究方法的实质是唯物辩证法在研究社会经济现象数量方面的具体应用。因此,在

---

① 《列宁全集》第 23 卷,人民出版社,1963 年版,第 279~280 页。

运用统计研究方法时,还必须注意要根据实际情况,按照需要与可能,分别采用不同的统计方法;要善于把多种统计方法结合运用,相互补充。

1.3 统计学中的基本概念

统计学中有些专门的概念,其中有的是基本的、常用的,有的是局部的,在论述专门问题时使用。属于局部的在有关章节中讲解,本节仅就几个基本的、常用的概念加以阐述。

1.3.1 总体与总体单位

统计总体简称总体,它是统计调查研究的对象。具体地说,总体是由客观存在的,具有某一相同性质的许多个别单位所构成的整体。构成总体的个别单位叫总体单位,简称个体。例如,要研究某地区工业企业的生产经营情况,则该地区的所有工业企业就是调查研究的对象,形成统计总体。它是由客观存在的、从事工业生产活动的许多工业企业所组成。其中每个工业企业就是总体单位。

总体具有以下三个特征。

1. 同质性

同质性是指构成总体的所有个别单位必须具有某种共同的性质。如前例,总体的同质性是该地区从事工业生产活动的企业,不是从事农业生产活动的企业,或其他活动性质的企业,更不是事业单位。同质性是个体组成总体的前提。

2. 大量性

大量性是指总体是由足够多的单位所组成,个别少数单位不能构成总体。如前例,总体的大量性是指许多个企业,可能是上千个、上万个,甚至更多。大量性是由统计的研究目的决定的。

3. 变异性

变异性是指构成总体的个别单位在某一性质上是相同的,但在另外一些性质上又是有差异的。如前例,总体各单位虽然都是该地区从事工业生产活动的企业,但各单位的所有制性质、职工人数、资金占用额、产值、利润额等,都是不同的。变异是统计的前提,有变异才需要统计,无变异就不需要统计。

总体按总体单位数目是否有限,可分为有限总体和无限总体。总体单位数目有限,能够计算出总数的总体称为有限总体。如一个企业的所有职工就形成有限总体。总体单位数目无限,不能计算出总数的总体则称为无限总体。现实生活中有的总体单位数从理论上讲是有限的,但不能确定其单位总数,实际工作中仍视为无限总体。如水库中放养的鱼就是如此。对有限总体既可进行全面调查又可进行非全面调查,对无限总体只能进行非全面调查。

在统计工作中,总体与总体单位不是固定不变的,而是随着研究目的的改变,它们之间是可以相互转化的。例如,某地区工业局要研究所属工业企业的生产情况,则该局所属工业企业是总体,每个企业是总体单位;若研究目的是该地区所有工业局的生产情况,则该地区所有工业局是总体,每个工业局就是总体单位。

1.3.2 标志与变量

1. 标志

标志是反映总体单位特征的名称。如以某企业所有职工为总体,则每个职工的性别、年龄、民族、工资等特征在统计上称其为标志。总体单位特征的具体表现叫标志表现。如上例,性别是标志,男或女就是标志表现;年龄是标志,20岁、30岁等就是标志表现。

标志按其表现形式不同,有数量标志与品质标志之分。数量标志是指表现为数量上不同的标志。如上例中的年龄、工资等。品质标志是指不能用数量表现的标志。如上例中的性别、民族等。

标志按其在各单位上的表现是否相同,可分为不变标志和可变标志。在总体各单位上表现完全相同的标志叫做不变标志。如要研究全民所有制企业的生产经营情况,则每个企业的所有制形式这个标志的具体表现均为"全民",所以"所有制形式"这个标志在这项调查中为不变标志。在总体各个单位上表现不尽相同的标志叫可变标志。如研究职工身体健康状况,则每个职工的年龄不同,"年龄"这个标志在这项调查中就是可变标志。不变标志是个体形成总体的前提,体现为总体的同质性。可变标志是统计调查研究的项目。

总体单位是标志的承担者,标志是表明总体单位特征的,标志表现是总体各单位某种特征的具体表现形式。统计总体是由性质相同的总体单位所组成,标志是统计所要调查研究的项目,标志表现是统计调查登记的内容。

2. 变量

变量是可变的数量标志。如前例中的年龄、工资等。变量的具体表现叫变量值,如年龄是变量,20岁、30岁等是变量值。

变量按其数值表现是否连续,可分为连续变量和离散变量。连续变量指其取值是连续不断的,相邻两个变量值之间可作无限分割,或者说变量值可以取小数的变量。如工资、身高等。离散变量指其取值只能是整数,如职工人数、企业数等。连续变量的数值用测量或计量的方法取得,离散变量的数值用计数的方法取得。

1.3.3 统计指标与指标体系

1. 统计指标的意义

统计指标简称指标,是反映总体某种数量特征的社会经济范畴。例如,要研究某地区工业企业的生产经营情况,则该地区的工业企业数、工业总产值、职工人数、劳动生产率等,都是反映该地区所有工业企业这个总体数量特征的,因此,它们都是指标。

统计指标一般是由指标名称和指标数值两个要素组成,但在统计设计阶段把指标名称也叫做指标。经过调查和整理之后,统计指标必须既含有指标名称又含有指标数值两个基本部分。在统计实践中,一个完整科学的指标概念应该包括指标所属的时间、空间、指标名称、指标数值、计量单位和计算方法六个要素。例如,某地区 2005 年工业总产值是 800 亿元,这个统计指标中的时间是 2005 年,空间是该地区所有工业企业,指标名称是工业总产值,指标数值是 800,计算单位是亿元,计算方法是根据工业企业统计制度中的规定而确定的,目前我国的工业总产值采用的是"工厂法"。

统计指标具有以下三个特点。

1) 数量性

统计指标是社会经济现象总体的数量表现。因此,任何统计指标都可用数量表现,不存在不能用数量表现的统计指标。

2) 综合性

统计指标是总体特征的数量表现。总体是由性质相同的许多个别单位组成的整体,总体的数量特征也必然是各个总体单位数量特征的综合,因此,指标具有综合性。

3) 具体性

统计指标总是某一具体的社会经济现象的综合数量,不存在脱离了质的内容的统计指标。统计指标的具体性是指统计指标是一定时间、地点、条件下的客观事实的数量反映。

统计指标在统计中占有中心地位,因为统计反映社会经济现象总体的数量特征离不开统计指标。统计指标具有定性认识和定量认识的双重作用,它既明确了总体的性质又反映了其数量。

指标与标志既有区别又有联系,区别表现在:第一,指标是表明总体数量特征的,标志是表明总体单位特征的;第二,指标都是用数值表示的,没有不用数值表示的指标;而标志既有能用数值表示的数量标志,又有不能用数值表示的品质标志。联系表现在:第一,汇总关系。许多指标的数值是由总体单位的数量标志值汇总而来的,如某地区所有工业企业的工业总产值就是每个工业企业工业总产值的汇总数;第二,转化关系。指标与数量标志之间存在着相互转化关系,即随着研究目的的改变,原来的总体变为总体单位,相应的指标也就变成数量标志了,反之亦然。

2. 统计指标的种类

统计指标按其反映总体特征的性质不同,分为数量指标和质量指标。数量指标是反映社会经济现象总体的总规模和总水平的指标,一般用绝对数表示,如人口总数、粮食总产量、国内生产总值等。数量指标的数值一般随着总体范围的扩大或缩小而增减,是统计的基础数据,是认识总体数量特征的起点,说明事物的广度。质量指标是反映社会经济现象总体平均水平和相对水平的指标,一般用平均数或相对数表示,如产品的平均单位成本、人均粮食产量、人均国内生产总值等。质量指标的数值一般不随总体范围大小的变化而变化,是在数量指标基础上派生出来的,是对总体数量特征认识的深入,说明事物的深度。如人均国内生产总值就是根据人口总数和国内生产总值两个数量指标计算出来的,通过国内生产总值与人口数的数量对比关系反映了一个国家的经济实力。

统计指标按其表现形式不同可分为总量指标、相对指标和平均指标。总量指标与数量指标是等价概念,只是称谓不同,相对指标与平均指标是质量指标的两种不同表现形式。关于总量指标、相对指标和平均指标的具体内容将在第4章中详述。

3. 统计指标体系

1) 统计指标体系的概念

统计指标体系是指一系列相互联系、相互制约的统计指标所构成的一个整体,用来说明社会经济现象发展的全貌、全过程和发展中的相互关系。一个指标只能表明社会经济现象总体在某一特征或某一方面上的情况,只有用统计指标体系才能从各个方面的相互联系中反映总体的全面情况。例如,考核一个地区工业企业的生产经营情况,就必须设计包括人、财、物和供、产、销等各方面活动的一系列的统计指标,这样才能认识这个地区工业企业生产经营活动的全貌、全过程及其相互关系,以作出正确的评价。

2) 统计指标体系的基本分类

统计指标体系按其作用不同,可以分为基本统计指标体系和专题统计指标体系。基本统计指标体系也称社会经济指标体系,它是反映国民经济和社会发展及其各个组成部分基本情况的指标体系;专题统计指标体系是针对某一个经济或社会问题而制定的专项指标体系,例如,有关能源问题的指标体系、经济效益的指标体系、文化教育的指标体系等,相对社会经济指标体系来说就是专题指标体系。除此分类外,还有其他分类。

本章小结

本章主要阐述三个大问题:一是统计的研究对象、特点及统计的职能作用;二是统计的工作过程与方法;三是统计中常用的基本概念。

统计的含义主要有三种,即统计工作、统计资料和统计学。统计的研究对象是社会经济现象总体的数量方面,通过对社会经济现象总体数量方面的研究,以便认识社会经济现象的现状、本质、现象间的数量关系和发展变化的趋势与规律。它具有数量性、总体性、具体性和社会性四个特点。统计在国民经济管理中具有信息、咨询和监督三大职能。

统计工作过程包括统计设计、统计调查、统计整理和统计分析四个阶段。四个阶段既是相互独立的,又是相互交叉、相互依存、紧密联系的。统计研究的方法归纳起来,有大量观察法、分组法和综合指标法三大类。

统计中常用的基本概念包括总体与总体单位,标志与变量,统计指标与指标体系等。统计调查研究的对象是统计总体,简称总体。反映总体某种数量特征的社会经济范畴称为统计指标,简称指标。统计指标一般由指标名称和指标数值两个基本要素组成。一系列相互联系、相互制约的统计指标所构成的完整体系形成统计指标体系,用来说明社会经济现象发展的全貌、全过程和发展中的相互关系。研究总体的数量方面,必须从构成总体的个别单位即总体单位的研究开始。反映总体单位特征的名称是标志,标志按其表现形式不同可分为品质标志和数量标志,按其在各单位上的表现是否相同可分为不变标志和可变标志,其中可变的数量标志是变量,变量按其数值表现是否连续可分为连续变量和离散变量。

思考题

1-1　"统计"一词有几种含义,它们之间是什么关系?
1-2　统计的研究对象是什么?它有哪些特点?如何理解?
1-3　统计的职能有哪些?如何理解?
1-4　统计的工作过程有几个阶段,它们的关系如何?
1-5　统计的研究方法有哪些?
1-6　什么是总体、总体单位、标志、指标,它们的关系如何?
1-7　什么是变量,有几种,如何区分?
1-8　什么是指标、指标体系,二者有何关系?
1-9　什么是数量指标和质量指标,各有什么特点和作用?

填空题

1-1　"统计"一词的三个含义是:(　　)、(　　)、(　　)。
1-2　统计的研究对象是社会经济现象(　　　　　　)。
1-3　统计区别其他社会经济现象调查研究活动的特点有(　　)、(　　)、(　　)、(　　)。
1-4　统计的三个基本职能是:(　　)、(　　)、(　　)。
1-5　统计的工作过程包括(　　)、(　　)、(　　)、(　　)四个阶段。
1-6　统计的研究方法有三大类,即(　　)、(　　)、(　　)。
1-7　统计的研究方法中,(　　)贯穿统计工作的全过程。
1-8　总体的特征是:(　　)、(　　)、(　　),其中,(　　)是个体形成总体的前提,(　　)是统计的前提。
1-9　标志是反映(　　)特征的名称,指标是反映(　　)数量特征的社会经济范畴。
1-10　变量按其数值表现是否连续,可分为(　　)和(　　)。
1-11　统计指标一般由(　　)和(　　)两个要素所组成,具体的统计指标应包括(　　)、(　　)、(　　)、(　　)、(　　)、(　　)六要素。
1-12　某系有男生400人,那么该系男生"性别"这个标志就是(　　)标志;该系男生"年龄"这个标志就是(　　)标志,也叫(　　)。

单选题

1-1 构成统计总体必须同时具备（　　）特点。
A．总体性、数量性和同质性　　B．总体性、同质性和差异性
C．社会性、同质性和差异性　　D．同质性、大量性和变异性

1-2 要了解某企业职工的文化水平情况，则总体是（　　）。
A．该企业的全部职工　　B．该企业每个职工的文化程度
C．该企业的每个职工　　D．该企业全部职工的平均文化程度

1-3 某县农村居民的年人均收入 6000 元是（　　）。
A．离散变量　　B．数量标志　　C．统计指标　　D．品质标志

1-4 某工人月工资 1000 元，则"工资"是（　　）。
A．数量指标　　B．质量指标　　C．数量标志　　D．品质标志

1-5 调查某大学 6000 名学生的学习成绩，则总体单位是（　　）。
A．6000 名学生　　B．6000 学生的学习成绩
C．每一名学生　　D．每一名学生的学习成绩

多选题

1-1 下列总体中属于有限总体的是（　　）。
A．全国人口　　B．池塘的鱼　　C．某地区工业企业　　D．某企业全部设备
E．工业企业连续大量生产的产品

1-2 调查某市工业企业的生产经营情况，下列属于数量标志的是（　　）
A．企业的职工人数　　B．企业总数
C．企业所有制形式　　D．企业现有设备台数
E．企业的平均产值

1-3 下列属于离散变量的是（　　）。
A．人口数　　B．播种面积　　C．设备台数　　D．工资总额　　E．企业数

1-4 对某企业职工进行调查，下列属于品质标志的是（　　）。
A．平均工资　　B．工作年限　　C．文化程度　　D．年龄　　E．职称

1-5 指标与标志之间存在着转换关系是指（　　）。
A．在同一研究目的下，指标和标志可以相互对调
B．指标有可能成为数量标志
C．数量标志有可能成为指标
D．在不同研究目的下，指标和标志可以相互对调

E. 在任何情况下,指标和标志都可以互相对调

判断题

1-1　用文字表示的统计指标是质量指标,用数字表示的统计指标是数量指标。(　　)
1-2　数量标志就是变量。(　　)
1-3　数量标志和指标在一定条件下可以转化。(　　)
1-4　总体和总体单位不是固定不变的,随着研究目的的改变是可以相互转化的。(　　)
1-5　某学生的性别是男,"男"是品质标志。(　　)

技能实训题

【实训1】某市统计局拟对该市所有工业企业的生产经营情况进行调查,试指出此项调查的总体、总体单位、5个以上的标志和指标;并指出哪些标志是品质标志,哪些标志是数量标志,哪些数量标志是变量,哪些变量是连续变量,哪些变量是离散变量。

【实训2】假设某市2005年商业企业有关统计资料见表1-1。

表1-1　某市2005年商业企业统计表

企业所有制类型	企业数/个	销售额/亿元		人均销售额/万元	
		2005年	2005年为2004年的%	2005年	2005年为2004年的%
全民所有制	25	30	106.0	20	98
集体所有制	32	12	108.0	18	99
个体所有制	226	16	112.0	26	115
其他	15	5	104.0	17	110
合计(全市)	298	63	107.7	21	103

要求:(1)试指出表1-1中的总体、总体单位、指标、数量指标、质量指标。

(2)为获得表1-1资料,应调查总体单位的哪些标志?哪些标志是品质标志?哪些标志是数量标志?哪些数量标志是变量?哪些变量是连续变量?哪些变量是离散变量?

第 2 章 统计调查技术

📖 **本章知识技能要点与要求**

- 理解统计调查的概念、地位、要求及种类
- 掌握调查方案的内容,并能根据具体的调查目的和客观实际情况制定统计调查方案
- 了解统计报表与普查,掌握重点调查、典型调查、抽样调查之间的区别
- 掌握调查问卷的结构,并能根据具体的调查目的和实际情况设计调查问卷

2.1 统计调查的意义

2.1.1 统计调查的概念及地位

统计调查是根据统计研究的目的、要求和任务,采用科学的调查方法,有计划、有组织地搜集统计资料的工作过程。搜集的统计资料有两类:一类是原始资料,即直接对调查单位登记没有经过加工、整理的资料,这类资料又称初级资料。另一类是次级资料,即已经经过加工、整理的,在一定程度上说明总体特征的资料。次级资料也是从原始资料加工整理而来的,但它是过去调查得到的历史资料,需要按照新的调查目的、要求和任务重新整理。因此,这类资料一般又称为第二手资料。统计调查所搜集的资料一般是指原始资料,所以,两类资料中原始资料的搜集是主要的。

统计调查是整个统计工作过程的基础环节。首先,通过统计调查,搜集所需的资料,是统计定量认识的开始。没有统计调查,统计工作也就成了无源之水、无本之木。其次,统计调查搜集资料的质量如何,直接影响着统计工作的最终质量。如果统计调查工作做得不好,得到的材料残缺不全或有错误,就会影响整个统计工作。

2.1.2 统计调查的基本要求

为了夯实统计调查这个基础,保证统计工作的质量,维护统计工作的生命,要求统计调查所搜集的资料必须做到准确、及时和完整。

(1) 准确性。即统计调查得到的资料应该是真实可靠、符合客观实际,不受人的主观偏见和错误意识的影响。准确性是统计资料的生命,如果统计资料不真实,必将给统计工作带来不

良的影响。统计资料的准确性主要不是技术性问题,而是涉及是否坚持统计制度和纪律,坚持实事求是,如实反映情况的原则问题。在我国,统计立法的核心就是保障统计资料的准确性、客观性和科学性。各种社会团体和经济组织,都要依照《统计法》和有关规定,提供真实的统计资料,不允许虚报、瞒报、拒报、伪造、篡改统计资料。各级组织和每一位公民都有义务如实提供国家统计调查所需的资料。统计人员一定要有对事业高度负责的精神,如实反映情况,坚决反对以任何手段来破坏资料的准确性,把保证统计资料的真实准确作为自己的光荣职责。

(2) 及时性。即统计调查要按时完成资料的搜集和上报任务,以充分发挥统计资料的时间价值。及时性是统计工作时效性的要求,需要的是雪中送炭,不是雨后送伞,时过境迁的资料就失去价值。统计资料的及时性也是一个全局性问题。一项统计工作任务的完成,是由许多单位共同努力的结果,任何一个调查单位不按规定的时间提供资料,都会影响全面的综合工作,以至于贻误整个统计工作的开展。因此,保证及时地提供统计资料不是个别单位积极工作就能奏效的,必须是各个单位的所有调查人员都增强全局观念,一致遵守制度和纪律才能做到。

(3) 完整性。统计调查搜集的资料,一是要调查单位的完整,做到调查单位不重复、不遗漏,以保证反映被研究现象整体的面貌;二是要做到搜集的项目齐全,调查项目不仅具有层次性,而且是紧密衔接、富于逻辑联系,齐全的调查项目才能实现调查研究的目的和任务。统计资料若残缺不全,就不可能反映所研究对象的全貌和正确认识社会经济现象的总体特征,最终也就难以对社会经济现象的本质和规律性作出明确的判断,甚至会得出错误的结论。

2.1.3 统计调查的种类

社会经济现象是复杂的,调查对象是千差万别的,统计研究的任务是多种多样的,因此,在组织统计调查时,应根据不同的调查对象和调查目的,灵活采用不同的调查方式方法。实践中应用的统计调查的方式较多,归纳起来主要有以下几种。

1. 经常性调查和一次性调查

统计调查按调查登记的时间是否连续,可分为经常性调查和一次性调查。经常性调查也称连续性调查,它是依据研究现象的不断变化而连续不断地进行登记或观察,以反映事物在一定时期内的全部发展过程和结果。例如,对工厂的产品产量、原材料的消耗量等方面的统计都必须在观察期内连续不断的登记。一次性调查也称非连续性调查,是对被研究现象在某一时刻(或瞬间)的状况进行一次性的登记,以反映现象在一定时点上的水平。例如,对人口总数、企业的固定资产拥有量、耕地面积等现象都是每隔一段时间登记一次,是非连续性的。

2. 统计报表和专门调查

统计调查按调查的组织形式不同,可分为统计报表和专门调查。统计报表是依照国家有关法规的规定按统一的表式、内容、上报时间和程序等要求,自上而下地统一布置,自下而上地逐级提供统计资料的一种统计调查方式。统计报表在我国统计工作中占有重要的地位。专门调查是为研究某些专门问题,而专门组织的调查方式,包括抽样调查、普查、重点调查和典型调查等。

3. 全面调查和非全面调查

统计调查按调查对象所包括的范围不同,可分为全面调查和非全面调查。全面调查是指对调查对象中的全部单位,无一例外地进行登记或观察。有全面性的统计报表和普查两种。如人口普查要调查登记全国每一个人的情况;工业的定期统计报表要求全国每个工业企业都要定期的向指定机关上报等。全面调查能够掌握调查对象全面的、完整的统计资料,说明所要研究问题的全貌。但需要花费较多的人力、物力和财力,做起来比较困难。又由于调查单位多,参加调查工作的人员多,容易发生调查工作性误差,因而调查内容只能限于最重要的、最基本的项目。非全面调查,是指只对调查对象总体中的一部分单位进行登记或观察。这种调查方式的调查单位少,可以用较少的人力、物力和财力,调查较多的内容,搜集到较深入、细致的资料。非全面调查也有明显不足,只能获得部分单位的资料,有的不能推算总体,有的虽可推算总体,但存在推算误差。在实际工作中,是采用全面调查还是采用非全面调查,取决于调查研究的目的和可能条件,要善于将这两种调查形式结合运用。

上述各种分类并非相互排斥,而是从不同的角度对同一调查进行的不同的分类,它们是相互联系的,交叉融合的。例如,普查既是全面调查,又是一次性调查,也是专门调查。统计调查的方式多种多样,这就要求调查者熟悉和掌握各种统计调查方式。只有这样,才能在实际应用时根据调查对象的特点、调查的目的、任务和要求,结合具体情况选择运用,或根据需要将多种调查方式结合运用。

2.2 统计调查方案的设计

统计调查是一项比较复杂的系统工程,为了在调查工作过程中统一认识、统一内容、统一方法、统一步调、顺利完成任务,必须根据需要和可能,制订一个周密的统计调查方案。统计调查方案是统计设计在调查阶段的具体化,是统计设计的一项重要内容。只有正确制订统计调查方案,才能保证统计调查有计划、有组织地进行,同时也是准确、及时、完整地取得调查资料的必要条件。一份完整的统计调查方案,应包括以下基本内容。

2.2.1 确定调查目的

调查目的,是一项统计调查工作预期所要获得的结果。《国务院办公厅关于开展2005年全国1%人口抽样调查的通知》中指出:这次调查的主要目的是,摸清2000年以来我国的人口数量、构成及居住等方面的变化情况,研究未来人口状况的发展趋势,为制定经济社会发展规划和有关政策提供客观准确的依据。不同的调查目的和任务,决定着不同的调查对象、内容和范围。目的不明确,任务不清楚,就不知道向谁作调查?调查什么?怎样调查?整个工作就会陷入混乱状态,造成人力、物力和财力的浪费,延误整个工作。正是由此,调查方案必须首先明确规定调查的目的,并且应该规定的明确具体,中心突出。统计调查的目的和任务,应根据党的方针政策、各级领导提出的任务要求以及实际工作的需要,结合调查对象本身的特点来确定。

2.2.2 确定调查对象、调查单位和报告单位

调查对象和调查单位,是统计总体和总体单位在统计调查阶段的新称谓。调查对象是在某项调查中进行调查研究的社会经济现象的总体。确定调查对象,首先要根据调查的目的,在对现象进行认真分析、掌握其主要特征的基础上,科学地规定调查对象的含义;其次要明确规定调查对象的总体范围,划清它与其他社会经济现象的界限。只有调查对象的含义确切、界限清楚,才能避免资料登记的重复或遗漏,保证统计资料的准确性。调查单位是在某项调查中要登记其具体特征的单位,即调查项目的承担者,它回答的是向谁作调查,或者说要登记的资料在谁身上。调查单位的确定决定于调查目的和调查对象。如调查目的在于了解城市职工家庭收支的基本情况,那么全部城市职工家庭就是调查对象,这要明确城市职工家庭的含义,划清城市职工和非城市职工的界限。调查对象确定后,调查单位自然就明确了,即每一户城市职工家庭就是调查单位。

明确调查单位还要把它和报告单位相区别。报告单位也叫填报单位,它是负责向上填写和报告调查资料的单位。根据调查目的的不同,调查单位和报告单位在实际调查工作中有时一致,有时不一致。如进行工业企业设备普查时,报告单位是具体的每个工业企业,而调查单位则是各种单台设备。当进行工业企业经营管理水平调查时,具体的每个工业企业既是调查单位,也是报告单位。明确报告单位在于明确资料的报送责任。

2.2.3 确定调查项目,设计调查表

调查项目就是调查中所要登记的调查单位的特征,这些特征统计上又称为标志。确定调查项目解决的是向调查单位搜集什么资料。调查项目是调查方案的核心内容。确定调查项目时要注意:首先,所确定的项目要本着需要与可能的原则,需要就是实现研究目的,可能就是能够取得确切资料的;其次,调查项目的含义要确切、明了和具体,以免产生歧义,避免由于理解不一,致使资料不准和无法汇总;再次,调查项目之间应尽可能地保持有机联系,便于核对和检查;最后,尽量保持现行调查项目与过去同类调查项目之间的可比性,以便于动态对比,分析和研究现象的发展变化趋势与规律。

实际统计工作中,常将确定的调查项目,按一定的顺序排列在一定的表格上,这个表格就是调查表。调查表是表现调查项目和调查登记的工具。

调查表从内容上看一般是由表头、表体和表脚三部分组成。

(1) 表头。由核对项目构成。包括调查表的名称、填报单位的名称、性质、隶属关系及表号等。这类项目不是我们所要研究的项目,是我们对资料进行核实和复查需要的项目。

(2) 表体。由调查项目所构成,是调查表的主体。包括调查项目的名称、计量单位及其将来登记的标志表现等。

(3) 表脚。由调查者项目构成。包括调查、审核人员签名、填表单位等。这类项目也不是统计研究的项目,它是明确调查责任的项目。

调查表的内容组成见表 2-1。

表 2-1　年末职工家庭就业人口调查表

户主姓名:

家庭人口(　)人				就业人口(　)人			
姓名	与户主关系	性别	年龄	工作单位	职业	职务职称	备注

填表人:　　　　填表日期:　　年　月　日

调查表按每张(份)表上是否登记一个单位,可分为单一表和一览表两种。单一表是指每张(份)调查表上只登记一个调查单位的表式,它可以容纳较多的调查项目,内容较详细。表 2-1 就是一个单一表。

一览表是指每张(份)调查表上登记若干个调查单位的表式,它容纳的调查项目有限,但填写集中,能节省人、财、物力和填写时间。表 2-2 就是一个一览表。

表 2-2　某校毕业生就业情况调查表

系别:

姓名	性别	班级	专业	就业单位	职业	备注

填表人:　　　　填表日期:　　年　月　日

调查表设计好之后,需要编写填表说明,其内容包括调查表中有关项目的含义、所属范围、计算方法及填表时应该注意的事项等。填表说明要简明、清楚、易于理解。

2.2.4　确定调查时间、地点和方法

调查时间包括两个方面的内容,即调查登记资料的所属时间和调查工作的期限。调查资料所属的时间有时期和时点两种。如果所调查的是时期现象,就要明确规定所登记资料的起止时间,例如,调查工业企业某产品产量,就要明确是月产量,还是季产量、年产量,哪个月、哪个季、哪年的产量。如果调查的是时点现象,就应明确规定统一的标准调查时点,例如,调查某商业企业的商品库存额,就要明确是月末库存,还是季末库存、年末库存,哪个月末、哪个季末、哪个年末的库存额。调查期限是整个调查工作的起止时间,包括搜集资料和报送资料的整个工作所需要的时间。统计调查工作及时性的要求就是要求遵守这种时间。为保证资料的时效

性,调查期限不宜过长。

所谓调查地点是指直接登记调查内容、填写调查表的场所。调查地点和调查单位所在地经常是相同的。例如,我国执行统计报表制度的企事业单位填报统计调查资料,就是在它们的所在地进行。对于专门组织的统计调查,调查单位所在地有变化时,就要专门指出调查地点,如人口普查,对居民是按常住地点来登记的,而不是按暂住地点来统计的。显然,在调查组织安排中严格规定调查地点,是提高搜集资料准确性和完整性,避免重复和遗漏的重要保证。

调查方法包括调查的组织形式和搜集资料的具体方法,它要根据调查的目的要求和调查对象的特点而定。

2.2.5 制定调查工作的组织实施计划

为了保证整个统计调查工作的顺利进行,在调查方案中还应该有一个周密考虑的组织实施计划。其主要内容应包括调查工作的领导机构和办事机构、调查人员的组成、调查资料的报送办法、调查前的准备工作。调查前的准备工作包括宣传教育、干部及人员培训、调查文件的准备、调查经费的预算和开支办法、试点及其他工作等。

客观情况是纷繁复杂和千变万化的,所以,不论我们制订方案时作出了多大的努力,在其实施的过程中都可能出现预想不到的各种各样的问题,因此在编制重大的统计调查方案时,需要进行试点调查。通过试点以检验、修订统计调查方案。

2.3 统计调查的组织方式

中华人民共和国统计法第二章第十条规定:"统计调查应当以周期性普查为基础,以经常性抽样调查为主体,以必要的统计报表、重点调查、综合分析等为补充,搜集、整理基本统计资料。"统计实际工作中有时为了深入研究问题的需要,还要进行必要的典型调查。下面分别介绍统计报表、普查、重点调查、典型调查和抽样调查这五种常用的统计调查方式。

2.3.1 统计报表

统计报表是依照国家有关法规的规定,自上而下地统一布置,以一定的原始记录为依据,按照统一的表式,统一的指标项目,统一的报送时间和报送程序,自下而上地逐级定期提供基本统计资料的一种调查方式。

统计报表所包括的范围比较全面,项目比较系统,分组比较齐全,指标的内容和调查周期相对稳定。因此,它是我国统计调查中取得国民经济和社会发展情况基本统计资料的一种重要的调查方式。与其他调查方式比较,统计报表有着以下显著的特点和优点。

(1) 统计报表根据研究任务可以事先布置到基层单位,基层单位可以根据报表的要求,建立健全各种原始记录(原始记录是基层单位通过一定的表格形式,对生产经营活动的具体内容和状况进行的最初的数字和文字记载),使统计报表的资料来源有可靠的基础,以保证统计资料的准确、及时、完整。基层单位也可利用统计报表资料,对生产、经营活动进行科学的管理。

(2) 由于统计报表采取逐级上报、汇总的形式,各级领导部门都能得到管辖范围内的统计报表资料,可以经常了解本地区、本部门经济和社会发展情况。

(3) 由于统计报表属于经常性调查,内容相对稳定,有利于积累资料,进行纵、横向的对比,研究经济建设和社会发展变化的规律性。

2.3.2 普查

普查是专门组织的、对总体全部单位进行的一次性全面调查。它主要用来搜集那些不能够或者不适宜用定期全面统计报表搜集的统计资料;调查的资料一般属于一定时点的社会经济现象总量;也可以用来调查反映一定时期现象的总量,如出生人口总数、死亡人口总数等。

普查不同于统计报表,它不是按固定的时间间隔进行的周期性调查,而是为了特定的目的而专门组织的一次性调查。普查是一种重要的调查方法。虽然有些情况可以通过定期统计报表搜集全面的基本统计资料,但它不能代替普查。因为有些社会经济现象,如人口年龄(与性别结合在一起的)构成的变化、物资库存、耕地面积、工业设备等情况不可能也不需要组织经常性的全面调查,而在我国经济建设中,又必须掌握这些方面比较全面详细的资料,这就需要通过普查来解决。

普查的组织形式基本上有两种:一是组织专门的普查机构,配备一定数量的普查人员,对调查单位直接进行登记;二是利用调查单位的原始记录和核算资料,颁发一定的调查表格,由调查单位填报。

普查涉及面广、工作量大,调查内容要求高、时效性强,通常要动用和组织许多人力、物力和财力,组织工作繁重。为了保证普查工作的顺利进行,实现普查的调查目的,普查工作必须统一领导、统一要求和统一行动。在具体组织普查时应遵循以下原则。

(1) 如果搜集的是时点数据资料,必须规定一个标准时点,以避免由于现象时空变动而使调查资料出现重复或遗漏。

(2) 普查工作在规定的调查范围内要同时进行,步调一致,尽可能在最短的时间内完成,以便减少误差,保证资料的时效性。

(3) 普查项目要统一规定,不能任意改变和增减,以免影响资料的汇总和综合,降低资料的质量。

(4) 普查应尽可能按一定的周期进行,便于在历次普查资料对比中研究现象发展变化的趋势和规律。

(5) 历次普查的调查项目要尽可能保持相对稳定,这有利于进行动态对比。

普查是一个庞大的系统工程,耗费的人力、物力、财力多,时间长。因此,一般不宜多采用。如我国逢3、8的年份实施经济普查,逢6的年份实施农业普查,逢0的年份实施人口普查。

2.3.3 重点调查

重点调查是一种专门组织的非全面调查。它是在调查对象的全部单位中只就部分重点单位进行的调查。这里的重点单位是指在全部调查单位中尽管数量不多,但其标志值在所研究的标志总量中占有绝大比重的单位。进行重点调查的目的是为了了解和掌握研究现象总体的的基本情况。例如,就全国范围而言,只要调查鞍钢、首钢、宝钢等为数有限的几家大型钢铁企业集团的钢产量,就可以了解我国钢铁生产的基本情况,因为这些少数的钢铁企业集团生产的钢铁数量占全国钢铁产量的绝大比重。

重点调查既可以用于经常性调查,也可以用于一次性调查。当只要求掌握调查对象的基本情况,而在总体中确实存在重点单位时,进行重点调查是适宜的,否则,缺一不可。由于重点单位与一般单位差异较大,重点调查的资料不能用于推算总体资料。

2.3.4 典型调查

典型调查也是一种专门组织的非全面调查。它是根据调查的目的和要求,在研究现象总体中选出部分典型单位进行深入细致的观察,以认识事物的本质及规律的一种统计调查方式。所谓典型单位是指在本质与发展规律上能够代表同类事物的单位。典型单位是调查者在对被研究现象进行初步全面分析的基础上有意识的选择出来的,因此,调查者的能力、水平和经验的不同,对同一个调查对象选择的典型单位就可能不同。

典型调查的关键是选择典型单位,选择典型单位的主要依据是以下具体的调查研究目的。

(1) 如果是为了近似地估算总体的数值,而总体又十分复杂,这时,可以在了解了总体大致情况的基础上,把总体划分成若干类型,从每一类型中按其在总体中所占的比例,选出若干典型单位。常把这种典型单位的选择称为划类选典。

(2) 如果是为了了解总体的一般数量表现,可以选择中等水平的典型单位进行调查。

(3) 如果是为了研究成功的经验或失败的教训,则可以选择先进的典型和后进的典型,或选择上、中、下各类典型,进行比较,然后确定几个典型单位。

2.3.5 抽样调查

抽样调查是按照随机原则从研究对象的总体中抽出一部分单位作为样本进行调查,并根据这部分样本单位的调查资料推断总体的一种非全面调查。其样本单位是按照随机原则抽取的,调查的目的是为了推断总体的数量特征。详细内容在第 7 章中阐述。

2.4 统计调查的方法与技术

2.4.1 统计调查的方法

在调查过程中搜集统计资料的具体方法很多,一般有观察法、询问法、报告法和网络调查法等。

(1) 观察法,是由调查人员直接对调查对象进行查点、计量而取得资料的方法。如对农产品产量的实割实测、商品库存的盘点等。观察法的优点是取得的资料比较准确,缺点是花费的人力、物力、财力和时间都较多,而且有其局限性,有些现象,如家庭收支状况和历史资料的搜集都无法直接查点和计量。

(2) 询问法,是由调查者提出问题,并根据被调查者的答复搜集资料的方法。具体又分为以下三种形式。

① 由调查者按照调查要求向被调查者逐一提出所要了解的问题,由被调查者口头回答以取得资料的方法,一般称口头询问法。

② 由调查者召开会议,邀请熟悉情况的人座谈讨论,从中取得资料,称开调查会法。

③ 由调查者将调查表交给被调查者,由被调查者填写之后再交给调查者的资料搜集方法,叫被调查者自填法,如果以问卷的形式下发后收回,又叫问卷调查法,有关问卷调查技术的具体内容下面详细介绍。

采用这种方法的优点是调查者能按统计口径逐项询问,对统计项目有统一的理解,可保证调查资料的准确性。但该方法需花费大量的人力和时间,不适于进行全面调查。

(3) 报告法,是被调查者根据统计的要求填报统计资料的方法。我国现行的统计报表制度采用的就是这种方法。如果被调查单位有健全的原始记录和其他有关的核算记录,采用报告法所提供的统计资料,准确性也不亚于观察法,但也要花费较多的人力和物力。

(4) 网络调查法,是借助于各种网络技术所提供的各种工具,搜集传输有关数据资料的方法。现已显现诸如网络数据传输的及时性、信息形式的多样性、发布范围的广泛性等许多优势。

2.4.2 问卷调查技术

1. 调查问卷的意义

统计调查问卷,是调查者依据调查的目的和要求,将一系列问题、调查项目、备选答案及说明等按一定格式有序排列而成的调查表,用以向被调查者搜集资料的一种工具。调查问卷有如下特点:调查内容标准化、系统化,便于资料的整理和分析;调查范围广,涉及内容多,在现实经济生活中,常常利用报纸、刊物、网络等媒介发布调查问卷,直接传播到千家万户;直接了解群众的意见和要求,有利于决策的科学化、民主化。

2. 调查问卷的基本类型

调查问卷按填写方式的不同,可分为自填式问卷和访问式问卷,这是调查问卷的两种基本类型。

1) 自填式问卷

自填式问卷是指通过邮寄或分发的方法将问卷给被调查者,由被调查者自己填写的问卷。这种问卷,被调查者可以不受外界因素的干扰,如实表达自己的意见,尤其是敏感性问题的调查,自填式问卷往往可以得到较为可靠的资料。这类问卷的不足是:如果问卷填写的答案含糊不清,或对某些问题拒绝回答,是难以补救的;无法知道被调查者是否独立完成答案及其回答问题的环境,以致影响对问卷质量的判断。

2) 访问式问卷

访问式问卷是指由调查者通过现场询问,根据被调查者口头的回答由调查者代为填写的问卷。这类问卷的应答率高、可控性强,从而保证应答的完整性。同时,调查人员还可以观察被调查者的态度及其回答问题的环境,有利于进一步分析、判断相关问题。但这类问卷也存在不足:调查费用较高;易受调查者的影响,匿名性较差;当被调查者对调查者的举止有偏见或不理解时,会导致差错、说谎或拒答;调查者有时对被调查者的意思没有正确理解或正确记录就可能出错。

3. 调查问卷的基本结构

一份完整的调查问卷,通常由题目、说明信、被调查者的基本情况、调查事项的问题和答案、填写说明与解释 5 个主要部分所构成。

1) 题目

题目是问卷的主体。俗话说"题好一半文",调查问卷与文章一样,题目非常重要。应力求准确、醒目、突出;要能准确而概括地表达问卷的性质和内容;观点新颖,句式构成上富于吸引力和感染力;注意题目不要给被调查者以不良的心理刺激。

2) 说明信(又称封面信)

说明信一般设在问卷的开头。这是调查者与被调查者的沟通媒介,目的是让被调查者了解调查的意义,引起被调查者足够的重视和兴趣,争取他们的支持与合作。说明信要说明调查者的身份,调查的中心内容及要达到的目的和意义,选样原则和方法,调查结果的使用和依法保密的措施与承诺等,有时还需要对奖励的方式、方法、奖金、奖品等有关问题叙述清楚。说明信必须态度诚恳,口吻亲切,以打消被调查者的疑虑,取得真实资料。访问式问卷与自填式问卷的说明信有所不同,前者还应有对调查员的具体要求。写好说明信,取得被调查者的合作与支持,是问卷调查取得成功的必要保证。

3) 被调查者的基本情况

被调查者的基本情况是对调查资料进行分类研究的基本依据。一般而言,被调查者包括两大类,一是个人,二是单位。如果被调查者是个人,则其基本情况包括姓名、性别、民族、年龄、文化程度、职业、职务或技术职称等项目;如果被调查者是企事业等单位,则包括单位名称、经济类型、行业类型、职工人数、规模、资产等项目。若采用不记名调查,被调查者的姓名或名称须在基本情况中省略。

4) 调查事项的问题和答案

调查事项的问题和答案是调查问卷最主要、最基本的组成部分,调查资料的搜集主要是通过这一部分来完成的,它也是使用问卷的目的所在。这一部分设计的如何,关系到该项调查有无价值和价值的大小。通常在这一部分既提出问题,又给出回答方式。问题从形式上看,有开放式和封闭式两种。

● 开放式问题是指只提问题,不确定答案,被调查者可以自由地围绕提出的问题,填写描述性的情况和意见。开放式问题的优点是:被调查者不受任何定式的约束,可以自由地发表意见,对问题的探讨比较深入,获得的资料往往比较丰富而生动。其不足是:答案五花八门,复杂多样,有时甚至出现答非所问的情况;描述性问题的回答较多,难以定量处理;受被调查者表述能力的影响较大,由此会造成一些调查性误差。

- 封闭式问题是指不仅提出问题,而且每一个问题都已预先分列了若干答案,由被调查者在其中选择符合自己实际情况的答案。封闭式问题的优点是:问题清楚具体,被调查者容易回答,材料可信度较高;答案标准,整齐划一,填写方便,容易整理,适于定量分析。其不足是:由于事先规定了预选答案,被调查者的创造性受到约束,不利于发现新问题;被调查者在对于预选答案不理解、不满意或随便选择的情况下,会影响调查结果的正确性。

由于两种问题形式各有优缺点,为了弥补它们的不足,在实际操作中许多问卷是两种问题形式结合使用,从而形成一种优势互补的调查问卷。

为了应用计算机对问卷进行定量分析,往往需要对调查事项的问题和答案进行编码,即用事先规定的"代号"(阿拉伯数字)来表示某些事物及其不同状态的信息。开放式问题一般是在问卷回收后再进行编码。封闭式问题一般采用预编码,即在问卷设计的同时进行编码。

5) 填写说明和解释

填写说明和解释(又称指导语)包括填写问卷的要求、调查项目的含义、被调查者应注意的事项等,其目的在于明确填写问卷的要求和方法。

除了上述 5 个基本部分外,问卷的最后也可以写上几句短语,表示对被调查者的感谢,或征求被调查者对问卷设计和问卷调查的意见和感受。如果是访问式问卷还可以加上作业证明的记载,其主要内容包括调查人员姓名、调查时间和作业完成情况,这可以明确调查人员的责任,并有利于检查、修正调查资料。

4. 问卷的设计形式

调查问卷是以书面的形式记录和反映被调查者的看法和要求,问卷设计的好坏对调查的结果影响很大。因此,调查问卷的设计应主题明确、重点突出、通俗易懂、便于回答、同时还应便于计算机对问卷的汇总和处理。问卷的设计,可根据具体情况采用不同的设计形式,其基本形式有以下 5 种。

1) 自由询问式

自由询问式是只提问题不设答案,由被调查者自由回答。它适用于对所有问题的提问,被调查者对这类问题的回答可以不拘形式,任意发挥。但有些被调查者不愿或不便用文字形式表达自己的看法,因而影响了调查结果的全面性与准确性。此外,由于这种提问的回答内容五花八门,从而不利于进行资料的整理和统计。

2) 二项选择式

二项选择式的问卷只让被调查者在两个可能答案中选择一个,如"是"与"不是"、"有"与"没有"等。此类方式易于发问,也易于回答,且方便统计汇总,但不便于调查者了解形成答案的原因。

3）多项选择式

多项选择式是设置了多种答案供被调查者选择。这种方式能较全面地反映被调查者的看法，又较自由询问式易于统计和整理，但在设计时应注意供选择的答案不宜过多，只要能概括各种可能情况即可。

4）顺位式

顺位式是让被调查者依据自己的爱好和认识程度对调查项目中所列答案定出先后次序。顺位式一般分为两种：一种是预先给出多个答案，由被调查者定出先后顺序；一种是不预先给出答案，由被调查者按先后顺序自己填写。

5）赋值评价式

赋值评价式是指通过打分或定级来评价事物的好坏或优劣的方法。打分时，一般用百分制或十分制；定级时，其等级一般定 1 至 5 级或 1 至 10 级。这种方法简便易行，评价的活动余地较大，而且便于统计处理和比较。缺点是分数的多少和等级高低的分寸不易掌握，且因人而异，差异较大。因此，采用这种方法时，应当对打分或定级的标准作出统一的规定，以便被调查者有所参考。

以上的 5 种设计形式，第 1 种属于开放式问题，第 2、3、5 种属于封闭式问题，第 4 种既可以用于封闭式问题，也可以用于开放式问题。

5. 问卷设计应注意的问题

问卷设计十分复杂，需要耐心细致地工作，即使是很有经验的研究人员在进行这项工作时也要反复推敲，否则问卷结果就达不到调查的目的。因此，设计问卷必须注意下列问题。

（1）问卷上所列问题应该是必要的，可要可不要的问题不要列入。

（2）所问问题应是被调查者熟悉且易于回答的，避免出现被调查者不了解或难以回答的问题。

（3）注意询问语句的措辞和语气，一般应注意：问题要提得清楚、明确、具体、简短；明确问题的界限与范围，问句的字义（词义）要清楚；避免引导性问题或带有暗示性问题的出现。

（4）问卷的问题一般应避免触及被调查者的个人隐私。

（5）问卷上所拟答案要有穷尽性，避免重复和交叉。问卷上拟定的答案要编号。

本章小结

本章主要讲述了统计调查的意义、统计调查方案的设计、统计调查的方式方法等问题。

统计调查是根据统计研究的目的、要求和任务，采用科学的调查方法，有计划、有组织地搜集统计资料的工作过程。统计调查搜集的资料主要是原始资料。统计调查是整个统计工作的基础，一定要使其满足准确性、及时性、完整性的要求。

统计调查的方式较多，按调查登记的时间是否连续可分为经常性调查和一次性调查，按调查的组织形式不同可分为统计报表和专门调查，按调查对象所包括的范围不同可分为全面调查和非全面调查。实际工作中,应根据调查对象的特点、调查的目的、任务和要求,结合具体情况选择运用,或根据需要将多种调查方式结合运用。

统计调查方案是统计调查的工作计划,它包括确定调查目的,确定调查对象、调查单位和报告单位,确定调查项目、设计调查表,确定调查时间、地点和方法,制订调查工作的组织实施计划等内容。

统计调查的组织方式有很多,在我国主要有统计报表、普查、重点调查、典型调查和抽样调查等。

统计调查的方法与技术主要有观察法、询问法、报告法、网络调查法和问卷调查技术。

思考题

2-1 什么是统计调查?统计调查在统计工作中的地位如何?
2-2 统计调查的基本要求有哪些?如何理解?
2-3 统计调查的种类有哪些?
2-4 一份完整的统计调查方案,应包括哪些内容?
2-5 调查表的内容有哪些?调查表有几种?
2-6 统计调查的组织方式有哪些?
2-7 统计报表与普查有何异同?
2-8 重点调查与典型调查有何异同?
2-9 统计调查的方法有哪些?各有什么优缺点?
2-10 调查问卷的结构怎样?问卷的设计形式有哪些?

填空题

2-1 统计调查是统计工作的(   )环节。
2-2 统计调查所搜集的资料必须做到(   )、(   )和(   )。
2-3 (   )是调查方案的核心内容。
2-4 调查时间包括(   )和(   )。
2-5 当只要求掌握调查对象的(   ),而在总体中确实存在(   )时,可进行重点调查。
2-6 典型调查的典型单位是调查者(   )选择出来的。
2-7 一份完整的调查问卷,通常由(   )、(   )、(   )、(   )和(   )五个主要部分所组成。
2-8 调查的问题从形式上看,有(   )和(   )两种。

单选题

2-1 对某商店工作人员进行普查,调查对象是( )。
A. 各商店　　　　B. 各商店的全体工作人员
C. 该商店　　　　D. 该商店的全体工作人员

2-2 全国人口普查中,调查单位是( )。
A. 全国人口　　B. 每一个人　　C. 每一户　　D. 每个人的性别

2-3 重点调查中的重点单位是指单位数较少,且( )。
A. 这些单位是工作中的重点
B. 这些单位在全局工作中处于重要位置
C. 这些单位的数量占总体单位数的很大比重
D. 这些单位的标志值在总体标志总量中占有很大比重

2-4 有意识地选择三个农村点调查农业收入情况,这种调查方式是( )。
A. 普查　　　　B. 典型调查　　C. 抽样调查　　D. 重点调查

2-5 对几个大型钢铁企业进行调查,以掌握全国钢铁产量的基本情况,这种调查方式方法是( )。
A. 重点调查　　　B. 抽样调查　　C. 典型调查　　D. 普查

2-6 某市对所属工业企业的生产设备进行普查,则填报单位是( )。
A. 某市　　　B. 每个工业企业　C. 每个企业　D. 每台生产设备

多选题

2-1 某地区进行企业情况调查,则每一个企业是( )。
A. 调查对象　B. 统计总体　C. 调查单位　D. 调查项目　E. 填报单位

2-2 普查属于( )。
A. 全面调查　B. 非全面调查　C. 专门调查　D. 经常性调查　E. 一次性调查

2-3 全国人口普查中,( )。
A. 全部人口是总体　　　B. 每个人是总体单位　　　C. 调查单位是"户"
D. 填报单位是"人"　　　E. 男性是品质标志

2-4 全国工业企业普查中( )。
A. 全国工业企业数是调查对象　　B. 每个工业企业是调查单位
C. 每个工业企业是填报单位　　　D. 全国工业企业是调查对象
E. 全国工业企业数是统计指标

2-5 非全面调查形式有( )。
A. 重点调查　　B. 抽样调查　　C. 典型调查　　D. 非全面统计报表　　E. 统计报表

判断题

2-1 全面调查就是对调查对象的各个方面都进行调查。( )
2-2 全面调查只适用于有限总体。( )
2-3 重点调查只能是一次性调查。( )
2-4 划类选典可以近似地估算总体资料。( )
2-5 设计调查方案,必须首先明确调查目的。( )

技能实训题

【实训1】
1) 资料
(1) 调查者:目前讲授统计学原理的班级学生,分成两个调查组。
(2) 调查对象:本系两个以上专业的上一级或上两级学生,每个专业人数各大于等于30人。
(3) 调查项目:姓名,性别,专业,是否对统计学感兴趣,学习统计学原理时是否经常参阅有关资料,课后用于统计学原理的学习时间,入学时的数学成绩,统计学原理的考试成绩,相关专业课的考试成绩(依据不同专业的教学计划来确定)。
2) 要求
(1) 依据上述资料设计一份统计调查方案。
(2) 采用询问法搜集资料。
【实训2】设计一份贵校大学生消费情况的调查问卷。
【实训3】认真阅读本章的"阅读材料",进一步领会问卷调查技术。

阅读材料

2005年重庆家装消费调查问卷

答卷人基本信息表:
注:年满18周岁的公民填写个人信息后答题有效,您将有机会参加抽奖。
姓名:_____　　性别:_____　　年龄:_____
身份证号码:_____　　联系方式:_____
通信地址:_____　　受教育程度:(高中以下/大专/本科/硕士以上)

职业：_____ 家庭月收入：_____ 家庭月可支配费用：_____

装修面积(套内)：_____ 装修预算(含材料,不含家电、家具等)_____

A 类题

1. 您通过什么渠道了解和选择装修公司？(可多选)

   A．户外广告　　　B．报纸　　　　　　　　C．电视　　　　D．广播

   E．朋友介绍　　　F．家装公司现场促销活动　G．逛装饰市场　H．网站

   I．家装会展活动　K．设计师自荐　　　　　L．宣传单　　　M．车身广告

2. 您选择装修公司主要看重以下哪些方面？(可多选)

   A．设计　　　　　B．施工质量　　　　　　C．价格　　　　D．信誉

   E．售后服务　　　F．口碑(朋友推荐)　　　G．其他(请注明)_____

3. 您最不满意施工方(装修公司或非正规施工单位)哪些行为？(可多选)

   A．不按原定方案施工　　B．拖延工期　　　C．价格欺诈　　D．施工质量差

   E．施工材料以次充好　　F．其他(请注明)_____

4. 您对装饰公司组织的哪些活动感兴趣？(可多选)

   A．价格促销　　　　　B．设计展示　　　　　　C．施工工艺解读

   D．环保家装讲解　　　E．推行先进的装修理念　F．施工成功案例观摩

   G．其他(请注明)_____

5. 对目前多数装饰公司采取的"转包制"(将承接下来的业主装修工程转承包给施工项目经理进行施工)您如何看待？(单选)

   A．很介意,排斥这样的做法,担心这样做会影响工程质量和售后服务

   B．不介意,只要装修公司对项目经理管理得好,保证工程质量和售后服务就行

   C．说不清

6. 目前由装饰公司代购主材大多数都可从材料商处得到一定的返利,您希望这返利是直接按一定比例返给设计师,还是返给公司以便让公司统一回报给消费者？(单选)

   A．返给设计师,这样直接明了一些

   B．返给公司,让公司统一安排

   C．最好是不返利,直接让利给消费者

   D．这种现象是不正常的,应该有相应的行业管理办法给予遏制。

您现在住房的装修状况是：(选择 A 请转至 C 类题；选择 B、C 请回答 B 类题)

   A．准备装修(请转至 C 类题)

   B．正在装修(请回答 B 类题)

   C．已经装修 (请回答 B 类题)

   D．没有装修过,近期也不打算装修——终止访问

B 类题

1. 您采用的装修途径是？（单选）
   A．请品牌家装公司(请注明是_____公司)
   B．请非品牌施工单位(没有与家装公司之间的合同约定)(跳至第3题)
   C．私底下找装修公司的设计师或施工项目经理装修(跳至第4题)
   D．自己动手装修(跳至D类题)
   E．请装饰材料卖场自办的装饰公司(跳至第4题)

2. 如果您选择的是品牌家装公司,您是基于什么原因？（可多选）(答后跳至第4题)
   A．品牌家装公司与非品牌施工单位相比,信誉好,服务好
   B．没时间监工,对装修也不太懂,请正规家装公司进行设计、施工省事一些
   C．朋友或亲戚推荐
   D．家装公司主动预约
   E．其他原因(请注明)_____

3. 如果您选择的是非品牌施工单位,您是基于什么原因？（可多选）
   A．装修预算不多,非正规施工单位装修费用比家装公司报价低
   B．家装公司和非正规施工单位差不多,不见得多好
   C．朋友或亲戚介绍
   D．其他原因(请注明)_____

4. 您采用的装修方式是？（单选）
   A．由家装公司包工包料
   B．由家装公司包工包辅料,自购主材
   C．由非正规施工单位包工包料
   D．由非正规施工单位包工包辅料,自购主材
   E．由非施工单位包工,自购主材和辅料

5. 在选购材料上,您是自己到材料卖场选购,还是请设计师推荐或请设计师陪同购买？（单选）
   A．担心设计师从中吃回扣,自己选购放心一些
   B．对材料和材料搭配不太懂,请设计师推荐或请其陪同购买,给一定"辛苦费"理所当然
   C．根据不同材料而定,以上两种情况均有

6. 装修时您采用的监督方式是_____？（单选）
   A．亲自监督　　　　　B．委托亲友进行监督　　　C．请家装监理公司进行监督
   D．定期了解进度和质量　　E．不监督

7. 您对您家的装修如何评价？（单选）
   A．非常满意　　　　　B．比较满意　　　　　C．一般

D. 不太满意　　　　　　E. 很不满意

8. 您在装修过程中的感受是？（单选）

　　A. 非常辛苦　　　　　B. 比较辛苦　　　　　C. 一般

　　D. 比较轻松　　　　　E. 很轻松

9. 您选用的基础材料是否环保？（单选）

　　A. 确实环保

　　B. 选择环保诉求品牌，但未确认

　　C. 未考虑环保问题

10. 您是否了解您所选用的基础材料的质量？（单选）

　　A. 经过权威信息确证，了解

　　B. 根据广告、装修公司推荐或朋友介绍选择质量保证材料

　　C. 主要考虑适用和性价比

　　D. 不考虑质量

11. 装修中出现问题，与家装公司或非正规施工单位发生争议，您采用的解决方式是？（单选）

　　A. 中止合同，另找装修公司

　　B. 忍口气算了，尽量协调

　　C. 向媒体或行业协会、市消委投诉

　　D. 通过法律途径解决

　　E. 其他方式

12. 虽已做好预算，但装修中对方仍以种种理由要求追加投入吗？（单选）

　　A. 是

　　B. 否

　　C. 自己对方案调整造成预算增加

13. 请根据下列条件进行选择（横向单选，答完本题后请转至 D 类题）

	非常满意	比较满意	一般	不太满意	很不满意
整体设计					
装修质量					
施工队伍素质					
售后服务					
合同的履行					
投诉处理					
材料质量					
装修污染控制					

C 类题

1. 如果您现在开始装修,您会选择哪种方式?(单选)
   A. 请品牌家装公司
   B. 请非品牌施工单位
   C. 私下请装修公司的设计师或施工项目经理装修
   D. 自己动手装修
   E. 请材料卖场自办的装饰公司

2. 您会选择以下哪种方式进行装修?(单选)
   A. 由家装公司包工包料
   B. 由家装公司包工包辅料,自购主材
   C. 由非正规施工单位包工包料
   D. 由非正规施工单位包工包辅料,自购主材
   E. 由非施工单位包工,自购主材和辅料

3. 您是否知道识别环保材料的方法(单选)
   A. 是　　　　　　　　　　　　B. 否

4. 您是否知道并注重家装中的人体工学运用?(人体工学指围绕人的生理、心理特征进行的设计)(单选)
   A. 是　　　　　　　　　　　　B. 否

5. 您打算采取的工程监督方式是?(单选)
   A. 亲自监督　　　　　　　　　B. 委托亲友进行监督
   C. 请家装监理公司进行监督　　D. 定期了解进度和质量
   E. 不监督

6. 您在装修中最担心的问题是什么?(单选)
   A. 装修合同暗藏陷阱　　　　　B. 偷工减料,影响装修质量
   C. 设计不合理　　　　　　　　D. 价格有陷阱,多花冤枉钱
   E. 隐蔽工程有隐患　　　　　　F. 装修造成室内空气污染
   G. 拖延工期　　　　　　　　　H. 其他(请注明)_____

7. 您最希望在报纸上看见什么样的与装修相关的内容?(可多选)
   A. 建材、装饰材料的价格信息　B. 家装工艺、材料方面的专业知识
   C. 家装行业动态(包含流行趋势)D. 家装相关的新材料、新指标
   E. 家装设计方面的指导　　　　F. 其他(请注明)_____

D 类题——高端家装调查题

1. 对目前家装公司推出的高端家装设计业务您是否了解?(单选)

A. 不了解,不知道何为高端家装(跳至 E 类题)

B. 了解,接触过,但不是很清楚

C. 很了解

2. 在选择高端家装时,您最看重什么?(单选)

A. 设计好坏 　　　　　 B. 公司综合实力 　　　　　 C. 设计师名气

D. 公司品牌形象 　　　　 E. 服务 　　　　　　　　　 F. 口碑和信誉

G. 施工工艺

3. 您对付费设计如何看待?(单选)

A. 现在很多装修公司设计都不收费,所以设计不付费(跳至第 5 题)

B. 设计应该付费,花了钱的东西想起来应该好些

C. 看设计好坏,如果设计得好,可以付一定费用

4. 您认为付费设计多少价位合适?(单选)

A. 每平方米 10~30 元 　　　　 B. 每平方米 30~60 元

C. 每平方米 60~100 元 　　　　 D. 每平方米 100 元以上

5. 现在市场上承接高端设计的主要有两类公司,一是大型综合性公司推出的高端设计工作室,另一是小型专业设计公司,您倾向于选择哪类公司为您服务?(单选)

A. 选择大型公司高端设计工作室,更有保障

B. 选择专业设计公司,术业有专攻,服务可能更好

C. 选择大型公司高端设计工作室,公司综合实力强,可能聚集大量的优秀设计师

D. 选择小型专业设计公司,但是找其灵魂设计人物

E. 视情况而定

E 类题

定向选择题(排名不分先后)

天古装饰、九鼎日盛装饰、业之峰装饰、视觉色装饰、东易日盛装饰、广东星艺粤泰、佳天下装饰、美的家装饰、龙发装饰、阔达装饰、美家堂装饰、川豪装饰、华浔品味装饰、博美组装饰、宏韵装饰、华发装饰、港宏装饰、迪克斯装饰、泰威装饰、爱特装饰、重庆新空间装饰、兄弟装饰、利来装饰、华宁装饰、卖场装饰公司、商社建材完全家装事业部、东方家园装饰设计中心、百安居装饰、家佳玺装饰

1. 从您对上述装饰公司的了解及认知程度,从第一到第五的依次排序是?
_____

2. 您已经或者准备选择哪一家装饰公司给您装修房子?_____(请注明选择原因)
_____

3. 您在装修前走访过哪几家装饰公司?_____

4. 在您了解的装饰公司中您的评价是:

	装修公司
综合实力最强	
性价比最高	
员工队伍素质最高	
信誉最好	
设计最好	
施工质量最高	
服务态度最好	

F 类题

1. 您希望装饰建材行业协会对您提供哪些帮助？

2. 您对《重庆商报·靓家周刊》的评价是？
   A. 非常值得关注　　　　B. 比较值得关注　　　　C. 一般
   D. 不值得关注　　　　　E. 完全不值得关注

3. 您希望《重庆商报·靓家周刊》在您装修前或装修中，能给您提供哪些方面的信息及帮助？（可多选）
   A. 行业动态信息
   B. 新产品信息
   C. 促销信息（如团购）
   D. 成为与装饰公司沟通的平台
   E. 解决用户在装修过程中的疑难问题
   F. 协调解决与装饰公司的合作纠纷
   G. 其他（请注明）_____

G "放心家装"调查题

1. 您认为当前家装市场是否规范？
   A. 是　　　　　　　　　B. 否　　　　　　　　　C. 说不清

2. 您是否知道并了解日前行业协会推出的"放心家装"活动？
   A. 是　　　　　　　　　B. 否（终止答题）

3. 您对"放心家装"有什么建议？

调查说明：

A.《调查问卷》及相关内容将刊登在《重庆商报》靓家周刊和《重庆商报》读者联盟，读者可自行填写。也可直接在重庆商报网站下载《调查问卷》(下载:家装消费调查问卷),打印后填写并邮寄,或者直接将填写好的电子文档发送至:

cs@chinacqsb.com(请注明"靓家周刊调查问卷")。

B. 填卷方式与回收:在报纸上直接填写复印或另附纸填写及《重庆商报》读者联盟网上答卷均有效。信件邮寄至重庆市渝中区长江二路39号,《重庆商报》社靓家周刊工作室收,邮编为400042。

C. 在答卷中分别抽取一、二、三等奖,获奖读者拨打电话023-89065590联系领奖。

D. 问卷回收截止时间为2005年07月10日。

奖品设置:

一等奖一名、二等奖两名、三等奖三名。

奖品分别为500元、300元、赠送全年的《重庆商报》一份。

资料来源: http://www.chinacqsb.com/active/home/form.doc

第 3 章　统计整理技术

📖 **本章知识技能要点与要求**

- 理解统计整理的意义、统计整理的原则和步骤
- 重点掌握统计分组的方法
- 重点掌握分配数列特别是变量数列的编制方法
- 了解统计汇总的方法
- 掌握统计表和统计图的编制绘制方法

3.1　统计整理的意义和步骤

3.1.1　统计整理的意义

统计工作经过了统计调查阶段之后,搜集到了大量的统计资料,但所取得的统计资料主要是反映总体单位特征的原始资料,这些资料都是零星的、分散的、不系统的,只能表明各个被调查单位的具体情况,反映的是事物的表面现象,不能说明被研究总体的全貌,不能说明事物的本质特征,也无法揭示事物的发展规律。因此必须对这些调查资料进行加工和整理,以反映的总体特征。

统计整理是统计工作的第三个阶段,是根据统计研究的目的,对统计调查搜集到的原始资料进行科学的分组、汇总,使之条理化、系统化,成为反映总体特征的综合资料的工作过程。

统计资料的整理包括对原始资料的整理,也包括对次级资料的整理。有时人们只需要对次级资料进行再加工就可以满足研究目的的需要,且对次级资料的搜集比对初级资料(原始资料)的搜集要方便快捷、节省时间和费用。但是一切次级资料最初都是来源于原始资料的搜集,所以本章主要讲述对原始资料的整理。

统计整理是统计工作的中间环节,它是在统计调查的基础上进行的,是统计调查的继续,同时又是统计分析的前提,在统计工作中起着承前启后的重要作用。统计整理结果的好坏,是否科学、真实地反映客观实际,将直接影响到统计分析的准确性,影响整个统计工作的质量。

3.1.2 统计整理的步骤

统计整理的目的是通过对大量原始资料的加工整理,得到说明总体特征的综合资料,通过对事物个性的研究达到对事物共性的认识,揭示事物的发展规律。因此统计整理是一项严密细致的、科学性很强的工作,需要有组织、有计划地进行,以下是它的基本步骤。

1. 设计统计整理方案

在进行统计整理之前,要根据统计研究的目的,确定统计指标及统计指标体系,确定统计分组的方法,确定统计汇总的方法,确定表现统计指标的形式等。统计整理方案是统计设计在统计整理阶段的具体化,是保证统计整理工作顺利进行的前提,因此,务求详尽、具体。

2. 对原始资料进行审核

为了保证统计资料的质量,在对原始资料进行汇总之前,必须对其进行审核,以便发现问题及时纠正。实际工作中的一般做法是"不审不汇,不核不报",只有经过认真审核后的资料才能进行汇总。审核的内容主要包括资料的准确性、及时性和完整性。

对资料准确性审核的方法主要是逻辑审核和计算审核。逻辑审核就是看原始资料的内容是否合理,有无违反常规、相互矛盾、不合实际的地方;计算审核就是检查各项数字与合计是否相符,计算方法是否一致,存在平衡关系的数字之间是否平衡。对于不准确或有疑问的,要向原填报单位询问,加以纠正。对资料及时性的审核就是检查资料是否按照规定时间上报,报送是否及时。对于不及时填报的单位要及时催报,不能影响全局。对资料完整性的审核,主要是看被调查单位有无遗漏,各项数值的填写是否齐全,项目是否完备等,对于漏报的单位及时催报,对于有漏报的项目要求填报单位补齐,否则影响整个整理工作的进行,进而影响整个统计工作。

3. 对原始资料进行分组和汇总

按照统计整理的要求,采用科学的方法对原始资料进行分组,在统计分组的基础上进行汇总,计算出各组的总体单位数和合计数,计算出各组的指标数值和综合指标数值。对统计资料的整理不仅仅是计算出总计数值,更重要的是要进行科学的分组,分组是统计深化认识事物的前提。例如,我国搞人口普查,仅仅了解人口总数是不够的,通过分组了解人口的年龄构成、文化程度构成、民族构成、地区分布等,这对于制定政策、制定规划、科学研究等具有十分重要的意义。

4. 编制统计表或绘制统计图

统计整理的结果,需要用一定的方式表现出来,统计表和统计图是表现统计资料的两种主要方式,通过统计表或统计图表现统计资料,一目了然,简明扼要,便于使用。

综上所述,设计整理方案、对原始资料进行审核是整理的前提,统计分组是统计整理的基础,统计汇总是统计整理的中心环节,编制统计表或绘制统计图是统计整理的结果。可见,统计整理主要包括统计分组、统计汇总和统计图表三个方面的内容。

3.2 统计分组

3.2.1 统计分组的意义

1．统计分组的概念

统计分组是指根据所研究事物的特点和统计研究的目的与任务,按照一定的分组标志将总体划分成若干个组成部分的一种统计方法。通过统计分组,可以将一个复杂、较大的总体划分为若干个性质不同的组,使得同一组内的总体单位性质相同,组与组之间存在明显的差异,即组内的同质性,组间的差异性。由此可见,统计分组有"分"与"合"双层含义:对总体而言是"分",即将总体分为性质不同的若干组成部分;而对总体单位来说是"合",即将性质相同的总体单位结合到一组。可见分组是本着"相同者合并,不同者分开"的原则,其实质是在统计总体内部进行的定性分类。

需要指出的是,作为分组标准的分组标志只能是可变标志,只有可变标志在总体各个单位上的表现不尽相同,存在差异,统计分组就是把这种差异划分开,形成不同性质的组成部分。如果是不变标志,在总体各单位上的表现完全相同,没有差异,就不存在按此标志分组的必要和可能。

2．统计分组的作用

统计分组在统计整理和统计分析中具有十分重要的作用,具体表现在以下几个方面。

1）区分社会经济现象的性质

统计分组的根本作用就在于区分社会经济现象的性质,统计分组的过程就是区分社会经济现象性质的过程。在区分事物性质的过程中最重要、应用最广泛的是划分社会经济现象的类型,这种分组也叫类型分组。通过类型分组,可以对各种类型的数量表现及其数量关系进行研究,达到认识社会经济现象总体内部结构、本质特征及其发展规律的目的。因此,类型分组对于分析国家的政治经济状况具有重要的意义。例如,我国的工业企业按所有制形式可以划分为国有企业、集体企业、私营企业、个体企业、股份制企业、外商投资企业等。

2）研究总体的内部结构

研究总体内部结构是指将总体按照某一标志进行分组后,分成若干个性质不同的组成部分,计算总体各个组成部分占总体的比重,以便说明总体内部的结构、性质和各组成部分在总体中的地位,并通过结构在时间上的变化还可以说明总体内部结构的发展变化趋势。例如,1996—2004 年我国按三次产业分类的就业人员构成情况见表 3-1。

资料表明,1996—2004 年第三产业就业人员的比重不断上升,这是我国大力发展第三产业的结果,也是建设小康社会不断提高人民生活水平的需要。

表 3-1　我国按三次产业分类的就业人员构成情况　　　　　　　　%

年份	1996	1997	1998	1999	2000	2001	2002	2003	2004
第一产业	50.5	49.9	49.8	50.1	50.0	50.0	50.0	49.1	46.9
第二产业	23.5	23.7	23.5	23.0	22.5	22.3	21.4	21.6	22.5
第三产业	26.0	26.4	26.7	26.9	27.5	27.7	28.6	29.3	30.6

注：资料来源于中国统计年鉴(2005)

3) 分析现象之间的依存关系

一切社会经济现象都不是孤立存在的,按照哲学的观点,现象之间都是相互联系、相互依存、相互制约的。经过统计分组可以表明这类关系的存在,反映各类现象相互依存关系的程度,有助于人们全面、深入地认识现象。利用统计分组研究社会经济现象依存关系时,是将总体中的某一个标志作为分组标志进行分组,观察其他标志与分组标志的联系情况。例如,某地区 65 个百货商店流通费用率资料见表 3-2。

表 3-2　某地区 65 个百货商店流通费用率资料

按商品销售额分组/万元	商店数/个	流通费用率/%
50 以下	5	12.1
50～100	10	11.4
100～150	25	10.9
150～200	12	9.8
200～250	10	9.0
250 以上	3	8.2

由此可以看出,商品流通费用率与商品销售额之间存在着明显的依存关系:商品流通费用率随着商品销售额的增加而下降。

3.2.2　统计分组的原则和方法

进行统计分组,必须遵循一定的原则和方法,才能达到统计分组的目的,发挥统计分组的作用。

1. 统计分组的原则

1) 科学性原则

科学性原则是指统计分组要根据研究的目的,选择能够反映事物本质特征的标志作为分组标志,突出社会经济现象在各方面存在的差异。

2) 完整性原则

完整性又称周延性,是指分组后,总体的每一个单位都能有组可归,无一遗漏。这就要求分组时要列出一切可能的类别,把所有的总体单位都包含进去,避免出现无组可归的总体单位。

3) 互斥性原则

互斥性也称不相容性,是指分组后,总体的每一个单位只能归属某一组,不能归属另一组,避免重复。即组限的划分要分明,不能模棱两可。

2. 统计分组的方法

统计分组的关键是正确选择分组标志和划分各组界限。分组标志是指对总体进行分组时所遵循的标准或依据。即按什么标志分组,这个标志就是分组标志。如学生按性别分组,则"性别"就是分组标志;人口总体按年龄分组,则"年龄"就是分组标志;划分各组界限,就是在分组标志变异的范围内,划分各相邻组间的性质界限和数量界限。正确选择分组标志和划分各组界限不仅影响统计分组的科学性和资料整理的准确性,而且还影响统计分析结果的最终质量。

1) 正确选择分组标志

任何事物都有许多反映其特征的标志。选择的分组标志不同,分组后得出的结果就不同,由此说明的问题和得出的结论也会不同,要正确地反映统计总体的特征,必须正确地选择分组标志。选择分组标志应遵循以下原则。

(1) 根据统计研究的目的选择分组标志。说明总体单位特征的标志有很多,选择什么分组标志进行分组,取决于研究的目的。同一总体,由于研究目的的不同,需要采用的分组标志就不同。例如,在学生总体中,说明每个学生特征的标志有性别、年龄、学习成绩、民族、身高、体重等很多,当研究目的是要了解学生的学习状况,就必须选择学生的学习成绩作为分组标志;当研究目的是要了解学生的年龄构成,就要以学生的年龄作为分组标志。

(2) 选择最能够反映现象本质特征的标志作为分组标志。在同一研究目的下,往往有多种分组标志可供选择。在这些标志中有些是本质的或主要的,有些是非本质的或次要的,应力求选择最能反映现象本质的标志作为分组标志。例如,研究职工生活水平时,可以用职工的工资水平作为分组标志,也可用职工家庭的人均收入作为分组标志。由于职工赡养的人口数差异很大,而且职工工资外收入也逐年增加,因此选择职工工资水平作为分组标志,不能真正反映职工的生活水平,只能选用职工家庭的人均收入作为分组标志,才能真正反映职工的生活水平。可见在进行分组时,在诸多标志中选择最能反映事物本质特征的主要标志进行分组至关重要。

(3) 根据事物所处的具体条件选择分组标志。社会经济现象的特征是随着时间、地点、条件的变化而发生变化的,具体的条件变了,所选的标志也要随之变化。例如,研究工业企业规模,可供选择的标志很多,有生产能力、职工人数、固定资产价值、总产值等。建国初期,生产技术条件不发达,企业主要是劳动密集型企业,以职工人数作为分组标志与当时的生产力水平是相适应的。而当前,高科技的发展,使资金密集型企业越来越多,以生产能力或固定资产价值作为分组标志更符合我国工业生产的实际。

2) 正确划分各组界限

根据所选分组标志的特征不同,统计总体可以按品质标志分组,也可以按数量标志分组。两种分组各组界限的划分是不同的,但总的原则是保持组内同质性和组间差别性。

(1) 按品质标志分组。按品质标志分组是指选择反映现象属性特征的品质标志作为分组标志,并在品质标志的变异范围内划分各组界限,将总体分为若干性质不同的组成部分。

按品质标志分组多数是比较容易的,当分组标志确定后,各组界限也随之确定,并能将所有单位既不遗漏又不重复地归入各组中。例如,人口按性别分组,只可分为男、女两组,而且界限很分明。但有些现象,当分组的品质标志确定后,各组组限的确定则比较复杂。例如,产品按用途分类,生产按行业分类,劳动者按职业分类等,都是比较复杂的分组。对于这些复杂的统计分组,各有关部门制定了统一的分类标准和目录,可按照分类标准的规定进行分组。

(2) 按数量标志分组。按数量标志分组是指选择反映现象数量特征的数量标志作为分组标志,并在数量标志的变异范围内划分各组界限,将总体分成若干性质不同的组成部分。

与品质标志分组不同,数量标志具体表现为不等的变量值,按数量标志分组,不仅要看出各组现象的数量差异,而且要通过各组的数量变化区分现象的不同性质。因此,各组数量界限的确定是比较复杂的。例如,将学生总体按学习成绩分组,应选择 60 分作为数量界限,凡是低于此分的学生为不及格者;凡是等于或高于 60 分的学生为及格者,而不应以 50 分作为数量界限,因为它没有反映各组的性质差异。因此,要根据被研究现象本身的内在特点和研究任务来确定各组的数量界限,使分组的数量界限能够区别现象性质上的差别。

3) 分组标志的排列方式

对同一总体既可按一个标志分组,也可按两个或两个以上标志分组,当按两个或两个以上标志分组时,将形成分组体系。分组体系就是根据统计分析的要求,对同一总体进行多种相互联系、相互补充的分组所形式的体系。其形式有平行分组体系和复合分组体系两种。

(1) 简单分组和平行分组体系。简单分组是指对研究的总体按一个分组标志进行的分组。例如,将企业只按规模分为大、中、小型企业等。简单分组只能说明总体在某一方面的差异情况。

平行分组体系是指对同一总体按两个或两个以上的标志分别进行简单分组而形成的分组体系,借以反映总体多方面的特征。例如,工业企业按规模、经济类型和轻、重工业 3 个标志分别进行分组,得到如下平行分组体系。

① 按企业规模分组:
● 大型企业;
● 中型企业;
● 小型企业。
② 按轻重工业分组:
● 轻工业;
● 重工业。
③ 按经济类型分组:
● 国有经济;

- 集体经济；
- 私营经济；
- 股份制经济；
- 外商投资经济；
- 中国港、澳、台投资经济；
- 其他经济。

平行分组体系能从多个方面说明总体的特征，是从广度上分析研究总体现象的。

(2) 复合分组和复合分组体系。复合分组是指对研究总体按两个或两个以上的分组标志层叠起来进行分组。复合分组构成复合分组体系。例如，人口总体在按性别分组的基础上，再按年龄分组，得到如下复合分组。

人口总数：
- 男性：
  0～14 岁；
  15～64 岁；
  65 岁以上。
- 女性：
  0～14 岁；
  15～64 岁；
  65 岁以上。

采用复合分组能够比较全面深入地说明总体的特征，是从深度上分析研究总体现象的。但应注意复合分组的标志不宜过多，因为随着分组标志的增多，组数将成倍增加，影响对总体的认识。

3.3 分配数列

统计分组的目的是为了进一步汇总计算各组的总体单位数和指标数值，以说明总体的分布情况和内部构成，这就需要编制分配数列。

3.3.1 分配数列的概念和种类

1. 分配数列的概念

在统计分组的基础上，将总体中的所有单位按组归类整理，并按一定顺序排列，形成总体单位数在各组间的分布，这个数列称为分配数列，又称分布数列或次数分布。分配数列的形成是统计整理的结果。分配数列由组名(各组的品质属性或变量值)和总体单位数两个要素组成。其中分布在各组的总体单位数表现为绝对数，称为次数或频数，表现为相对数即各组次数与总次数之比的比重，称为比率或频率。分配数列的构成要素见表 3-3 和表 3-4。

通过分配数列,可以反映总体中所有单位在各组间的分布状况和分布特征,它是进一步研究总体内部构成和分析总体某一标志的平均水平及其变动规律的重要方法。

2．分配数列的种类

分配数列按所采用的分组标志的性质不同,可分为品质分配数列和变量分配数列。

1) 品质分配数列

品质分配数列简称品质数列,是按品质标志分组形成的分配数列。表 3-3 就是一个品质数列。

表 3-3 2006 年年底某地区的人口情况

按城乡分组	人数/万人	比重/%
市镇	269	45.06
乡村	328	54.94
合计	597	100.00
组名(品质属性)	次数	频率

2) 变量分配数列

变量分配数列简称变量数列,是按可变的数量标志分组形成的分配数列。表 3-4 就是一个变量数列。

表 3-4 某班学生的学习成绩情况

按学习成绩分组/分	学生人数/人	比重/%
60 以下	5	10
60～70	15	30
70～80	20	40
80～90	7	14
90～100	3	6
合计	50	100
组名(变量值)	次数	频率

在分配数列中重点讨论变量数列。

3.3.2 变量数列的种类

变量数列可分为单项式变量数列和组距式变量数列。

1．单项式变量数列

单项式变量数列简称单项数列,它是数列中的每个组只用一个变量值表示的数列。例如,某地区对 300 户家庭人口数抽样调查分组资料见表 3-5。

表 3-5　某地区 2004 年家庭人口数抽样资料

按家庭人口数分组/人	户数/户	比重/%
1	6	2.0
2	43	14.3
3	132	44.0
4	60	20.0
5	37	12.3
6	19	6.4
7	3	1.0
合计	300	100.0

由此可见,单项式变量数列的特点是:每个组只有一个变量值;组数的多少由不同变量值的个数决定。因此,在变量值不多且变量值变动范围不大、而且是离散变量的条件下才能使用单项数列,如果变量值较多而且变动范围较大,则不能使用单项数列。

2. 组距式变量数列

组距式变量数列简称组距数列,它是数列中的每个组用表示一定范围的两个变量值表示的数列。例如,某企业 315 名职工工资分配情况见表 3-6。

表 3-6　某企业职工工资分配情况

按月工资分组/元	人数/人	比重/%
350 以下	25	7.9
350～400	54	17.1
400～450	136	43.2
450～500	69	21.9
500 以上	31	9.9
合计	315	100.0

组距式变量数列的特点是:每个组用两个变量值限定区间表示;组数的多少由组距的大小决定。当变量值较多,变动范围较大时编制单项数列会使分组过多,过于分散,不便于说明问题。特别是连续变量不能编制单项数列,如果编制单项数列,会使数据丢失,违背完整性原则。

在组距数列中表示各组界限的变量值称为组限。在不影响准确地进行统计分析的前提下,组限应尽可能地取整齐的数值,以便计算。

组限可分为上限和下限,每组最大的变量值叫上限,每组最小的变量值叫下限。上、下限间的距离叫做组距。即:

$$组距 = 上限 - 下限$$

例如,表 3-6 中的"350～400"组的组距为:400 - 350 = 50

组限的表现形式有两种,一种是离散式,即指组距数列中的变量是离散型变量,其相邻组的上限、下限分别用两个相邻的整数表示,各组组限不重叠。例如,将企业按职工人数分为 200～299 人、300～399 人、400～499 人等。另一种是连续式,即指组距数列中的变量是连续型变量,其相邻组的上限、下限应使用同一数值表示,即组限要重叠。例如,表 3-6 中,400 既是"350～400"组的上限,也是"400～450"组的下限。

通过组距分组后,掩盖了分布在各组内单位的实际变量值。为了反映分布在各组中变量值的一般水平,往往用组中值作为各组变量值的代表值。组中值是每组下限与上限之间的中点数值。组中值的计算公式为:

$$组中值 = \frac{上限+下限}{2} = 上限 - \frac{组距}{2} = 下限 + \frac{组距}{2}$$

例如,表 3-6 中的"350～400"组的组中值为:

$$\frac{400+350}{2} = 400 - \frac{50}{2} = 350 + \frac{50}{2} = 375$$

在组距数列中,如果各组的上、下限数值齐全,称为闭口组,此时组距较明确;如果组限不齐全,表 3-6 的第一组只有上限而缺少下限,最后一组只有下限而缺少上限,统称为开口组,此时组距不明确。一般情况下当掌握的统计数据出现极大或极小值时,往往在首末两组使用开口组。开口组组中值的计算,是假设开口组的组距按邻组组距计算的,即:

$$缺下限的开口组组中值 = 本组上限 - \frac{邻组组距}{2}$$

$$缺上限的开口组组中值 = 本组下限 + \frac{邻组组距}{2}$$

例如:表 3-6 中,"350 以下"组的组中值为:$350 - \frac{400-350}{2} = 325$

"500 以上"组的组中值为:$500 + \frac{500-450}{2} = 525$

用组中值代表变量值的一般水平具有一个假定的前提,即各单位的变量值在本组内呈均匀分布或在组中值两侧呈现对称分布。一般情况下完全具备这一条件是不可能的,但在划分各组组限时,必须考虑使组内变量值的分布尽可能满足这一要求,以减少误差。

组距数列中组距的表现形式也有两种:一种是各组组距都相等,称为等距数列;另一种是各组组距不完全相等,称为不等距数列。在实际分组时,采用等距分组还是不等距分组,主要取决于现象的特点和统计研究的目的,总的原则是把不同质的单位分到不同组内,准确地反映总体内部各组成部分的性质差异。

在不等距数列中各组单位数的多少受组距大小的影响,因此不能直接对比研究次数的分布情况。为了准确地反映各组实际次数的分布情况,就要消除组距大小对次数的影响。其方法是计算次数密度:

$$次数密度 = \frac{次数}{组距}$$

通过计算得出的次数密度,可以对比分析各组次数的分布情况。

3.3.3 变量数列的编制

变量数列有单项数列和组距数列两种形式,下面分别介绍这两种形式变量数列的编制方法。

1. 单项式变量数列的编制

编制单项式变量数列必须具备两个条件:一是变量是离散型变量;二是变量值的个数不多。只有同时具备这两个条件才可采用单项变量数列形式。

例如,某厂 30 名工人看管机器台数资料如下:

3 6 5 5 2 4 4 5 3 3
5 5 4 2 5 6 4 5 4 4
4 2 5 3 3 4 5 4 3 4

要求根据上述资料编制变量数列。

(1) 分析:根据资料,看管机器台数是离散变量,且变量值的具体表现是 2,3,4,5,6 共五个不同的变量值,所以可以编制单项式变量数列。

(2) 编制步骤:

第一,将变量值的原始资料按顺序排列,一般是由小到大排列。即:

2 2 2 3 3 3 3 3 3 3
4 4 4 4 4 4 4 4 4 5
5 5 5 5 5 5 5 5 6 6

第二,确定各组的变量值和组数。一个变量值为一组,重复出现的变量值只取一个。则分为 2,3,4,5,6 共五组。

第三,整理出变量值出现的次数,编制单项式变量数列。见表 3-7。

表 3-7 某厂 30 名工人看管机器情况

看管机器台数/台	人数/人	比重/%
2	3	10.0
3	6	20.0
4	10	33.3
5	9	30.0
6	2	6.7
合计	30	100.0

2. 组距式变量数列的编制

编制组距式变量数列应具备两个条件:一是适用于连续型变量;二是离散型变量的变量值比较多。这种条件下,在编制变量数列时多数情况下采用组距数列。

例如,某班 50 名学生统计学原理考试成绩如下:

65	66	89	88	67	84	86	87	75	73
66	72	68	75	94	82	98	58	79	87
67	54	85	79	76	95	77	76	71	60
68	65	79	72	76	85	89	92	64	57
69	51	81	78	77	72	61	48	70	86

要求根据上述资料编制变量数列以反映学生学习成绩的分布及构成。

(1) 分析:根据资料,学生的学习成绩是连续型变量,且变量值比较多,所以可编制组距式变量数列。

(2) 编制步骤:

第一,将原始资料的变量值按从小到大的顺序排列。即:

48	51	54	57	58	60	61	64	65	65
66	67	68	70	71	72	72	72	73	75
75	76	76	76	77	77	78	78	79	79
79	81	81	82	83	84	85	85	86	86
87	87	88	89	89	91	92	94	95	98

第二,计算全距。全距是原始资料中最大值与最小值的差,它是确定组数和组距的依据。本例题最高成绩为 98 分,最低成绩为 48 分,则:

$$全距 = 98 - 48 = 50(分)$$

第三,确定组距和组数。全距一定的情况下,组距和组数是相互制约的,成反比关系。组距越大,组数越少;组距越小,组数越多。至于是先确定组数还是先确定组距,这个问题不能作统一规定,要看具体情况。如果编制等距数列,通常情况下:

$$组距 = \frac{全距}{组数}$$

或

$$组数 = \frac{全距}{组距}$$

确定组距的一般原则是考虑组内的同质性和反映总体分布的特征或原始资料的集中程度和实际情况。如果在全距内变量值分布均衡,则适合等距分组;如果在全距内变量值分布不均衡,有疏有密,则适合不等距分组;如果所掌握的资料中有极端数值出现,则适合采用开口组。为了计算方便,组距通常取整数,最好是 2,5,10 的倍数。

根据上述原则,本例题资料中变量值变动比较均衡,可编制等距数列。根据学习成绩的特点,可把组距定为 10 分,其组数为:

$$组数 = \frac{全距}{组距} = \frac{50}{10} = 5$$

故将学习成绩分为五组。

第四,确定组限和组限的表示方法。组限的确定除应遵循前面讲过的分组原则外,还要根据变量本身的性质和特点来确定。通常情况下,最小组的下限应低于或等于原始资料中的最小值;最大组的上限应高于或等于原始资料中的最大值。这样才能保证分组的完整性。

在确定相邻两组的组限时,要保证互不相容。组限的表现形式有连续型和离散型。一般地说,离散型变量分组,其组限可以采用离散型,也可以采用连续型。连续型变量任何两数值之间可能有无限多个数值,因此相邻组的上限和下限不可能用两个确定的数值表示,通常是以一个数值作为相邻两组的上限和下限,即相邻组的组限是重叠的。当某一变量值正好等于相邻组的上下限时,通常把该数值列入下限所在的组,即遵循"上组限不在内"原则。

上述资料中,最小变量值为48,最大变量值为98。为了将及格与不及格这两种类型的学生区别开,最小组采用开口式,即用"60以下"表示;最大组采用闭口式,上限确定为100。根据学习成绩这个变量的特点,采用相邻组上下限重叠组限表示。

第五,计算各组次数,编制成组距数列。根据以上编制变量数列的方法,将总体各单位划归到所属各组中计算各组次数,便得到组距式变量数列。见表3-8。

表3-8 某班统计学原理成绩情况

按学习成绩分组/分	人数/人	比重/%
60以下	5	10.0
60~70	8	16.0
70~80	18	36.0
80~90	14	28.0
90~100	5	10.0
合计	50	100.0

3.3.4 次数分布的主要类型

社会经济现象的复杂性,决定了在分组基础上形成的次数分布的类型也不一样,概括起来主要有钟形分布、U形分布和J形分布三种。

1. 钟形分布

钟形分布的特征是"中间多,两边少",这类分布是以平均值为中心的,越接近中心,分配的次数越多,离中心越远,分配的次数越少,其曲线就像一口古钟。许多现象的分配数列的分布属于钟形分布。如学生的考试成绩分布就是典型的钟形分布,如图3-1所示。

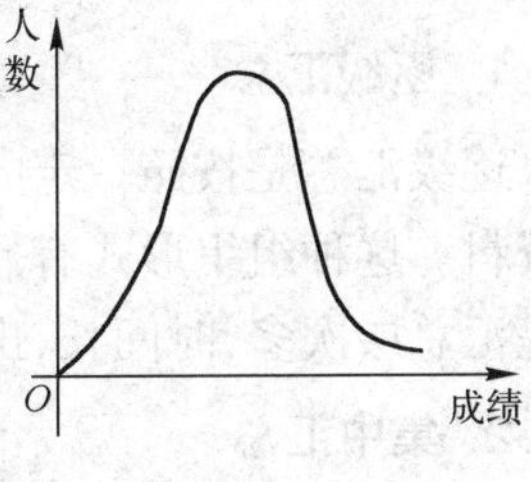

图3-1 钟形分布示意图

2. U形分布

U形分布的特征是"两头多,中间少",呈现U字形,与钟形分布正好相反。这类分布是以平均值为中心的,越接近中心,分配的次数越少,离中心越远,分配的次数越多。如人口死亡率的分布就是 U 形分布,如图 3-2 所示。

3. J 形分布

J 形分布的特征是"一边小,一边大",形如字母"J"字,J 形分布有正 J 形和反 J 形两种分布,分别如图 3-3 和图 3-4 所示。正 J 形分布的次数是随着变量值的增大而增多,如供给曲线;反 J 形分布的次数是随着变量值的增大而减少,如需求曲线。

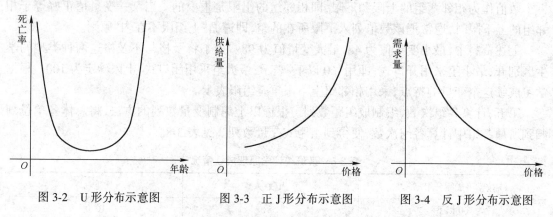

图 3-2　U 形分布示意图　　图 3-3　正 J 形分布示意图　　图 3-4　反 J 形分布示意图

3.4　统计资料的汇总技术

3.4.1　统计汇总的组织形式

统计汇总的任务在于确定各组的单位数和计算各组的标志总量。

统计汇总工作是统计整理过程中一个重要的环节。为了提高汇总工作质量,保证提供资料的准确、及时,须采用科学的组织形式。统计汇总一般有逐级汇总、集中汇总和综合汇总三种组织形式。

1. 逐级汇总

逐级汇总是按照一定的统计管理体制,自下而上地逐级整理汇总本系统或本地区内的统计资料。这种组织形式有利于就地检查和核对资料,便于满足各级单位对统计资料的要求。但是汇总层次多,时间长,出现差错的概率大。

2. 集中汇总

集中汇总是将全部原始资料集中到组织调查的最高一级机关一次汇总。这种组织形式能够简化汇总的组织工作和汇总过程,并取得汇总的全部原始资料。但汇总的工作量集中,原始资料有差错不便于核对更正,反馈资料的制表量大,不利于各级单位取得资料。

3. 综合汇总

综合汇总是将逐级汇总和集中汇总结合起来的一种汇总形式。即在进行逐级汇总的同时，进行集中汇总，既可以满足各级单位对统计资料的需要，又通过集中汇总解决了逐级汇总的不足。

近年来，随着计算机的普及和计算机网络的迅速发展，统计汇总的组织形式也发生了变化，越来越多地向综合汇总方式发展，将数据输入计算机，各级汇总都由计算机来完成，大大提高了汇总效率和质量。

3.4.2 统计汇总技术

统计资料的汇总技术主要有手工汇总和计算机汇总两种。

1. 手工汇总

在计算机迅速普及的今天，手工汇总作为一种传统的汇总方法在许多场合仍然有其不可替代的用途。手工汇总主要有以下几种。

1) 划记法

划记法是在汇总表上采取划点或划线的方法进行分组计数。它适用于各组总体单位数的汇总，但不能汇总各组和总体的标志总量，一般在总体单位数不多的情况下使用。常用的点画记号有"正"、"册"等。

2) 过录法

过录法将需要汇总的资料过录到事先准备好的整理表上，然后将各组和总体的单位数或标志值加总，再填入统计表中。采用这种方法既可以汇总单位数，也可以汇总标志值，而且便于核对和计算。但这种方法工作量比较大，而且费时费力，过录易发生差错。

3) 折叠法

折叠法将各调查表或统计表中需要汇总的数值折在边上，一张压一张地重叠起来，仅露出需要汇总项目的数值，然后汇总。这种方法简便易行，省时省工，但出现差错不易查出。

4) 分单法

分单法是按分组要求直接将调查表或原始凭证分开放，然后一张一张地加总需要汇总的数值。这种方法省时省力，但加总时需要仔细，易出现错误。

5) 卡片法

卡片法是事先准备好摘录卡片，将每个总体单位需要汇总的项目和数值摘录至卡片上，然后根据卡片进行汇总和计算。这种方法适合总体单位多，且复合分组多的情况。采用卡片法可以保证汇总质量和较高的时效性。

2. 计算机汇总

计算机汇总是采用电子计算机进行统计汇总，是现代社会发展的需求。电子计算机汇总速度快、精度高,且具有逻辑运算、自动工作和储存资料的功能。

计算机汇总大体分为以下几个步骤。

1) 编制程序

编制程序是按计算机语言对汇总工作进行全面系统的安排,计算机将按规定进行逻辑运算和数学运算。

2) 编码

编码是根据程序的规定把汉字信息数字化。

3) 数据录入

数据录入是把经过编码后的数据和实际数字通过录入设备输入计算机。

4) 逻辑检查

逻辑检查按照事先规定的一套逻辑检查规则对输入电子计算机的原始数据进行筛选、整理等。

5) 制表打印

制表打印是指所有数据经过逻辑检查之后,由计算机按照事先规定的汇总表式和汇总层次进行统计制表,并通过输出设备把结果打印出来。

计算机的应用是统计工作的一项重大改革,广泛使用计算机技术是我国统计工作现代化的重要标志之一。

3.5 统计表和统计图

统计整理的结果可以通过各种不同的形式表现出来,如统计表、统计图、统计分析报告等。统计表和统计图是应用最广泛的形式。

3.5.1 统计表

1. 统计表的意义及其构成

1) 统计表的意义

所谓统计表是以纵横交叉的线条所绘制的表格来表现统计资料的一种形式。在统计工作的各个阶段都用到不同的统计表格,统计调查阶段有调查表,统计整理阶段有整理表,统计分析阶段有分析表,这里我们主要介绍表现统计整理结果的统计表。

统计表作为表现统计资料的一种有效形式,它的主要特点有:

- 可以使统计资料具有条理性,清晰易懂,便于观察;
- 便于对照比较统计数字资料,从而发现现象的规律性;
- 是进行统计计算和统计分析的有效工具,便于统计资料积累。

2) 统计表的构成

统计表的构成可以从以下两方面来看。

(1) 从形式上看,统计表由总标题、横行标题、纵栏标题、指标数值四部分构成。见表 3-9。

表 3-9 2004 年某市各规模工业企业工业总产值

按企业规模分	企业数/个	工业总产值/万元
大型企业	68	3 001 279
中型企业	124	288 254
小型企业	2743	897 778
合计	2935	4 187 311

（横行标题、纵栏标题、总标题、数字资料、主词、宾词位置如图所示）

总标题是统计表的名称,用来概括说明统计表中全部资料的内容,一般写在表的上端中央;横行标题是统计表横行的名称,用来表示各组的名称,一般写在表的左方;纵栏标题是统计表纵栏的名称,用来表示总体的统计指标或分组标志的名称,一般写在表的上方;指标数值在各横行标题与各纵栏标题的交叉处,每一个数值的含义都由横行标题和纵栏标题共同限定。

(2) 从内容上看,统计表由主词和宾词两部分构成,见表 3-9。

主词是统计表所要说明的总体,它可以是总体的各个组或各个单位的名称,一般排列在表的左方;宾词是说明总体的各种统计指标,包括指标名称和指标数值,一般排列在表的右方。但需要说明的是,主词和宾词的位置不是固定不变的,必要时可以调换位置。

2. 统计表的种类

统计表的的种类可以从两个不同的角度划分。

1) 统计表按其作用不同分类

统计表按其作用不同可分为以下 3 种。

① 调查表:是指在统计调查中用于登记、搜集原始资料的表格。

② 整理表:是在统计汇总或整理过程中使用的表格和用于表现统计整理结果的表格。

③ 分析表:是在统计分析中用于对整理所取得的统计资料进行定量分析的表格。它常与整理表结合在一起,是整理表的扩展。

2) 统计表按主词分组情况分类

统计表按主词所选分组标志的多少和分组的程度不同可分为简单表、简单分组表和复合分组表。

① 简单表:是指主词未经分组的统计表。通常用以表现三种数列资料,即时间数列、空间数列和指标数列。表 3-10 就是一个简单表。

② 简单分组表:是指主词按一个标志进行分组或按两个及两个以上标志进行平行分组的统计表。在研究总体的内部结构和分布状况及现象之间的依存关系时,大多采用简单分组表。见表 3-11 和表 3-12。

表 3-10　某地区 1997—2004 年人均国内生产总值

年　份	人均国内生产总值/元
1997	1634
1998	1879
1999	2287
2000	2939
2001	3929
2002	4854
2003	5576
2004	6079

表 3-11　2004 年某地区社会消费品零售额

按行业分组	社会消费品零售额/亿元	比重/%
批发零售贸易业	18 108.3	66.3
餐饮业	2433.3	8.9
制造业	1987.9	7.3
其他行业	4769.4	17.5
合　　计	27 298.9	100.0

表 3-12　2005 年人口主要构成情况

指　标	年末数/万人	比重/%
全国总人口	130 756	100.0
其中:城镇	56 212	43.0
乡村	74 544	57.0
其中:男性	67 375	51.5
女性	63 381	48.5
其中:0～14 岁	26 504	20.3
15～64 岁	94 197	72.0
65 岁及以上	10 055	7.7

注:资料来源于中华人民共和国 2005 年国民经济和社会发展统计公报

③ 复合分组表:是指主词按两个或两个以上的标志进行层叠分组的统计表。利用复合分组表可以从多个方面反映总体的内部状况,因而可更深入地对总体进行观察研究。见表 3-13。

表 3-13　2005 年某高校在校学生情况

学 生 构 成	学生人数/人
大学本科	8000
男	4800
女	3200
大学专科	5000
男	2100
女	2900
合计	13 000

3. 统计表的设计要求

统计表的设计应遵循科学实用的原则,并考虑简练、美观的要求。具体编制统计表时,应注意以下几项规则。

统计表的标题要简明、确切地反映资料的主要内容及资料所属的时间和空间范围。

统计表主词和宾词的排列,应当合理有序,应根据时间的先后、数量的大小、空间的位置等自然顺序编排。一般按先局部后全体的顺序,即先列分项后列合计编排;但如果只打算列出全体中的部分项目,则先列合计,后列分项,并对下属各行用"其中"表示。

统计表栏数较多时,通常要加以编号,并说明其相互关系。在主词和计量单位等栏用(甲)、(乙)、(丙)……编号,在宾词栏用(1)、(2)、(3)……编号。如某栏数字是根据其他栏数字计算的,则应标明计算关系。

统计表中的数字应注明计量单位。如全表用一种计量单位时,可在表的右上方注明;如计量单位不统一,横行的计量单位可设计量单位栏,纵栏的计量单位可与纵栏标题写在一起,指标名称与计量单位用"/"隔开。

统计表的数字填写要注意对位整齐,同栏中的小数保留位数要一致,遇有相同数值时应重新填写,不得用"同上"、"同左"等字样代替。没有数字或免填的格内用"—"表示,缺少资料或忽略不计的格内用"……"表示。

统计表的格式一般采用长方形,左右两端开口式。统计表上下两端的基线要用粗体或双线画出,表内如有两个以上不同的内容,也应用粗线或双线隔开。

引用的统计资料,有时需要在表的下方注明来源。制表完毕,经审核无误后,制表人和主管负责人应签名盖章,以示负责。

3.5.2　统计图

1. 统计图的意义

统计图是用几何图形或具体事物的形象来表现统计资料的一种形式。利用统计图表现统计资料,鲜明醒目、一目了然、形象具体、通俗易懂、便于理解。

2. 统计图的种类

统计图按照图形的形式,大体上可以分为几何图、象形图和统计地图三种。

1) 几何图

几何图是利用几何的形和线来表明统计资料的图形。它包括条形图、圆形图和曲线图等。

(1) 条形图。条形图是以宽度相等的条形高度或长度来表示统计资料数值大小或多少的一种图形。条形图又有竖直条形图和水平条形图两种。

竖直条形图又称为直方图,用垂直的条形表示。例如,某企业历年产值资料,如图 3-5 所示;

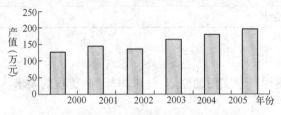

图 3-5 某企业历年产值竖直条形图

水平条形图又称为带状条形图,例如,某企业三个车间计划完成程度资料如图 3-6 所示。

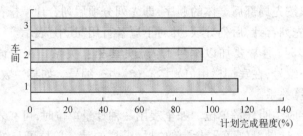

图 3-6 某企业三个车间计划完成程度带状条形图

(2) 圆形图。圆形图是以圆形的面积或以圆内各扇形面积的大小来表示统计资料的一种图形。例如,某高职院校学生政治面貌圆形结构图如图 3-7 所示。

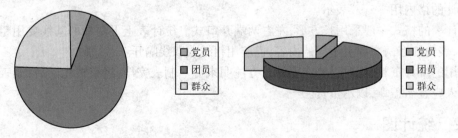

图 3-7 某高职院校学生政治面貌圆形结构图

(3) 曲线图。曲线图是利用曲线的升降变化来表示数值大小和发展变化的一种图形。例如,某企业历年产值曲线图如图 3-8 所示。

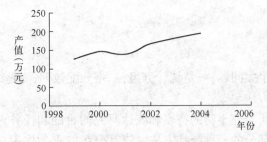

图 3-8　某企业历年产值曲线图

2) 象形图

象形图是以表示现象本身形象的长度、大小、多少来表示数值大小的一种图形。例如，用油桶的大小表示的某地 1990 年、2000 年和 2005 年三年的原油产量如图 3-9 所示。

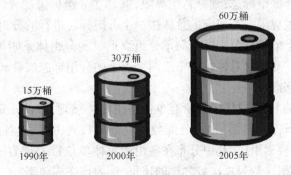

图 3-9　原油产量象形图

3) 统计地图

统计地图是以地图作底景，利用实物图形、点、线等表示某种指标数值地理分布的一种图形。例如，可以利用颜色的深浅来表示某地区各县某种产品的生产情况，如图 3-10 所示。

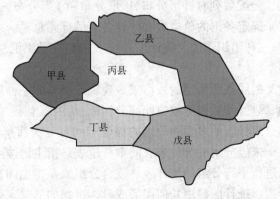

图 3-10　某地区各县某种产品生产情况的统计地图

本章小结

本章主要阐述了四个大问题:一是统计分组;二是分配数列;三是统计汇总技术;四是统计表和统计图的编制绘制方法。

统计分组是指根据所研究事物的特点和统计研究的目的和任务,按照一定的分组标志将总体划分成若干个组成部分的一种统计方法。统计分组的重要作用在于:区分社会经济现象的性质、研究总体的内部结构和分析现象之间的依存关系。进行统计分组时,必须遵循科学性原则、完整性原则和互斥性原则。统计分组的关键是正确选择分组标志和划分各组界限。分组标志是指对总体进行分组时所遵循的标准或依据。正确选择分组标志,应遵循以下原则:根据统计研究的目的选择分组标志,选择最能够反映现象本质特征的标志作为分组标志,根据事物所处的具体条件选择分组标志;划分各组界限,就是在分组标志变异的范围内,划分各相邻组间的性质界限和数量界限。对研究的总体按一个分组标志进行的分组叫简单分组。对同一总体按两个或两个以上的标志分别进行简单分组而形成的分组体系叫平行分组体系,借以反映总体多方面的特征。对研究总体按两个或两个以上的分组标志层叠起来进行分组叫复合分组,复合分组形成复合分组体系。

在统计分组的基础上,将总体中的所有单位按组归类整理,并按一定顺序排列,形成总体单位数在各组间的分布,这个数列称为分配数列。分配数列由组名(各组的品质属性或变量值)和总体单位数两个要素组成,其中分布在各组的总体单位数表现为绝对数,称为次数或频数,表现为相对数即各组次数与总次数之比的比重,称为比率或频率。

分配数列可分为品质分配数列和变量分配数列。品质分配数列简称品质数列,是按品质标志分组形成的分配数列。变量分配数列简称变量数列,是按可变的数量标志分组形成的分配数列。变量数列可分为单项式变量数列和组距式变量数列。单项式变量数列就是数列中的每个组只用一个变量值表示的数列。组距式变量数列就是数列中的每个组用表示一定范围的两个变量值表示的数列。分配数列有钟形分布、U形分布和J形分布三种类型。

统计汇总的任务在于确定各组的单位数和计算各组的标志总量。统计汇总一般有逐级汇总、集中汇总和综合汇总三种组织形式。统计汇总技术主要有手工汇总和电子计算机汇总两种。

统计表是以纵横交叉的线条所绘制的表格来表现统计资料的一种形式。统计表从形式上看,由总标题、横行标题、纵栏标题、指标数值四部分构成;从内容上看,由主词和宾词两部分构成。统计表按主词所选分组标志的多少和分组的程度不同可分为简单表、简单分组表和复合分组表。简单表是指主词未经分组的统计表。简单分组表是指主词按一个标志进行分组或按两个及两个以上的标志进行平行分组的统计表。复合分组表是指主词按两个或两个以上的标志进行层叠分组的统计表。统计图是用几何图形或具体事物的形象来表现统计资料的一种形式。统计图按照图形的形式,大体上可以分为几何图、象形图和统计地图三种。

思考题

3-1 什么是统计整理?有什么重要意义?
3-2 统计整理的基本步骤有哪些?
3-3 什么是统计分组?如何理解统计分组?有什么重要意义?
3-4 统计分组的原则是什么?统计分组的关键是什么?
3-5 什么叫分组标志?如何正确选择分组标志?
3-6 简述简单分组与平行分组体系、复合分组与复合分组体系。
3-7 什么叫分配数列?分配数列有哪几个部分构成?
3-8 分配数列有哪两种?如何划分的?
3-9 在什么情况下编制单项数列?在什么情况下编制组距数列?
3-10 什么叫组限、组距、组中值、开口组?
3-11 如何计算开口组组中值?
3-12 组距和组数的关系如何?
3-13 在编制组距数列时,如何确定组限?
3-14 次数分布有几种类型?
3-15 统计汇总的组织方式有哪些?
3-16 什么是统计表?从形式和内容上看有哪几部分构成?
3-17 统计表按主词所选分组标志的多少和分组的程度不同可以分为哪几种统计表?
3-18 什么是统计图?有哪几种?

填空题

3-1 统计整理是统计工作的(　　),是统计调查的(　　),又是(　　)的前提。
3-2 对资料准确性的审核方法主要有(　　)和(　　)两种。
3-3 统计分组的根本作用在于(　　)。
3-4 统计分组的原则有(　　)、(　　)、(　　)三种。
3-5 统计分组的关键是(　　)和(　　)。
3-6 统计分组体系的形式有(　　)和(　　)两种。
3-7 分配数列由(　　)和(　　)两个要素所组成。
3-8 次数密度消除了(　　)对各组次数的影响。
3-9 使用重叠组限分组时,确定各组次数时应遵循(　　)原则。
3-10 次数分布的主要类型有(　　)、(　　)和(　　)。
3-11 统计表从形式上看,由(　　)、(　　)、(　　)和(　　)四个部分组成;从内容上看,由( )和( )两部分组成。

3-12 统计图按照图形的形式,大体上可以分为( )、( )、( )三种。

单选题

3-1 将统计总体按照一定标志区分为若干个性质不同的组成部分的统计方法是( )。
A.大量观察法　　B.统计指标法　　C.统计调查法　　D.统计分组法

3-2 统计分配数列( )。
A.都是变量数列　B.都是品质数列　C.是变量数列或品质数列　D.是统计分组

3-3 变量分配数列有两个组成要素,即( )。
A.一个是总体单位数,另一个是指标数　　B.一个是指标数,另一个是分配次数
C.一个是分组的组名,另一个是总体单位数　D.一个是总体总量,一个是标志总量

3-4 单项数列只能适用下列资料( )。
A.离散变量
B.变量值不多且变动范围不大的离散变量
C.变量值较多且变动范围较大的离散变量
D.连续变量

3-5 按某连续变量编制的变量数列,其末组为500以上,其邻组的组中值为480,则末组的组中值为( )。
A.520　　　　　B.510　　　　　C.540　　　　　D.530

3-6 在进行组距式分组时,凡遇到某单位的标志值刚好等于相邻两组上下限的数值时,一般将( )。
A.此值归于上限组　　　　　　　B.此值归于下限组
C.此值归于上限组或下限组均可　D.另行分组

3-7 在分配数列中,( )。
A.某组频数越小,其反映标志值作用越大
B.某组频率越大,其反映标志值作用越小
C.某组频数越大,其反映标志值作用越大
D.频数与频率大小不能反映标志值作用的大小

多选题

3-1 统计整理是( )。
A.统计调查的继续　B.统计设计的继续　C.统计调查的基础　D.统计分析的前提
E.对社会经济现象从个体量观察过渡到总体量的认识

3-2 统计分组( )。
A. 是一种统计方法　　　　B. 对总体而言是"合"
C. 对总体而言是"分"　　　D. 对个体而言是"合"
E. 对个体而言是"分"
3-3 统计分组的原则有( )。
A. 科学性原则　　　B. 完整性原则　　　C. 互斥性原则
D. 简单分组原则　　E. 分组体系原则
3-4 统计分组的关键在于( )。
A. 按品质标志分组　　B. 按数量标志分组
C. 选择分组标志　　　D. 划分各组界限
E. 按主要标志分组
3-5 按分组标志的性质不同,分配数列可分为( )。
A. 等距数列　B. 异距数列　C. 品质数列　D. 变量数列　E. 单项数列
3-6 在组距数列中,组距数列的种类有( )。
A. 闭口式的　B. 开口式的　C. 等距式的　D. 不等距式的　E. 有组限的
3-7 统计表按主词分组情况可分为( )。
A. 简单表　B. 简单分组表　C. 复合分组表　D. 整理表　E. 分析表

判断题

3-1 统计分组的关键在于划分各组界限。( )
3-2 一般情况下,在确定组限时,最低组的下限应高于最小变量值。( )
3-3 划分各组界限的原因是保持组内同质性和组间差别性。( )
3-4 在开口组的组距数列中,开口组的组中值是用相邻组的组中值代替。( )
3-5 离散变量均可以编制单项数列。( )

技能实训题

【实训1】
1) 资料
某班级有46名学生,其统计学原理考试成绩如下:

76	72	90	60	60	82	60	80	80	99
80	70	80	73	75	60	76	92	84	80
81	78	80	85	80	99	60	80	84	76
87	91	75	95	85	98	70	87	88	92

60　85　60　42　84　58

2）要求

根据这个资料,整理出反映46名学生成绩分布的等距数列,指出次数分布的类型,并对分布情况作简要分析。

【实训2】

1）资料

某企业36名职工的基本情况见表3-14。

表3-14　某企业职工的基本情况　　　　　　　　　工资单位:元

序号	性别	民族	年龄	工资	序号	性别	民族	年龄	工资
1	男	汉	18	500	19	女	汉	46	760
2	女	汉	45	630	20	男	汉	28	580
3	女	汉	50	900	21	男	汉	24	530
4	男	朝鲜	25	530	22	女	汉	46	630
5	女	汉	20	500	23	女	汉	28	580
6	女	汉	18	500	24	女	汉	32	530
7	女	回	26	580	25	男	满	24	530
8	女	汉	40	710	26	女	汉	21	500
9	男	汉	24	530	27	女	汉	18	500
10	女	汉	22	500	28	女	汉	20	500
11	女	朝鲜	36	630	29	女	汉	24	580
12	女	汉	35	530	30	男	满	40	710
13	女	汉	18	500	31	女	汉	36	630
14	男	汉	38	630	32	女	汉	24	530
15	女	汉	42	630	33	女	汉	30	580
16	女	汉	22	530	34	女	汉	35	580
17	女	汉	23	530	35	男	汉	29	580
18	女	满	36	630	36	男	汉	20	500

2）要求

（1）按数量标志进行简单分组和复合分组,编制统计表,绘制条形图。

（2）按品质标志进行简单分组和复合分组,编制统计表,绘制圆形图。

【实训3】利用第2章【实训1】的调查资料进行分组整理,编制统计表,绘制相应的统计图。

第 4 章 统计静态分析指标

📖 **本章知识技能要点与要求**

- 理解总量指标的意义及种类,掌握时期指标与时点指标的区别
- 理解相对指标的意义及种类,重点掌握计划完成相对数的计算与应用
- 理解平均指标的意义及种类
- 重点掌握加权算术平均数与加权调和平均数的计算与应用
- 理解标志变异指标的意义和种类
- 重点掌握标准差及其系数的计算与应用

4.1 总量指标

4.1.1 总量指标的意义

总量指标是反映社会经济现象在一定时间、地点、条件下的总规模和总水平的统计指标。它的表现形式是绝对数,故又称绝对指标或绝对数。例如,某年我国的人口数、土地面积、粮食产量、基本建设投资额、原煤产量、国内生产总值等,都是总量指标。

总量指标是统计中最基本的指标,它具有两个特点:总量指标是统计汇总的直接结果,没有经过进一步计算,直接具体;总量指标的数值随总体范围的大小而增减。

在社会经济统计实践中,总量指标的应用十分广泛,其主要作用可以概括为以下三点。

1) 总量指标是认识社会经济现象的起点

总量指标是认识社会经济现象的起点,是因为它反映了社会经济现象总体的基本状况。如我国 2005 年,国内生产总值 182 321 亿元,粮食产量 48 401 万吨,工业增加值 76 190 亿元,全社会固定资产投资额 88 604 亿元,社会消费品零售总额 67 177 亿元,进出口总额 14 221 亿美元,年末全国总人口为 130 756 万人,等等,表明了我国经济及社会的基本情况。

2) 总量指标是编制计划实行经济管理的主要依据

经济管理的方式方法很多,其中计划管理是经济管理的重要手段之一,而计划的基本指标常常是以总量指标的形式规定的,同时计划的执行情况和各项管理工作,也都是建立在对客观事实正确认识的基础上,并通过对实际数字资料的分析,制定出切实可行的方针、政策和各项

管理措施。

3）总量指标是计算相对指标和平均指标的基础

相对指标和平均指标一般是在有关总量指标的基础上计算出来的,是总量指标的派生指标。例如,人口性别比是男性人口与女性人口之比,单位面积产量是总产量与播种面积之比等。

4.1.2 总量指标的种类

总量指标按不同的标志,可以划分为若干类型。

1. 总体单位总量和总体标志总量

总量指标按反映现象总体的内容不同,可分为总体单位总量和总体标志总量。总体单位总量简称单位总量,总体标志总量简称标志总量。

单位总量是指总体内总体单位的总数,标志总量是总体中各单位某种标志值的总和。如调查某地区所有工业企业的生产经营情况,则该地区所有工业企业是总体,每个工业企业是总体单位,因此,工业企业总数是单位总量,工业总产值、职工总数是标志总量。

单位总量和标志总量并不是固定不变的,而是随着研究目的的不同而变化。如研究某企业职工的身体健康状况,则该企业的所有职工是总体,每个职工是总体单位,因此,职工总数是单位总量,工资总额是标志总量,其中,职工总数在前例中是标志总量,这里就变成了单位总量。就一定的总体而言,单位总量只有一个,标志总量根据研究的目的可以有多个。

2. 时期指标和时点指标

总量指标按反映现象的时间状态不同,可以分为时期指标和时点指标。

时期指标是说明现象在一段时间内发展过程总数量的指标,如工业总产值、人口出生数、商品销售额、工资总额等都是时期指标。时点指标是说明现象在某一时刻(瞬间)上总数量的指标。如人口数、商品库存额(量)、资金占用额等都是时点指标。

时期指标和时点指标各有不同特点。时期指标数值的大小与时间长短有直接关系,时期指标可以直接相加,累加结果表示更长一段时间内现象发展过程的总数量,时期指标资料的搜集要通过经常性调查取得;时点指标数值的大小与时点间的间隔长短没有直接关系,各时点指标数值不能直接相加,其资料搜集是通过一次性调查来完成的。

3. 实物指标、价值指标和劳动指标

总量指标按计量单位的不同,可分为实物指标、价值指标和劳动指标。

1）实物指标

实物指标是根据事物的自然属性和物理属性单位计量的统计指标。它使用的计量单位有以下几种。

（1）自然单位,即按照被研究现象的自然状态来度量其数量的单位,如人口按"人"和生猪按"头"计量等。

(2) 度量衡单位,即按照统一的度量衡制度的规定来计量事物数量的单位,如重量以"千克"为单位计量,长度以"米"为单位计量等。

(3) 双重单位或复合单位,是指两个或两个以上的单位结合使用的计量单位,双重单位如电机用"千瓦/台"表示,复合单位如货运周转量以"吨公里"表示。

(4) 标准实物单位,是按统一的折算标准来度量被研究现象数量的一种单位,如各种型号的拖拉机以15马力为一标准台,15马力就称为标准实物单位。

实物指标可以直接反映产品的使用价值或现象的具体内容,但不同属性的实物指标不能直接相加,因此,它无法用来反映非同类现象的总规模和总水平,缺乏广泛的综合能力。

2) 价值指标

价值指标是以货币单位计量的总量指标。计量单位有元、百元、千元、万元等。如工业总产值、国内生产总值、商品销售额、利润额等。价值指标具有较强的综合概括能力,但价值指标脱离了具体的物资内容,比较抽象。

3) 劳动指标

劳动指标是以劳动时间为计量单位的总量指标,一般用工时、工日表示。一个工人做一个小时工,叫做一工时,八个工时等于一个工日。劳动指标主要在企业范围内使用,是评价劳动时间利用程度和计算劳动生产率的依据,是企业编制和检查劳动生产计划的依据。不同类型、不同经营水平的企业的劳动指标是不能直接相比较的。

4.1.3 计算和运用总量指标应注意的问题

1) 统计总量指标要有明确的统计含义和合理的统计方法

总量指标的统计有些是较为简单的,如人口数、企业数;有些是较为复杂的,如国内生产总值。无论是简单的,还是复杂的,统计总量指标都应明确其统计含义,确定合理的统计方法。如统计国内生产总值,首先必须明确什么是国内生产总值,它与国民生产总值等指标有什么不同,其次是怎样计算国内生产总值,或者说使用什么方法统计国内生产总值。只有这样,才能使统计的总量指标科学、准确。因此说,总量指标的统计并非是单纯的汇总技术问题,而是个非常重要的理论问题。

2) 计算实物指标时,要注意现象的同类性

只有同类性的现象才能计算实物总量,而同类性是由事物的性质所决定的。例如,钢材和水泥的性质不同,就不能将它们混在一起计算实物总量,但原煤、原油、天然气等各种不同的燃料由于使用价值相同就可以折算为标准燃料计算总量。现象的同类性,还取决于现象所处的条件和统计研究的目的。如计算货物运输总量时,只要求计算运输货物的重量和里程,因此,就不问其实物性质,可将各种货物的重量和里程直接汇总。

3) 要有统一的计量单位

对于同一个总量指标在不同时间、地点进行计量时,其计量单位应当一致,不一致时,应进行换算,使之统一,以便于汇总、对比和分析。

4.2 相对指标

4.2.1 相对指标的意义

总量指标虽然可以综合反映社会经济现象的总规模和总水平,但由于现象总体的复杂性,仅根据总量指标仍难以对客观事物作出正确的判断。相对指标就是在总量指标的基础上进行对比而产生的统计分析指标,它有利于反映现象之间的联系状况。

1. 相对指标的概念和作用

相对指标又称相对数,是社会经济现象中两个有联系的统计指标数值对比所得到的抽象的比值。相对指标有两个特点:相对指标抽象,即它抽象掉了构成相对指标分子和分母的具体数值;相对指标的数值不随总体范围的大小而增减。

相对指标反映了现象之间的数量对比关系和联系程度,在国民经济管理、企业经济活动分析和统计研究中应用很广。以下是其主要作用。

1) 反映社会经济现象之间的相对水平和联系程度

运用相对指标,可以观察某一总体的任务完成程度,内部的结构状况,指标之间的比例关系,一事物在另一事物中的普遍程度、强度和密度,从而有利于分析同类现象在不同时空上的联系与区别,为揭示现象的本质和特点提供依据。例如,人们常用计划完成相对数判断一个企业计划任务的完成情况,用人均国民收入衡量一个国家的经济实力,用耐用消费品的平均拥有量评估一个地方的生活状况。

2) 提供了现象之间的比较基础

相对指标把总量指标之间的具体差异抽象化了,从而使不可比的现象转化为可比现象。例如,要比较两个企业流通费用额的节约情况,如果仅以费用额的绝对节约额进行比较就难以说明问题,因为它们所完成的商品销售额可能是不同的,而费用额的多少直接受商品销售额大小的影响。如果采用相对指标即流通费用率来分析流通费用的节约情况,则可作出正确的判断。因为流通费用率表明单位商品销售额所支付的费用额,排除了销售额大小的影响。这样,两个企业乃至多个企业就有了共同对比的基础。

2. 相对指标的表现形式

相对指标的表现形式一般用无名数表示。无名数是一种抽象化的数值,常用倍数、系数、成数、番数、百分数、百分点和千分数来表示。

1) 倍数和系数

倍数和系数是将对比的基数抽象化为 1 来计算的相对数。当分子数值比分母数值大得很多时,一般用倍数表示。当分子、分母数值差别不大时,常用系数表示,系数可以略大于 1,也可以小于 1。

2) 成数

成数是将对比的基数抽象化为 10 来计算的相对数,如某县粮食产量 2005 年比 2004 年增长一成,即增长十分之一。

3) 番数

番数是指两个相比较的数值中,一个数值是另一个数值的 2^m 倍时,则 m 是番数。例如,某地区 2005 年的工业增加值为 200 亿元,计划到 2010 年翻一番,则该地区 2010 年的工业增加值应达到 400 亿元;若计划翻两番,即为 800 亿元;翻三番,即为 1600 亿元。

4) 百分数、百分点、千分数

百分数(%)是将对比的基数抽象为 100 来计算的相对数,百分数是相对指标中最常用的表现形式。当分子、分母数值差别不大时可用百分数表示,如某企业计划完成程度为 110%,学生出勤率为 99%。

百分点是百分数的另一种表述形式,它是百分数中以 1% 为单位,即 1 个百分点等于 1%。它在两个百分数相减的情况下应用。例如,原来银行活期储蓄利率为 2.1%,现在下调一个百分点,说明现在银行活期储蓄利率为 1.1%。

千分数(‰)是将对比的基数抽象为 1000 来计算的相对数。一般在两个数值对比中,如果分子比分母的数值小很多时,则用千分数表示。如我国 2002 年人口出生率为 12.86‰,死亡率为 6.41‰,自然增长率为 6.45‰。

此外,相对指标也用有名数表示的,其内容将在有关相对指标中介绍。

4.2.2 相对指标的种类

根据对比的基础不同,相对指标可以分为计划完成相对指标、结构相对指标、比较相对指标、比例相对指标、强度相对指标和动态相对指标六种。

1. 计划完成相对指标

1) 计划完成相对指标的意义

计划完成相对指标是实际完成数与计划任务数之比,又称计划完成相对数。它表明实际完成计划的程度,用来检查、监督计划的执行情况。计划完成相对指标一般用百分数来表示。它的基本计算公式为:

$$计划完成相对指标 = \frac{实际完成数}{计划任务数}$$

【例 4-1】某地区 2005 年第一季度工业总产值实际完成为 5178 万元,计划任务数为 5091 万元,则

$$计划完成程度 = \frac{5178}{5091} = 101.71\%$$

这就是说该地区 2005 年第一季度工业总产值超额完成计划 1.71%。

计算和应用计划完成相对指标,必须注意以下几点。

(1) 公式中的分子与分母不能互换,而且要求分子、分母指标的含义、计算口径、计算方法、计量单位、空间范围等方面完全一致。

(2) 在用计划完成相对数检查计划完成情况时,不仅要用相对数观察计划的完成程度,而且还要看计划完成程度所产生的绝对效果,其做法是用实际完成数减去计划任务数而求得。如例4-1中,工业总产值超额完成计划1.71%,则使工业总产值增加了87(= 5178 – 5091)万元。

(3) 对计划完成情况的评价,还应注意指标的性质和要求。若计划指标是以最低限额规定的,如产量、销售额、利润等,则计划完成相对指标大于100%为好,大于100%部分为超额完成计划部分;若计划指标是以最高限额规定的,如产品原材料消耗量、产品成本、商品流通费用等,则计划完成相对指标小于100%为好,小于100%部分为超额完成计划部分。

2) 计划完成相对指标的计算

在计算计划完成相对指标时,由于计划指标数值的表现形式有绝对数、相对数和平均数三种,故其计算方法在基本计算公式的要求下其具体形式也有所不同。

(1) 当计划数为绝对数和平均数时,其计算公式:

$$\text{计划完成相对指标} = \frac{\text{实际完成数}}{\text{计划任务数}}$$

(2) 当计划数为相对数时,在实际工作中,也有用提高或降低百分比来规定计划任务的。如劳动生产率计划提高百分之几,成本计划降低百分之几。这种计划任务实际上是把本年的计划数和上年实际数相对比,得出"计划为上年百分比"的相对数,再减去100%,以计划提高或降低百分比来确定的。与此相对应,就有本年实际数和上年实际数相对比得出"实际为上年百分比"的动态相对指标,再减去100%得出实际提高或降低的百分比。在这种情况下,计划完成相对指标就不能直接用实际提高或降低百分比除以计划提高或降低百分比,而应当包括原有基数(以上年实际水平为100%)在内,即恢复到"为上年的百分比",然后才能对比,求得计划完成程度。用公式表示为:

$$\text{计划完成相对指标} = \frac{\text{本年实际水平}}{\text{本年计划水平}} = \frac{\text{本年实际水平}}{\text{上年实际水平}} \div \frac{\text{本年计划水平}}{\text{上年实际水平}}$$

$$= \frac{\text{实际为上年的百分数}}{\text{计划为上年的百分数}}$$

【例4-2】某企业2005年计划劳动生产率比上年提高10%,实际提高15%,则:

$$\text{劳动生产率计划完成程度} = \frac{100\% + 15\%}{100\% + 10\%} = 104.55\%$$

计算结果表明,该企业超额4.55%完成了劳动生产率计划。

【例4-3】某企业2005年某产品单位成本计划规定比上年降低5%,实际降低6%,则:

$$\text{产品单位成本计划完成程度} = \frac{100\% - 6\%}{100\% - 5\%} = 98.95\%$$

计算结果表明,该产品单位成本计划超额完成1.05%。

当计划任务以相对数形式出现时,也可利用百分点进行分析。如例4-2和例4-3,我们可以说实际劳动生产率比计划的提高了 5 个百分点(15% - 10%),实际单位产品成本比计划的下降了 1 个百分点(6% - 5%)。

3) 计划执行进度的检查

在实际工作中,为保证计划的实现,在计划执行过程中,要对计划执行的进度进行检查。其计算公式为:

$$\text{计划执行进度} = \frac{\text{累计完成数}}{\text{本期计划数}}$$

【例 4-4】某厂 2005 年 1~3 月份累计完成产值 384 万元,而年计划产值为 1500 万元,则:

$$\text{一季度完成年产值计划的进度} = \frac{384}{1500} = 25.6\%$$

计算结果表明,截止到一季度已完成全年产值计划的 25.6%,已超过时间进度的 25%,因此,预计该企业在正常生产条件下当年的产值计划是可以超额完成的。

计划执行进度的检查,如果计划是均衡的,根据时间进度检查计划执行的进度,按照时间过半任务过半的原则;如果计划不均衡,根据计划任务的要求进行检查。

4) 长期计划执行情况的检查

长期计划一般是指五年及五年以上的计划。依据长期计划任务数的规定方法不同,检查长期计划的完成情况分为累计法和水平法。

(1) 累计法。当计划任务数是以计划期内各年的总和规定的,用累计法检查长期计划的执行情况。这类指标有基本建设投资额、造林面积、新增生产能力等,其计算公式为:

$$\text{计划完成相对指标} = \frac{\text{计划期内累计实际完成数}}{\text{计划期规定的累计数}}$$

【例 4-5】某企业"十五"(2001—2005 年)期间计划规定基本建设投资总额为 1500 万元,五年实际累计完成投资额为 1540 万元,则该企业"十五"基本建设投资计划完成程度为:

$$\text{计划完成程度} = \frac{1540}{1500} = 102.67\%$$

按累计法计算提前完成计划的时间,是将计划全部时间减去自计划执行之日起至累计完成计划任务的时间。如例 4-5 中,该企业于 2005 年 8 月底实际完成的累计投资额已达 1500 万元,则该企业提前完成计划的时间为:

$$60 - 56 = 4(月)$$

即该企业提前 4 个月完成了基本建设投资计划。

(2) 水平法。若计划任务数是以计划期的末期应达到的水平规定的,则用水平法检查长期计划的完成情况。这类指标比较普遍,如各种产品的产量、商品销售额、工业总产值等。其计算公式为:

$$\text{计划完成相对指标} = \frac{\text{计划期末年实际达到的水平}}{\text{计划期末年应达到的水平}}$$

【例 4-6】某工业企业"十五"期间计划规定甲产品产量 2005 年达到 50 万吨,2005 年实际达到 55 万吨,则:

$$计划完成程度 = \frac{55}{50} = 110\%$$

水平法确定提前完成计划的时间,是在计划期内有连续一年时间(不论是否在一个日历年度,只要连续 12 个月或 4 个季度即可)的实际完成数达到了最末一年计划规定的水平,就算在这连续一年的最后一天完成计划任务,剩余的时间就是提前完成计划的时间。如例 4-6 中,50 万吨的产量计划是在 2004 年 6 月到 2005 年 5 月完成的,那么,就可以说提前 7 个月完成计划。

2. 结构相对指标

结构相对指标是利用分组法,将总体区分为性质不同的各部分,以各部分数值与总体数值对比得到的比重或比率,即为结构相对指标,也称结构相对数。它表明总体内部的构成状况,说明各部分在总体中的地位。一般用百分数来表示,其计算公式为:

$$结构相对指标 = \frac{总体某一部分数值}{总体的全部数值}$$

结构相对数的分子和分母,可以是总体单位总量,也可以是总体标志总量。结构相对指标有两个特点:一是它必须以分组法为基础,只有在对被研究总体按一定标志进行科学分组的前提下,才能通过计算结构相对指标,以准确地反映现象总体内部的构成状况;二是结构相对指标各部分所占比重之和必须为 1(或 100%)。

【例 4-7】2005 年底某高校 800 名专任教师中,教授和副教授 360 名,讲师 400 名,助教 40 名,则:

$$教授和副教授所占的比重 = \frac{360}{800} = 45\%$$

$$讲师所占的比重 = \frac{400}{800} = 50\%$$

$$助教所占的比重 = \frac{40}{800} = 5\%$$

以上各职称教师所占的比重表明了该高校 2005 年底教师的职称结构状况。

3. 比例相对指标

比例相对指标也称比例相对数,是指同一总体内不同部分指标数值对比得到的相对指标,用以分析总体各部分之间的比例关系,其计算公式为:

$$比例相对指标 = \frac{总体中某一部分数值}{总体中另一部分数值}$$

比例相对数可以用百分数表示,也可以用几比几的形式表示,有时用 $1:m:n$(或 $n:m:1$)的连比形式。

【例4-8】某地区某年末人口数为100万人,其中男性51.4万人,女性48.6万人,则该地区的男女两性比例,如果以女性为100,男性人口数是女性的105.76%,男女性比例约等于106∶100。按照人口两性比例的理论,该地区男女两性比例大体平衡。

比例相对指标的特点:要与统计分组法结合运用,只有明确了总体内部各部分之间内在的社会经济联系,才能据以计算有关比例相对指标;根据研究目的的不同,用作比较的两个指标数值可以互为分子与分母。

比例相对数与结构相对数虽计算方法不同,说明问题的角度不同,但二者的本质是一样的,并且可以相互换算。

【例4-9】假如某班男生占40%,女生占60%,则男女生之比为 $\frac{40\%}{60\%}=2∶3$;反之,已知男女生之比是2∶3,则,男生所占的比重为 $\frac{2}{2+3}=40\%$,女生所占的比重为 $\frac{3}{2+3}=60\%$。

4. 比较相对指标

比较相对指标也称比较相对数,是指同一时间、同类指标在不同空间之间对比求得的相对指标,它反映同一时间、同类事物在不同空间条件下的差异程度。其不同空间可以指不同国家、不同地区、不同部门、不同单位。一般用系数、倍数、百分数形式表示。其计算公式为:

$$比较相对指标 = \frac{某条件下的某类指标数值}{另一条件下的同类指标数值}$$

【例4-10】2005年甲商业企业人均销售额为2020万元,乙商业企业人均销售额为1590万元,则:

$$人均销售额甲商业企业为乙商业企业的百分比 = \frac{2020}{1590} = 127.04\%$$

计算结果表明,以乙商业企业为基础,人均销售额甲商业企业为乙商业企业的127.04%。

比较相对指标的特点:根据研究目的的不同,子项和母项可以互换计算两个比较相对数;对比的两个统计指标,可以是绝对数也可以是相对数或平均数。由于绝对数易受具体条件不同的影响,缺乏直接的可比性,因而在计算比较相对数时多采用相对数或平均数来比较。

5. 强度相对指标

强度相对指标也称强度相对数,是指同一时期两个性质不同而又相互联系的现象总量指标对比的相对数,用来说明现象的强度、密度和普遍程度等。其计算公式为:

$$强度相对指标 = \frac{某一现象的总量指标数值}{另一有联系而性质不同的总量指标数值}$$

强度相对指标的分子和分母可以互换,形成强度相对指标的正指标和逆指标。

【例4-11】2005年,某城市有商业零售机构5000个,人口为100万,则该市零售商业网密度指标为:

$$零售商业网密度(正指标) = \frac{5000}{1000} = 5(个/千人)$$

计算结果表明该市每千人拥有 5 个零售商业机构。这个强度相对指标的数值越大,表明零售商业网密度越大,所以称其为说明商业网密度的正指标。如果把分子与分母互换一下,则:

$$\text{零售商业网密度(逆指标)} = \frac{1\,000\,000}{5000} = 200(\text{人}/\text{个})$$

计算结果表明该市每个零售商业机构平均服务 200 人。该指标的数值越大表示零售商业网密度越小,所以称其为说明商业网密度的逆指标。

强度相对指标和其他相对指标比较,有两个明显的特点:第一,有些指标数值是用有名数表示的,一般用双重计量单位,如上例中的"人/个";有些指标数值是用无名数表示的,如流通费用率就是用百分数表示的。第二,强度相对指标具有平均之意,如按全国人口分摊的人均国民收入、人均钢产量、人均粮食产量、人均煤产量等,表现形式上类似平均数,但两者有着本质上的区别,具体内容在平均数一节中再详细介绍。

6. 动态相对数

动态相对指标也称动态相对数,它是表明同类现象在不同时间上的指标数值对比关系的相对指标,用以说明现象的发展变化。动态相对数的有关具体内容将在第 5 章中阐述。

4.2.3 计算和运用相对指标应注意的问题

1) 注意相对指标的可比性

相对指标是通过指标对比的方法来反映事物数量对比关系和联系程度的统计指标。所以,对比的事物是否可比,是正确计算和运用相对指标的前提。如果作为比较的两个事物缺乏可比性,就会歪曲事实的真相,导致认识的严重错误。

所谓可比性,主要是指所要对比的现象在总体范围、指标口径、计算方法、计算价格、时间和空间等方面应该一致。尤其是进行国际间统计资料的对比时,由于不同国家社会制度不尽相同,各种统计指标的口径不尽一致,更应严格加以分析,进行必要的核算和调整工作。

2) 注意相对指标与总量指标的结合运用

相对指标是通过两个指标的对比,用一个抽象化的比值来揭示现象的联系程度,把现象的具体规模或水平抽象掉了,掩盖了现象绝对量上的差别。例如,我国 1950 年钢产量 61 万吨比 1949 年的 15.8 万吨增长了 286.08%,而 1992 年钢产量 8094 万吨只比 1991 年的 7100 万吨增长 14%,从速度上看后者大大不如前者,但从绝对数来看,后者增长 1% 的绝对值(增长 1% 的绝对值在第 5 章中阐述)是 71 万吨,而前者增长 1% 的绝对值只有 0.158 万吨。

由此可见,计算和运用相对指标,不能只凭相对数的大小判断事物。因为大的相对数背后的绝对值可能很小,而小的相对数背后却可能隐藏着较大的绝对值,只有将二者结合起来应用,才能对问题的实质作出正确的判断。

3) 注意多种相对指标的结合运用

相对指标有多种,一种相对指标只说明一个方面的情况,很难用某一个相对指标来说明问题的全部。因此,要全面、深刻地说明问题,就必须把各种相对指标结合起来使用。例如,某企业2005年产值计划完成程度为120%,说明该企业2005年产值超额20%完成了计划;该企业2005年产值为2004年的90%,说明该企业2005年产值比上年减少了10%,若把二者结合起来进行研究会发现,该企业2005年的计划产值定得过低,应进一步分析原因。

4.3 平均指标

4.3.1 平均指标的意义

平均指标是同一时间同类社会经济现象的一般水平,或是不同时间同类社会经济现象的一般水平,前者为静态平均数,后者为动态平均数。本节只阐述静态平均数,动态平均数将在第5章中介绍。

平均指标(静态平均数)是用来反映同质总体各单位某一数量标志值在一定时间、地点、条件下所达到的一般水平的统计指标。例如,班组工人的平均工资,学生某科考试的平均成绩,都是平均指标。平均指标具有三个特点:抽象性,平均指标的抽象性与相对指标的抽象性不同,它是将总体内各单位标志值的差异抽象化;代表性,平均指标是总体各单位标志值的差异抽象后的数值,它可能不等于总体内任何一个单位的具体水平,但它是总体各单位标志值的一般水平,对总体具有代表性;平均指标的数值不随总体范围的大小而增减。

平均指标在认识社会经济现象总体数量特征方面具有重要作用,主要表现在以下几个方面。

1) 反映总体各单位变量值分布的集中趋势

总体中各单位某一标志在数量上的变化是有差异的,变量值从小到大形成一定的分布,在社会经济现象的范围内,较多地表现为正态分布。标志值很小或很大的数值出现的次数较少,在平均数周围的标志值的单位数则占较大比重,因而平均数反映了标志值变动的集中趋势,代表着变量数列的一般水平。例如,某企业职工的工资,每月收入很少或很多的职工是少数,而收入在中等水平即平均工资周围的人数占有很大比重,因此,可用平均工资代表该企业的工资水平。

2) 用于同类现象在不同时空的对比

平均指标消除了总体单位数对总体标志总量的影响,反映现象的一般水平,因此,有利于比较现象在不同地区之间的差异,反映现象在不同时间上的发展变化情况。例如,评价两个同类商业企业营业员的劳动效率,就不能用销售总额比较,因为销售总额受营业员人数多少的影响,而平均指标即人均销售额,就可以客观评价两个企业营业员的工作绩效。如果把连续几年的人均销售额排在一起,还可以观察营业员劳动效率的提高或降低情况。

3) 通过平均指标可以分析现象之间的依存关系

在社会经济现象中,现象并不是孤立的,而是相互联系的,利用平均指标可以分析它们的依存关系。例如,把每亩施肥量与农作物的平均亩产量进行比较,可以发现这两者之间的相互依存关系,即在一定范围内,农作物的平均亩产量与每亩施肥量呈正比关系。

平均指标按计算方法不同,可分为算术平均数、调和平均数、几何平均数、众数和中位数。前三种是根据总体各单位所有标志值计算的,称为数值平均数;后两种是根据总体单位标志值所处的位置来确定的,称为位置平均数。几何平均数主要是用来计算平均发展速度的,故将其放在第5章中介绍,本章只阐述其余四种平均数。

4.3.2 平均指标的计算

1. 算术平均数

算术平均数的基本形式是总体各单位某一数量标志值之和(总体标志总量)除以总体单位数,其计算公式为:

$$算术平均数 = \frac{总体标志总量}{总体单位数}$$

【例4-12】某企业2005年12月份职工人数为340人,其工资总额为442 000元,则该企业2005年12月份职工平均工资为:

$$平均工资 = \frac{442\ 000}{340} = 1\ 300(元)$$

算术平均数适用于现象的总量是各单位标志值算术总和的社会经济现象,如例中的工资总额是各个工人工资的总和。这类现象在社会经济现象中较为普遍,因此,算术平均数是平均数中最常用、最基本的平均指标。

计算和应用算术平均数时要特别注意,分子与分母必须同属一个总体,即分子与分母是一一对应的关系,有一个总体单位必有一个标志值与之相对应,否则就不是平均指标。这正是算术平均数与强度相对数之间的根本区别。强度相对数是两个性质不同但有联系的不同总体的总量指标对比,这两个总量指标之间没有依附关系,只是在经济内容上存在客观联系,可以说明现象的强度、密度和普遍程度;算术平均数则是一个总体内的标志总量与单位总数的对比,用来说明总体单位某一标志值的一般水平。

根据掌握的资料和计算上的复杂程度不同,算术平均数又可以分为简单算术平均数和加权算术平均数两种。

1) 简单算术平均数

如果没有直接掌握算术平均数基本计算公式所需的分子和分母资料,掌握的只是总体各单位的标志值,则可以用简单算术平均法计算平均指标。其计算公式为:

$$\bar{x} = \frac{x_1 + x_2 + \cdots + x_n}{n} = \frac{\sum x}{n}$$

式中,$\bar{x}$代表算术平均数,x代表各单位的标志值,n代表总体单位数,$\sum$为总和符号。

【例4-13】某企业的某小组有3名工人,他们的工资分别为500元、600元、700元,则工人的平均工资为:

$$\bar{x} = \frac{\sum x}{n} = \frac{500 + 600 + 700}{3} = 600(元)$$

简单算数平均数适用于未分组资料。简单算术平均数只受各单位标志值大小的影响。

2) 加权算术平均数

计算加权算术平均数时有两种情况:一是依据单项式变量数列计算,二是依据组距式变量数列计算。

在单项式变量数列的情况下,已知各组的变量值(x)和各组的次数(f),且各组的次数又不相等,则要用加权算术平均法计算平均指标。其计算公式为:

$$\bar{x} = \frac{x_1 f_1 + x_2 f_2 + \cdots + x_n f_n}{f_1 + f_2 + \cdots + f_n} = \frac{\sum xf}{\sum f}$$

式中,f 代表各组次数,其余符号同前。

【例 4-14】某班组工人工资及有关计算资料见表 4-1。

表 4-1 某班组工人工资及有关计算资料

月工资/元 x	工人数/人 f	人数比重 $\frac{f}{\sum f}$	工资总额/元 xf	抽象工资总额 $x\frac{f}{\sum f}$
500	3	0.3	1500	150
600	5	0.5	3000	300
700	2	0.2	1400	140
合计	10	1.0	5900	590

则工人的平均工资为:

$$\bar{x} = \frac{\sum xf}{\sum f} = \frac{5900}{10} = 590(元)$$

加权算术平均数与简单算术平均数的不同点在于:简单算术平均数只反映一个因素,即变量值的影响;而加权算术平均数则反映两个因素,即变量值和次数的共同影响。当标志值较大而次数也较多时,平均数就靠近或趋向于标志值大的一方;当标志值比较小,而次数较多时,平均数就靠近或趋向于标志值小的一方。在变量值既定的情况下,次数对平均数的大小起着权衡轻重的作用,所以在计算加权算术平均数时,通常把次数称为权数。

在例 4-14 中,工资水平 600 元的工人人数最多,则工人的平均工资(590 元)就靠近或趋向于 600 元。

【例 4-15】假设例 4-14 中的班组工人各等级的工资水平不变,10 名工人在各组的分配情况变动见表 4-2。

表 4-2 某班组工人工资变动及有关计算资料

月工资/元 x	工人数/人 f	人数比重 $\dfrac{f}{\sum f}$	工资总额/元 xf	抽象工资总额 $x\dfrac{f}{\sum f}$
500	1	0.1	500	50
600	1	0.1	600	60
700	8	0.8	5600	560
合计	10	1.0	6700	670

则工人的平均工资为:

$$\bar{x} = \frac{\sum xf}{\sum f} = \frac{6700}{10} = 670(元)$$

为什么这个班组工人各等级的工资水平没变,而平均工资由原来的 590 元提高到现在的 670 元,原因是工人人数在各组的分配情况发生了变化,即工资水平 700 元的工人数最多,工人的平均工资(670 元)就靠近或趋向于 700 元。所以说在工人的平均工资中起着权衡轻重作用的因素即权数,是工人人数在各组间的分配情况。

当各组次数相同时,次数就失去了权数的作用,这时加权算术平均数就变成了简单算术平均数。简单算术平均数实际上是各变量值的次数均为 1 的一种特殊情况,或者说简单算术平均数是加权算术平均数的特例。

加权算术平均数的权数有两种表现形式:一种是绝对数,另一种是结构相对数(比重)。但两种权数的性质相同,由此而计算的平均指标也相同。相对数权数是根据绝对数计算出来的,反映权数在各个变量值之间的分配比例,能更好地体现权数作用的实质。以相对数权数计算平均指标的公式为:

$$\bar{x} = \sum x \frac{f}{\sum f}$$

如对例 4-14 使用相对数权数计算的工人平均工资为:

$$\bar{x} = \sum x \frac{f}{\sum f} = 590(元)$$

如对例 4-15 使用相对数权数计算的工人平均工资为:

$$\bar{x} = \sum x \frac{f}{\sum f} = 670(元)$$

利用两种形式的权数计算的工人平均工资结果相同。

正确计算和应用平均数,关键的问题是如何正确选择平均数中的权数。正确选择平均数中的权数,有以下两个基本原则。

(1) 选择的权数必须具有实际意义,这是选择权数应遵循的基本原则。

【例4-16】某公司所属企业的计划产值、产值计划完成百分比及有关计算资料见表4-3。

表4-3 某公司所属企业的计划产值完成情况

产值计划完成%	企业数/个	计划产值/万元	产值计划完成百分比与企业数的乘积	实际产值/万元
x	L	f	xL	xf
80	2	5000	1.6	4000
100	5	400	5.0	400
120	3	600	3.6	720
合计	10	6000	10.2	5120

根据上表资料提出下面两个问题:

① 该公司平均每个企业的产值计划完成百分比;
② 该公司产值计划完成百分比。

以下是具体计算。

① 假设以企业数为权数,采用加权算术平均数形式计算的该公司平均每个企业产值计划完成百分比为:

$$\overline{x} = \frac{\sum xL}{\sum L} = \frac{10.2}{10} = 102\%$$

计算结果表明,该公司平均每个企业产值计划超2%完成。

② 该公司产值计划完成百分比 = $\frac{公司实际产值数}{公司计划产值数}$ = $\frac{\sum xf}{\sum f}$ = $\frac{5120}{6000}$ = 85.33%

计算结果表明,该公司产值计划没有完成,尚差14.67%。

上述①、②两个问题的计算结果出现了矛盾,一个是公司平均每个企业的产值计划超2%完成,一个是该公司产值计划未完成,尚差14.67%。显然,公司产值计划完成百分比的计算过程及结果肯定是毫无问题的,问题一定出在公司平均每个企业产值计划完成百分比的权数选择上。在公司平均每个企业产值计划完成百分比这个平均数中的权数不是企业数,而是计划产值。因为计划产值多的企业,亦即大型企业,产值计划的完成程度将左右着、权衡着公司平均每个企业产值计划的完成程度。公司计划产值完成百分比的计算过程正是符合了平均数中权数选择的原则,计划产值是真正的权数,两个大型企业的计划产值最多,比重最大(5000/6000 = 83.33%),所以,公司平均每个企业产值计划的完成程度85.33%正是靠近了或趋向于这个公司两个大型企业产值计划的完成程度(80%)。①式的计算过程,即 $\overline{x} = \frac{\sum xL}{\sum L}$,从形式上看是加权算术平均数,但所选择的权数即企业数是没有实际意义的,而②式的计算过程,即 $\bar{x}=\dfrac{\sum xf}{\sum f}$,不仅形式上是加权算术平均数,更重要的是所选择的权数即计划产值才具有实际意义的。

(2) 选择的权数必须保证使权数与标志值的乘积之和等于该现象平均数基本公式的分子资料,这是选择权数的技巧。如例 4-14 中平均工资的基本公式是,平均工资 = $\dfrac{工资总额}{工人总数}$,选择的权数(工人数)与标志值(月工资)乘积求和后等于平均工资基本公式的分子资料(工资总额)。

从上述权数选择的计算分析中可以得出以下结论。

- 由相对数或平均数求平均数的基本公式与原相对数和平均数的算式相同。如例 4-16 中求公司平均每个企业的产值计划完成百分比是对计划产值完成百分比这个相对数求平均数,它的基本公式就是:该公司平均每个企业的产值计划完成百分比 = $\dfrac{公司实际产值数}{公司计划产值数}$,这个基本公式与计划完成相对数的算式完全相同;如例 4-14 中求班组工人的平均工资就是对各组的平均工资(各组的月工资实质上是各组工人的平均工资)求平均数,它们的基本公式都是:平均工资 = $\dfrac{工资总额}{工人总数}$。

- 平均数中的权数一定是求平均数基本公式中的分母资料。如平均工资中的权数是工人数(平均工资 = $\dfrac{工资总额}{工人总数}$),平均每个企业产值计划完成百分比中的权数是计划产值(平均每个企业产值计划完成百分比 = $\dfrac{实际产值数}{计划产值数}$)。

在实际工作中,有时需要根据组距式变量数列计算平均数。它的计算方法与单项式变量数列基本相同,所不同的是要先计算出各组的组中值,再以组中值作为某一组变量值的代表值来进行计算。

【例 4-17】某企业工人工资情况及有关计算资料见表 4-4。

表 4-4 某企业工人工资情况及有关计算资料

按职工月工资水平分组/元	人数/人	组 中 值	工资总额/元
(甲)	f	x	xf
600 以下	10	550	5500
600~700	20	650	13 000
700~800	50	750	37 500
800~900	40	850	34 000
900 以上	10	950	9500
合计	130	—	99 500

则该企业职工平均工资为:

$$\bar{x}=\dfrac{\sum xf}{\sum f}=\dfrac{99\ 500}{130}=765.38(元)$$

根据组距式变量数列计算加权算术平均数,是假定各单位标志值在组内的分布是均匀的。

实际上,分布要完全均匀一般是不可能的,由于各组组中值与组平均数会存在一定程度的误差,因此,用组中值计算出来的加权算术平均数只是一个近似值。

2. 调和平均数

1) 调和平均数的意义

调和平均数是各个标志值倒数的算术平均数的倒数,所以又称倒数平均数。

【例 4-18】市场上某种商品的价格为:甲级每千克 1.0 元,乙级每千克 0.8 元,丙级每千克 0.5 元,现各花 1 元购买各级商品,则购买该商品的平均价格为:

$$\text{平均价格} = \frac{1}{\frac{\frac{1}{1}+\frac{1}{0.8}+\frac{1}{0.5}}{3}} = \frac{1+1+1}{\frac{1}{1}+\frac{1}{0.8}+\frac{1}{0.5}} = \frac{3}{4.25} = 0.71(\text{元/千克})$$

上述购买该商品平均价格的计算过程应用的就是调和平均数法。

从上面的简例中看出,调和平均数与算术平均数的计算形式虽有明显的区别,但从计算内容上看,两者是一致的,均为总体标志总量与总体单位总数之比,如例 4-18 中的平均价格是购买额与购买量之比。

2) 简单调和平均数

如果掌握的资料是未分组的各标志值,用简单调和平均法计算平均指标。计算公式为:

$$H = \frac{n}{\sum \frac{1}{x}}$$

式中,H 为调和平均数,其余符号同前。

具体计算见例 4-18。

3) 加权调和平均数

如果掌握的资料是各组的标志值和标志总量,而未掌握各组单位数,则用加权调和平均法计算平均指标。其计算公式为:

$$H = \frac{m_1 + m_2 + \cdots + m_n}{\frac{m_1}{x_1} + \frac{m_2}{x_2} + \cdots + \frac{m_n}{x_n}} = \frac{\sum m}{\sum \frac{m}{x}}$$

式中,m 代表各组标志总量,其余符号同前。

【例 4-19】某班组工人工资及有关计算资料见表 4-5。

表 4-5 某班组工人工资及有关计算资料

月工资/元 x	工资总额/元 m	工人数/人 $\frac{m}{x}$
500	1500	3
600	3000	5
700	1400	2
合计	5900	10

则工人的平均工资为：

$$H = \frac{\sum m}{\sum \frac{m}{x}} = \frac{5900}{10} = 590(元)$$

【例 4-20】某公司所属企业的实际产值、产值计划完成百分比及有关计算资料见表 4-6。

表 4-6 某公司所属企业的实际产值和产值计划完成情况及有关计算资料

计划完成程度/%	实际产值/万元	计划产值/万元
x	m	$\frac{m}{x}$
80	4000	5000
100	400	400
120	720	600
合计	5120	6000

则该公司平均每个企业产值计划完成百分比：

$$H = \frac{\sum m}{\sum \frac{m}{x}} = \frac{5120}{6000} = 85.33\%$$

从加权算术平均数与加权调和平均数的计算分析中可以得出以下结论。

- 不论是算术平均数还是调和平均数，都是总体标志总量与总体单位总数之比，同一个资料其计算结果相同，二者的经济意义也完全一样。事实上，加权调和平均法与加权算术平均法并无本质区别，只是由于掌握的资料不同，而采用了不同的计算形式而已。由于标志总量 $m = xf$，因此，称 m 为暗含权数。在社会经济统计中，加权调和平均数实际上是作为加权算术平均数的变形来使用的。其变形关系如下：

$$H = \frac{\sum m}{\sum \frac{m}{x}} = \frac{\sum xf}{\sum \frac{xf}{x}} = \frac{\sum xf}{\sum f} = \overline{x}$$

- 当掌握了算术平均数基本公式分母的直接资料，而不掌握基本公式分子的直接资料，换句话说，如果我们掌握了各个变量值和各组的次数或比重，应采用加权算术平均数公式计算平均数，且以分母资料为权数；当掌握了算术平均数基本公式分子的直接资料，而不掌握基本公式分母的直接资料，换句话说，如果我们掌握了各个变量值和各组的标志总量，应采用加权调和平均数公式计算平均数，且以分子资料为暗含权数。

3．众数

1）众数的意义

众数是指总体中出现次数最多的标志值，或者说是总体中最普遍的标志值。由于众数是最普遍的标志值，所以，众数可以表明社会经济现象的一般水平。比如，为了掌握集市上某种商品的价格水平,可不必全面登记该商品的价格和交易量来求其算术平均数,只需用该商品成交量最多的那个价格即众数作为代表值,就可以反映该商品价格的一般水平。

2) 众数的确定

确定众数,根据变量数列的不同而采用不同的方法。

(1) 根据单项数列确定众数。

在单项数列情况下,确定众数比较简单,只需找出次数出现最多的那个标志值即可。如表 4-1,第二组次数最多,第二组的标志值 600 元就是众数值。

(2) 根据组距数列确定众数。

根据组距数列确定众数,需采用插补法。一般步骤是:先确定众数所在组,然后计算众数的近似值。

【例 4-21】某地区职工家庭人均月收入资料见表 4-7。

表 4-7 某地区职工家庭人均月收入资料

人均月收入/元	家庭数/户
300 以下	260
300～400	660
400～500	1800
500～600	3200
600～700	2000
700～800	1000
800～900	800
900～1000	600
1000 以上	400
合计	10720

从表 4-7 中可知,家庭户数最多的是 3200 户,它所对应的人均月收入 500～600 元为众数所在组。然后利用下面公式计算众数的近似值。

下限公式:
$$M_0 = L + \frac{\Delta_1}{\Delta_1 + \Delta_2} \times i$$

上限公式:
$$M_0 = U - \frac{\Delta_2}{\Delta_1 + \Delta_2} \times i$$

式中,M_0——众数;

U——众数组的上限;

L——众数组的下限;

Δ_1——众数组次数与下一组次数之差;

Δ_2——众数组次数与上一组次数之差;

i——众数组组距。

根据表 4-7 的资料,将有关数据代入公式,得到众数的近似值:

下限公式：$M_0 = 500 + \dfrac{3200 - 1800}{(3200 - 1800) + (3200 - 2000)} \times (600 - 500)$

$= 500 + \dfrac{1400}{1400 + 1200} \times 100$

$= 553.85(元)$

上限公式：$M_0 = 600 - \dfrac{3200 - 2000}{(3200 - 1800) + (3200 - 2000)} \times (600 - 500)$

$= 600 - \dfrac{1200}{1400 + 1200} \times 100$

$= 553.85(元)$

3）众数的特点及应用众数注意的问题
- 由于众数是根据变量值出现次数的多少来确定的，不需要通过全部变量值来计算，因此称其为位置平均数，它不受极端变量值的影响。
- 在组距数列中，各组分布的次数受组距大小的影响，所以，根据组距数列确定众数时，要保证各组组距相等。
- 在一个次数分布中有多个众数时，称为多重众数，此时说明总体内存在不同性质的事物。
- 当数列没有明显的集中趋势而趋于均匀分布时，不存在众数。

4．中位数

1）中位数的概念

中位数是指将总体各单位标志值按大小排列后，处于中间位置的那个标志值。由于它的位置居中，有一半单位的标志值小于它，另一半单位的标志值大于它，其数值也不受极端数值的影响。中位数也可以用来说明社会经济现象各单位标志值的一般水平。

2）中位数的确定

根据掌握的资料不同，中位数的计算方法分两种情况，即由未分组资料确定中位数和由分组资料确定中位数。

（1）根据未分组资料确定中位数。根据未分组资料确定中位数，首先将掌握的资料，按标志值由大到小或由小到大的顺序进行排列，然后确定中位数所在的位置，与中位数所在位置相对应的标志值即为中位数。

$$中位数位置 = \dfrac{n+1}{2}$$

如果标志值的项数是奇数，那么中间位置的那个标志值就是中位数。如有7个标志值按顺序排列为：68,72,75,77,81,84,88，则中位数所在位置为第4位[(7+1)/2]，则第4位所对应的标志值，即77就是中位数，它代表了这7个标志值的一般水平。

如果标志值的项数是偶数，那么处于中间位置左右两边的标志值的算术平均数，就是中位数。假如有8个标志值按顺序排列为：68,72,75,76,77,81,84,88，则中位数位置为第4、5位

[(8+1)/2]的中间,则中位数为 76.5[(76+77)/2],即第 4 位和第 5 位对应的标志值的算术平均数。

(2) 根据分组资料确定中位数。根据分组资料确定中位数,首先确定中位数所在的组,办法是计算累计次数。计算累计次数的方法有较大制累计和较小制累计两种。较大制累计次数是由大变量值向小变量值方向累加的次数;较小制累计次数是由小变量值向大变量值方向累加的次数。包含 $\frac{\sum f}{2}$ 的最小累计次数(无论是较大制累计次数,还是较小制累计次数)的组即为中位数所在的组。其次确定中位数的值,单项数列和组距数列确定中位数的值有所不同。

① 根据单项数列确定中位数。

【例 4-22】某学院 2004—2005 学年共有 30 名同学获得奖学金,其分布情况及计算见表 4-8。

表 4-8 学生奖学金分布情况及计算

奖学金金额/(元/人)	人数/人	人数累计/人	
		较小制累计	较大制累计
300	3	3	30
500	6	9	27
800	8	17	21
1000	7	24	13
1500	6	30	6
合计	30	—	—

由表 4-8 中的资料可知,中位数位置为:30/2 = 15(人),即排队后的第 15 个同学为中位数的位置,则包含 15 的最小较小制累计次数 17(或最小较大制累计次数 21)所对应的组就是中位数所在的组,即上数第三组是中位数所在的组,标志值 800 元即为中位数。

② 根据组距数列确定中位数。

【例 4-23】2004 年 50 座城市涉外旅游饭店餐饮收入资料及计算见表 4-9。

表 4-9 2004 年 50 座城市涉外旅游饭店餐饮收入资料及计算

按旅游收入分组/万元	城市数/座	累计城市数/座	
		较小制累计	较大制累计
5000 以下	6	6	50
5000 ~ 15 000	12	18	44
15 000 ~ 25 000	17	35	32
25 000 ~ 35 000	10	45	15
35 000 以上	5	50	5
合计	50	—	—

第一步，确定中位数所在的组。

$$中位数位置 = \frac{\sum f}{2} = \frac{50}{2} = 25(座)$$

即排队后的第 25 座城市为中位数的位置，同理可知，中位数在 15 000～25 000 万元这一组里。

第二步，确定中位数的近似值。

采用比例插入法，按下面两个公式计算中位数的近似值。

下限公式：
$$M_e = L + \frac{\frac{\sum f}{2} - S_{me-1}}{f_{me}} \times i$$

上限公式：
$$M_e = U - \frac{\frac{\sum f}{2} - S_{me+1}}{f_{me}} \times i$$

式中，M_e——中位数；

L——中位数所在组的下限；

U——中位数所在组的上限；

S_{me-1}——中位数所在组前一组的较小制累计次数；

f_{me}——中位数所在组的次数；

S_{me+1}——中位数所在组后一组的较大制累计次数；

i——中位数所在组的组距；

$\sum f$——总次数。

按下限公式计算：$M_e = 15\ 000 + \frac{25 - 18}{17} \times (25\ 000 - 15\ 000) = 19\ 117.647(万元)$

按上限公式计算：$M_e = 25\ 000 - \frac{25 - 15}{17} \times (25\ 000 - 15\ 000) = 19\ 117.648(万元)$

4.3.3 平均指标的应用原则

在统计研究和分析中，平均指标得到了极其广泛的应用，为了保证平均指标的科学性，更好地发挥其作用，在应用时必须遵守以下基本原则。

1. 在同质总体中计算和应用平均指标

同质总体是指由性质相同的同类单位构成的总体。只有在同质总体中，总体各单位才具有共同的特征，这样才能按某一数量标志计算其平均数。把本质不同的事物放在一起平均，将会形成一种虚构的平均数，它会抹杀现象之间的本质差异，歪曲现象的真实情况。因此，总体的同质性是计算应用平均指标首先要注意的问题。例如，研究商品的平均价格时，就应区分不同性质的商品来计算平均价格。

2. 用组平均数补充说明总平均数

平均数虽然给人们以总体的、综合的数量概念，但平均数抽象。因此，如果要进一步分析研究问题,仅仅计算总体的平均数是不够的,还必须计算总体内部各种类型或各部分的平均数,以配合总平均数作出进一步的分析说明。

【例 4-24】某工业企业两个小组工人的工资情况见表 4-10。

表 4-10 某工业企业两个小组工人工资情况统计表

按熟练程度分组	甲 组				乙 组			
	人数/人	比重/%	工资总额/元	平均工资/元	人数/人	比重/%	工资总额/元	平均工资/元
技术工	12	40	12 960	1080	28	70	28 560	1020
学徒工	18	60	15 120	840	12	30	9360	780
合计	30	100	28 080	936	40	100	37 920	948

上表的资料说明,该企业乙组平均工资比甲组高 12 元(948 − 936),但从技术工或学徒工的平均工资来看甲组均高于乙组。之所以会出现这种组平均数和总平均数不一致的情况,其主要原因就是各组具有不同工资水平的技术工和学徒工的比重不同。甲组中工资水平较高的技术工的人数比重比乙组少 30 个百分点,而工资水平较低的学徒工的人数比重甲组比乙组多 30 个百分点。在这种情况下,只有用技术工和学徒工各自的平均工资补充说明总平均工资,才能得出正确的结论。

3. 用分布数列补充说明平均数

由于平均数把总体各单位的数量差异给掩盖了,无法反映总体各单位的分布状况。因此,根据分析研究的需要,可以用分布数列补充说明平均数,以便多视角地观察问题。

【例 4-25】某年某市商业局所属各商业企业商品销售计划完成情况见表 4-11。

表 4-11 某年某市商业局所属各商业企业商品销售计划完成情况

按计划完成程度分组/%	商业企业数/个
80 以下	3
80 ~ 90	4
90 ~ 100	8
100 ~ 110	50
110 ~ 120	30
120 ~ 130	10
合计	105

根据该市各商业企业的全部实际销售额和全部计划销售额计算,其总平均计划完成程度为 108%,这说明该市商业企业的商品销售计划完成的比较好,平均超 8% 完成销售计划任务。如果结合分布数列观察,有 15 个企业没有完成销售计划,有 40 个企业超额 10% 以上完成了销售计划。用分布数列补充说明平均计划完成程度,便于我们进一步研究后进企业的问题,总

结推广先进企业的经验。

4. 把平均数和典型事例结合起来

将一般与个别相结合是分析研究问题应遵循的一般原则。平均数是一般,典型事例是个别。所以,为了全面深入地认识事物,在应用平均数时,要结合个别的典型事例,加以深入细致的研究。

4.4 标志变异指标

4.4.1 标志变异指标的意义

标志变异指标又称标志变动度,它是反映总体各单位某种标志值之间差异程度的统计分析指标。标志变异指标和平均指标有着密切的联系。平均指标是反映总体各单位某一标志值一般水平的指标,它把各单位数量差异抽象掉了,是总体各单位某一标志值的代表值。但总体各单位数量之间的差异是客观存在的,它们之间差异程度的大小直接影响到平均指标的代表性高低。因此,在研究平均指标的同时,还必须对总体各单位标志值之间的差异程度进行测定,所以标志变异指标应运而生。如果用平均指标说明总体各单位标志值分布的集中趋势,则标志变异指标说明了总体各单位标志值的离中趋势。所以,在统计研究中,常把平均指标和标志变异指标结合起来应用。标志变异指标在统计研究中的作用主要有以下几个方面。

1. 标志变异指标是衡量平均指标代表性的尺度

平均指标作为某一数量标志值的代表值,其代表性的高低与总体各单位标志值的差异程度密切相关。平均指标代表性与标志变异指标的关系是:总体的标志变异指标愈大,平均指标的代表性愈低;反之,总体标志变异指标愈小,平均指标的代表性愈高。

【例 4-26】假设有三组工人的日产量数据见表 4-12。

表 4-12 三组工人的日产量数据

组 别	工人日产量/件				
甲	68	69	70	71	72
乙	50	60	70	80	90
丙	500	600	700	800	900

这三组数据中,甲、乙两组的平均数均为 70 件,但各组数据的差异程度不同,平均数 70 件对各组数据的代表性就不同。甲组的差异程度明显小于乙组数据的差异程度,所以,甲组平均数 70 件的代表性显然高于乙组平均数 70 件的代表性。

常用的标志变异指标有全距、平均差、标准差和标准差系数。当两个总体平均数相等时可以使用前三种标志变异指标来说明平均数的代表性高低;当两个总体平均数不等时,必须使用标准差系数来说明平均数的代表性高低。如例 4-26,甲乙两组的平均数都是 70 件,可用前三种标志变异指标来说明平均数的代表性高低,而乙丙组两组的平均数不相等,就不能使用前三种标志变异指标,而必须使用标准差系数来说明乙丙两组平均数的代表性高低。

2. 标志变异指标可以用来研究现象的稳定性和均衡性

标志变异指标可以表明生产过程的节奏性或经济活动过程的均衡性,以说明经济管理工作的质量。

【例 4-27】某企业两个车间某月份产品生产计划完成情况见表 4-13。

表 4-13 某企业两个车间某月份产品生产计划完成情况

部 门	生产计划完成百分数/%			
	全月	上旬	中旬	下旬
甲车间	100	33	34	33
乙车间	100	12	38	50

甲、乙两车间虽然都完成了全月生产计划,但两车间在执行计划的均衡性方面差异较大。甲车间各旬比较均衡,而乙车间表现为前松后紧。

3. 标志变异指标是确定抽样误差和必要样本数目的必要依据

这部分内容将在第 7 章的统计抽样技术中阐述。

4.4.2 标志变异指标的计算

1. 全距

全距也称极差,它是总体各单位标志值中的最大值与最小值之差。一般用 R 表示。

$$R = 最大标志值 - 最小标志值$$

如例 4-26 中甲乙两组工人日产量资料的全距为:

$$R_甲 = 72 - 68 = 4(件)$$
$$R_乙 = 90 - 50 = 40(件)$$

由此可见,虽然甲、乙两组工人平均日产量都为 70 件,但两组工人日产量的变动范围不一样。乙组的全距比甲组大,说明甲组的平均日产量 70 件的代表性比乙组平均日产量 70 件的代表性高。

全距是概括说明标志变异状况的简单指标,它只考虑了最大和最小两个极端数值,没有反映中间各标志值的变动情况,只是用变异幅度来说明变异状况的。因此,全距反映标志值的实际离散程度不全面、不准确。所以,测定标志值的离散程度必须考虑到所有标志值的变动,从而提出了下面的平均差和标准差。

2. 平均差

平均差是总体中各单位标志值对其算术平均数离差的绝对值的算术平均数,也叫平均离

差。由于总体各个标志值对其算术平均数的离差之和恒等于零,即 $\sum(x-\bar{x})=0$ 或 $\sum(x-\bar{x})f=0$,因此,在测定离差大小时,对正负离差都取其绝对值$|x-\bar{x}|$,然后计算平均离差。

计算平均差的步骤是:第一,求各标志值与其平均数的离差,并取其绝对值;第二,将其离差绝对值相加求和即 $\sum|x-\bar{x}|$ 或 $\sum|x-\bar{x}|f$,再除以项数 n 或总次数 $\sum f$,得平均差。

由于掌握的资料不同,平均差的计算可分为简单式平均差与加权式平均差两种。

1) 简单式平均差

在总体各单位资料未分组的条件下,可采用简单式计算平均差,其公式为:

$$D=\frac{\sum|x-\bar{x}|}{n}$$

式中,D 代表平均差,其他符号同前。

现以例 4-26 的甲、乙两组工人的日产量资料为例,说明简单式平均差的计算方法,见表 4-14。

表 4-14 简单式平均差计算表

甲 组			乙 组		
日产量/件 x	离差 $x-\bar{x}$	离差绝对值 $|x-\bar{x}|$	日产量/件 x	离差 $x-\bar{x}$	离差绝对值 $|x-\bar{x}|$
68	-2	2	50	-20	20
69	-1	1	60	-10	10
70	0	0	70	0	0
71	1	1	80	10	10
72	2	2	90	20	20
合计	—	6	合计	—	60

前述已知甲乙两组工人平均日产量均为 70 件,则

甲组工人日产量的平均差:

$$D_{甲}=\frac{\sum|x-\bar{x}|}{n}=\frac{6}{5}=1.2(件)$$

乙组工人日产量的平均差:

$$D_{乙}=\frac{\sum|x-\bar{x}|}{n}=\frac{60}{5}=12(件)$$

计算结果表明,在甲、乙两组工人平均日产量都等于 70 件的情况下,甲组的平均差为 1.2 件,乙组的平均差为 12 件,甲组的平均差小于乙组,因而甲组平均数的代表性比乙组的高。

2) 加权式平均差

在总体各单位资料已分组的条件下,要采用加权式计算平均差。其公式为:

$$D = \frac{\sum |x - \overline{x}| f}{\sum f}$$

【例 4-28】某工厂包装车间有甲乙两个班组,工人对某产品的日包装量情况是:甲班组工人的平均日包装量为 57 件,工人日包装量的平均差为 12 件;乙班组工人的日包装量及有关计算资料见表 4-15。

表 4-15 加权式平均差计算表

按日包装量分组/件	工人数/人	组中值	日包装总量/件	离差	离差绝对值	以工人数加权的离差绝对值
(乙)	f	x	xf	$x - \overline{x}$	$|x - \overline{x}|$	$|x - \overline{x}|f$
40 以下	5	35	175	−22	22	110
40~50	13	45	585	−12	12	156
50~60	18	55	990	−2	2	36
60~70	15	65	975	8	8	120
70~80	7	75	525	18	18	126
80 以上	2	85	170	28	28	56
合计	60	—	3420	—	—	604

乙组工人平均日包装量:

$$\overline{x} = \frac{\sum xf}{\sum f} = \frac{3420}{60} = 57(件)$$

乙组工人日包装量的平均差:

$$D = \frac{\sum |x - \overline{x}| f}{\sum f} = \frac{604}{60} = 10.07(件)$$

通过计算看出,甲乙两个班组工人的平均日包装量均是 57 件,但甲班组工人日包装量的平均差大于乙班组的,所以,甲班组工人平均日包装量的代表性比乙班组的低。

平均差把所有标志值都考虑在内,测度了各个标志值之间的差异,因而能准确综合地反映总体中各单位标志值的差异程度,但由于平均差是取绝对值计算的,不便于各种代数的运算,所以在统计实际工作中应用较少。

3. 方差和标准差

方差是总体各单位标志值与其算术平均数离差平方的算术平均数,以 σ^2 表示。方差的平方根称为标准差,也称均方差,以 σ 表示。标准差的计算步骤是:第一,计算各单位标志值对算术平均数的离差;第二,把各个离差值加以平方;第三,计算这些离差平方的算术平均数即方差;第四,再把这个方差开平方,即得标准差。其计算公式依据掌握资料的实际情况不同也分为简单式标准差与加权式标准差两种。

1)简单式标准差

在总体各单位资料未分组的条件下,按简单式计算标准差,其公式为:

$$\sigma = \sqrt{\frac{\sum(x-\bar{x})^2}{n}}$$

现仍以例 4-26 甲、乙两组工人日产量资料为例,计算标准差,见表 4-16。

表 4-16 简单式标准差计算表

甲 组			乙 组		
日产量/件 x	离差 $(x-\bar{x})$	离差平方 $(x-\bar{x})^2$	日产量/件 x	离差 $(x-\bar{x})$	离差平方 $(x-\bar{x})^2$
68	-2	4	50	-20	400
69	-1	1	60	-10	100
70	0	0	70	0	0
71	1	1	80	10	100
72	2	4	90	20	400
合计	—	10	合计	—	1000

前述已知甲乙两组工人平均日产量均为 70 件,则

甲组工人日产量的标准差:

$$\sigma_{甲} = \sqrt{\frac{\sum(x-\bar{x})^2}{n}} = \sqrt{\frac{10}{5}} = 1.41(件)$$

乙组工人日产量的标准差:

$$\sigma_{乙} = \sqrt{\frac{\sum(x-\bar{x})^2}{n}} = \sqrt{\frac{1000}{5}} = 14.14(件)$$

计算结果表明,甲组标准差为 1.41 件,乙组标准差为 14.14 件。说明甲组标志值的变动小于乙组,可见甲组平均日产量的代表性比乙组的高。

2)加权式标准差

在总体各单位资料已分组的条件下,要按加权式计算标准差,其计算公式为:

$$\sigma = \sqrt{\frac{\sum(x-\bar{x})^2 f}{\sum f}}$$

【例 4-29】前例 4-28 的某工厂包装车间甲乙两个班组,工人对某产品的日包装量情况是:甲班组工人的平均日包装量为 57 件,工人日包装量的标准差为 14.73 件;乙班组工人的日包装量及有关计算资料见表 4-17。

表 4-17 工人日包装量加权式标准差计算表

按日包装量分组/件 (甲)	工人数/人 f	组 中 值 x	日包装总量/件 xf	离 差 $x - \overline{x}$	离差平方 $(x - \overline{x})^2$	以工人数加权的离差平方 $(x - \overline{x})^2 f$
40 以下	5	35	175	-22	484	2420
40~50	13	45	585	-12	144	1872
50~60	18	55	990	-2	4	72
60~70	15	65	975	8	64	960
70~80	7	75	525	18	324	2268
80 以上	2	85	170	28	784	1568
合计	60	—	3420	—	—	9160

乙组工人平均日包装量：

$$\overline{x} = \frac{\sum xf}{\sum f} = \frac{3420}{60} = 57(件)$$

乙组工人日包装量的标准差：

$$\sigma = \sqrt{\frac{\sum (x - \overline{x})^2 f}{\sum f}} = \sqrt{\frac{9160}{60}} = 12.36(件)$$

通过计算看出,甲乙两班组工人的平均日包装量均是 57 件,但甲班组工人日包装量的标准差大于乙班组的,所以,甲班组工人平均日包装量的代表性比乙班组的低。

标准差与平均差既有相同之处又有不同之处,相同之处表现在:二者都是以平均数为中心,换句话说都是与平均数相比较,测定所有标志值变动程度的。不同之处表现在:平均差是以绝对值消除离差正负号的,标准差是以平方消除离差正负号的,以平方消除离差正负号在代数变换上优于绝对值的办法;同一个资料的标准差一定大于平均差,这正是标准差的放大作用。标准差将标志值的差别程度放大后,并不影响对问题的分析结论,如例 4-28 与例 4-29,根据标准差与平均差的分析结论是一致的。正是标准差代数变换的优越性和数值的放大作用,使其在统计分析中得到了比较广泛的应用。

4. 标准差系数

标准差数值的大小,不仅受标志值离散程度大小的影响,而且还受标志值水平高低的影响。因此,为了对比分析不同水平的两个总体标志值的变异程度及平均数的代表性,必须消除标志值水平高低的影响,以真正反映总体各单位标志值的离散程度,这就需要计算标准差系数。

标准差系数又称离散系数,它是用相对数表现其标志值变异程度的,是标准差与算术平均数的比值,其计算公式为:

$$V = \frac{\sigma}{\overline{x}} \times 100\%$$

式中，V 代表标准差系数，其他符号同前。

【例 4-30】现仍以例 4-26 的乙丙两组资料为例说明。乙组的平均数和标准差前已述及，丙组的平均数和标准差的计算资料见表 4-18。

表 4-18 丙组的平均数和标准差计算表

序 号（甲）	日产量/件 x	离 差 $x-\bar{x}$	离差平方 $(x-\bar{x})^2$
1	500	-200	40 000
2	600	-100	10 000
3	700	0	0
4	800	100	10 000
5	900	200	40 000
合 计	3500	—	100 000

$$\bar{x}_{丙} = \frac{\sum x}{n} = \frac{500+600+700+800+900}{5} = 700(件)$$

$$\sigma_{丙} = \sqrt{\frac{\sum(x-\bar{x})^2}{n}} = \sqrt{\frac{100\,000}{5}} = 141.4(件)$$

从计算结果看出，乙丙两组的平均日产量不同，因此，不能直接用标准差比较两组工人日产量的差异程度和平均日产量的代表性高低，必须消除日产量水平高低对标准差的影响，这就要求计算标准差系数。

$$V_{乙} = \frac{\sigma}{\bar{x}} \times 100\% = \frac{14.14}{70} = 20.14\%$$

$$V_{丙} = \frac{\sigma}{\bar{x}} \times 100\% = \frac{141.4}{700} = 20.14\%$$

例 4-30 中，乙丙两组标准差系数的含义是，不论乙丙两组的平均日产量具体是多少，假设平均日产量都是 100 件，它们的标准差都是 20.14 件，所以，两组的工人日产量的差别程度相同，平均日产量的代表性相同。其实，丙组的标准差数值是乙组的 10 倍，是由于丙组工人日产量是在乙组工人日产量基础上放大 10 倍后的结果，因此两组工人日产量的差别程度本质上是一致的，计算了标准差系数回归了标志值差别程度的本来面目。

【例 4-31】甲乙两个工厂生产某产品及相关计算资料见表 4-19。

表 4-19 甲乙两个工厂生产某产品及相关计算资料表

厂 别	工人平均月产量/件	标准差/件	标准差系数/%
甲工厂	16 000	600	3.75
乙工厂	8000	400	5.00

$$V_{甲} = \frac{\sigma}{\bar{x}} \times 100\% = \frac{600}{16\,000} \times 100\% = 3.75\%$$

$$V_{乙} = \frac{\sigma}{\bar{x}} \times 100\% = \frac{400}{8000} \times 100\% = 5\%$$

从上例看出,甲厂的标准差大于乙厂,但由于两个工厂的工人平均月产量水平不同,不能简单地用标准差的大小来判定乙厂工人平均月产量的代表性高于甲厂。只有计算出两厂的标准差系数,消除两个工厂工人平均月产量不同的影响,才能进行比较。从算出的标准差系数看,甲厂为3.75%,乙厂为5%,甲厂小于乙厂,所以可准确地判定甲厂工人平均月产量的代表性高于乙厂。

本章小结

静态分析指标是指通过对同一时间内现象的汇总、相关现象之间的计算对比分析而形成的一系列的统计指标,本章主要讲授了总量指标、相对指标、平均指标和标志变异指标。

总量指标是反映总体的总规模和总水平的统计指标。其表现形式是绝对数,故又称绝对指标或绝对数。它具有两个特点:直接具体;数值随总体范围的大小而增减。总量指标是认识社会经济现象的起点,是编制计划、实行经济管理的主要依据,是计算相对指标和平均指标的基础。

总量指标有标志总量和单位总量,时期指标和时点指标。时期指标和时点指标的区别是:时期指标的数值大小与时期长短有直接关系,时点指标的数值大小与时点的间隔长短没有直接关系;时期指标数值可加,时点指标数值不可加;时期指标的资料通过经常性调查取得,时点指标的资料通过一次性调查取得。

相对指标又称相对数,是两个有联系的统计指标数值的比值。它有两个特点:它抽象掉了构成相对指标分子和分母的具体数值;数值不随总体范围的大小而增减。其主要作用是:反映社会经济现象之间的相对水平和联系程度;具有可比性,即通过相对数的抽象性把不可比的现象转化为可比现象。

相对指标的数值表现形式:一是无名数,包括倍数、系数、成数、番数、百分数、百分点和千分数等;二是有名数。相对指标种类汇总表见表4-20。

表4-20 相对指标种类汇总表

指标名称	公式	主要作用	特点	注意事宜
计划完成相对数	实际完成数 / 计划任务数	反映计划的执行情况	分子分母不能互换	注意计划指标的性质;以提高或降低率规定的计划要考虑基数1

续表

指标名称	公　式	主要作用	特　点	注意事宜
结构相对数	$\dfrac{\text{总体中某一部分数值}}{\text{总体的全部数值}}$	反映总体的内部构成状况	分子分母不能互换；各部分比重之和为1	以分组为前提
比例相对数	$\dfrac{\text{总体中某一部分数值}}{\text{总体中另一部分数值}}$	反映总体内部的比例关系	分子分母能互换	以分组为前提
比较相对数	$\dfrac{\text{某条件下的某类指标数值}}{\text{另一条件下的同类指标数值}}$	反映现象之间的差别	分子分母能互换	常以相对数和平均数比较
强度相对数	$\dfrac{\text{某一现象的总量指标数值}}{\text{另一现象的总量指标数值}}$	反映现象的强度、密度、普遍程度	分子分母可互换，形成正逆指标	与平均数不同

计算和应用总量指标应注意：统计总量指标要有明确的统计含义和合理的统计方法；要有统一的计量单位；计算实物指标时，要注意现象的同类性。

计算和应用相对指标应注意：相对指标的可比性，相对指标与总量指标结合运用，多种相对指标结合运用。

平均指标有算术平均数、调和平均数、几何平均数、众数和中位数。

平均指标（静态平均数）是用来反映同质总体各单位某一数量标志值一般水平的统计指标。它有三个特点：抽象掉了总体内各单位标志值的具体水平；是总体各单位标志值的一般水平，对总体具有代表性；其数值不随总体范围的大小而增减。

加权算术平均数受变量值和次数两个因素的影响。当标志值较大而次数也较多时，平均数就靠近或趋向于标志值大的一方；当标志值比较小，而次数较多时，平均数就靠近或趋向于标志值小的一方。在变量值既定的情况下，次数对平均数的大小起着权衡轻重的作用。因此，将次数称为权数。权数有两种表现形式：一种是绝对数，另一种是比重。比重形式能更好地体现权数作用的实质。

平均数中权数的选择是正确计算平均数的关键，一要选择的权数必须具有实际意义，二要使选择的权数与标志值的乘积之和等于某现象平均数基本公式的分子资料。

在社会经济统计中，加权调和平均数实际上是加权算术平均数的变形。当掌握了算术平均数基本公式分母的直接资料，而不掌握其分子的直接资料时，应采用加权算术平均数公式计算平均数，且以分母资料为权数；当掌握了算术平均数基本公式分子的直接资料，而不掌握其分母的直接资料时，应采用加权调和平均数公式计算平均数，且以分子资料为暗含权数。

众数是总体中出现次数最多的标志值。中位数是总体各单位标志值按大小排列后，居于中间位置的那个标志值。众数和中位数都可以用来说明社会经济现象各单位标志值的一般水平。

应用平均指标的原则：在同质总体中计算和应用平均指标，用组平均数补充说明总平均数，用分布数列补充说明平均数，把平均数和典型事例结合起来。

标志变异指标又称标志变动度，它是反映总体各单位某种标志值之间差异程度的统计指标。它是衡量平均数代表性的尺度，平均数的代表性高低与标志变异指标的数值大小呈反比关系。常用的标志变异指标有全距、平均差、标准差和标准差系数。当两个总体平均数相等时可以使用前三种标志变异指标来说明平均数的代表性高低；当两个总体平均数不等时，必须使用标准差系数来说明平均数的代表性高低。平均数和标志变异指标汇总表见表 4-21。

表 4-21 平均数和标志变异指标汇总表

指标名称及符号	计算公式				主要作用
	简单式		加权式		
	公式	应用条件	公式	应用条件	
算术平均数 ($\bar{x}$)	$\dfrac{\sum x}{n}$	未分组资料	$\dfrac{\sum xf}{\sum f}$	分组资料。不掌握基本公式的分子资料，掌握其分母资料，分母是绝对数，且以分母为权数	表明现象的一般水平
			$\sum x \dfrac{f}{\sum f}$	分组资料。不掌握基本公式的分子资料，掌握其分母资料，分母是比重形式，且以分母为权数	
调和平均数 (H)	$H = \dfrac{n}{\sum \dfrac{1}{x}}$		$\dfrac{\sum m}{\sum \dfrac{m}{x}}$	分组资料。不掌握基本公式的分母资料，掌握其分子资料，以分母为暗含权数	
标准差 (σ)	$\sqrt{\dfrac{\sum(x-\bar{x})^2}{n}}$		$\sqrt{\dfrac{\sum(x-\bar{x})^2 f}{\sum f}}$	分组资料。两总体平均数相等时使用	衡量平均数的代表性
标准差系数 (V)	$V = \dfrac{\sigma}{\bar{x}} \times 100\%$，两总体平均数不等时使用				

💻 思考题

4-1 什么是总量指标？有何特点与作用？

4-2 举例说明时期指标与时点指标及其区别。

4-3 什么是相对指标？有何特点与作用？
4-4 相对数的数值表现形式中的百分数和百分点各是什么含义,二者有何区别？
4-5 相对指标有几种？各有什么作用？
4-6 结构相对数和比例相对数有什么区别和联系？正确计算和应用二者为什么必须以科学的分组为前提？
4-7 计算和应用总量指标与相对指标应注意哪些问题？
4-8 什么是平均指标？有何特点与作用？
4-9 什么是权数？有几种表现形式？如何选择权数？
4-10 加权算术平均数与加权调和平均数有何关系？如何应用？
4-11 举例说明众数和中位数及其作用。
4-12 平均指标的应用原则有哪些？
4-13 什么是标志变异指标？有何作用？
4-14 平均差与标准差有何异同？
4-15 什么是标准差和标准差系数？应用二者说明平均数代表性的条件是什么？

填空题

4-1 总量指标是反映社会经济现象在一定时间、地点、条件下的（　　）和（　　）的统计指标。
4-2 总量指标按反映现象的时间状态不同,可分为（　　）和（　　）。
4-3 相对指标有六种:即（　　）、（　　）、（　　）、（　　）、（　　）和（　　）。
4-4 计划指标是以最低限额规定的,计划完成相对指标（　　）100%为超额完成计划;计划指标是以最高限额规定的,计划完成相对指标（　　）100%为超额完成计划。
4-5 平均指标反映的是总体各单位变量值分布的（　　）。
4-6 数值平均数包括（　　）、（　　）、（　　）,位置平均数包括（　　）、（　　）。
4-7 简单算术平均数是加权算术平均数的（　　）,平均数中权数权衡轻重作用的实质更好地体现在权数的（　　）形式上。
4-8 由相对数或平均数求平均数的基本公式与原相对数和平均数的算式（　　）。
4-9 平均数中的权数一定是求平均数基本公式中的（　　）资料。
4-10 众数是指总体中出现次数（　　）的标志值。
4-11 当两个总体平均数相等时可以使用（　　）、（　　）、（　　）三种标志变异指标来说明平均数的代表性高低;当两个总体平均数不等时,必须使用（　　）来说明平均数的代表性高低。
4-12 标准差数值的大小,不仅受（　　）大小的影响,而且还受（　　）高低的影响。

单选题

4-1 总量指标按其反映的内容不同可分为( )。
A．实物指标和价值指标　　　　　　B．总体单位总量和总体标志总量
C．时期指标和时点指标　　　　　　D．时间指标和时期指标

4-2 总量指标数值大小( )。
A．随总体范围扩大而增大　　　　　B．随总体范围扩大而减小
C．随总体范围缩小而增大　　　　　D．与总体范围大小无关

4-3 总体标志总量( )。
A．说明总体单位特征　　　　　　　B．表示总体本身的规模大小
C．是指总体各单位标志值的总和　　D．是指总体单位总量

4-4 某厂 2007 年职工劳动生产率为 15 000 元,是历史最高水平的 1.5 倍。这里 1.5 倍是( )。
A．比例相对数　　B．计划完成相对数　　C．强对相对数　　D．动态相对数

4-5 某市 2007 年末总人口 339.84 万人,其中,城镇人口占总人口的 46.1%,这两个指标中,( )。
A．前者是时期指标,后者是时点指标　　B．前者是时点指标,后者是时期指标
C．前者是时点指标,后者是结构相对指标　D．前者是时期指标,后者是结构相对指标

4-6 某公司 2006 年完成产值 400 万元,2007 年计划增长 8%,实际完成 480 万元。超额完成计划为( )。
A．12%　　　　　B．120%　　　　　C．20%　　　　　D．11%

4-7 变量数列中各组标志值不变,每组次数均增加为 120%,加权算术平均数的数值( )。
A．增加 20%　　　B．不变化　　　　C．减少 20%　　　D．无法判断

4-8 标志变异指标中,由总体中两个极端数值大小决定的是( )。
A．全距　　　　　B．平均差　　　　C．标准差　　　　D．标准差系数

4-9 反映总体单位标志值变动范围的指标是( )。
A．平均数　　　　B．标准差　　　　C．变异系数　　　D．全距

4-10 某班 40 名同学进行考试,耗时 60 分钟有 6 人;耗时 75 分钟有 20 人;耗时 80 分钟有 14 人。要计算该班学生平均耗时应采用( )。
A．简单算术平均数　　　　　　　　B．加权算术平均数
C．简单调和平均数　　　　　　　　D．加权调和平均数

4-11 如果两个总体平均数不相等,比较其离差程度的指标是( )。
A．全距　　　　　B．平均差　　　　C．标准差　　　　D．标准差系数

4-12 已知一车间日平均劳动生产率为 28 件/人,标准差为 3 件;又知二车间日平均劳动生产率为 30 件/人,标准差也为 3 件。则劳动生产率水平的代表性(　　)。

　　A. 一车间大　　　B. 二车间大　　　C. 一样大　　　D. 不知谁的大

多选题

4-1　属于绝对数指标的是(　　)。
A. 某商场月末商品库存额　　　　B. 某地区人口净增加数
C. 某高等学校某年毕业生人数　　D. 某合资企业月末在册人数
E. 按人口平均钢产量

4-2　下列属于强度相对指标的是(　　)。
A. 工人劳动生产率　　　　B. 铁路密度
C. 人均粮食产量　　　　　D. 产值利税率
E. 人口密度

4-3　下列相对数中,属于结构相对数的有(　　)。
A. 小学生入学率　　　　B. 全国总人口中少数民族人口所占比重
C. 出勤率　　　　　　　D. 出口贸易额与进口贸易额的比率
E. 农轻重比例

4-4　分子与分母可以互换的相对指标有(　　)。
A. 结构相对指标　　　　B. 比例相对指标
C. 比较相对指标　　　　D. 强度相对指标
E. 计划完成程度相对指标

4-5　中位数是(　　)。
A. 根据各标志值计算的　　B. 标志值按顺序排队后,位于中间位置的变量值
C. 最大的标志值　　　　　D. 不受极端值影响的
E. 最小的变量值

4-6　由总体所有单位的标志值计算的平均数有(　　)。
A. 算术平均数　　B. 调和平均数　　C. 几何平均数　　D. 中位数　　E. 众数

4-7　从指标的性质看,下面指标中属于平均指标的有(　　)。
A. 人均粮食产量　　　　B. 人均粮食消费量
C. 人均钢产量　　　　　D. 平均每一工人月收入
E. 人均住房面积

4-8　下列属于时点指标的有(　　)。
A. 某地区年末人口数　　　　B. 某地区年内人口出生数
C. 某地区高校在校学生数　　D. 某地区固定资产投资数

E．某地区每年初拖拉机台数

4-9 标准差(　　)。

A．表明总体单位标志值对其算术平均数的平均距离　　B．反映总体单位的一般水平

C．反映总体单位标志值的离散程度　　D．反映总体分布的集中趋势

E．反映总体分布的离中趋势

4-10 标志变异指标可以反映(　　)。

A．平均数代表性的大小　　B．标志值集中趋势

C．生产的均衡性　　D．标志值离中趋势

E．生产的稳定性

判断题

4-1 比例相对指标是同一总体不同部分数值对比,因此,可以说明总体的构成情况。(　　)

4-2 用相对指标的分子资料作权数计算平均数应采用加权算术平均法。(　　)

4-3 众数是总体中出现最多的次数。(　　)

4-4 对平均数大小起决定作用的权数是比重权数。(　　)

4-5 平均差和标准差都表示各标志值对其算术平均数的平均距离。(　　)

技能实训题

【实训1】某商店三个门市部2004年上半年商品销售资料见表4-22。

表4-22　某商店三个门市部2004年上半年商品销售资料

店　别	第一季度实际销售额/万元	第二季度				计划完成/%	第二季度销售额为上季的/%
		计　划		实　际			
		销售额/万元	比重/%	销售额/万元	比重/%		
第一门市部	90	100		110.0			
第二门市部	230	150				100	
第三门市部				237.5		95.0	
合计	450		100		100		

要求:

(1) 填写表中空白格数字。

(2) 指出表中的相对指标属于哪种相对指标。

【实训2】某企业2005年销售额计划完成105%,比上年增长6%,问2005年计划规定的销售额比上年增长百分之多少?

【实训3】某企业2003年甲产品的单位成本为800元,计划规定2004年成本降低4.5%,实际降低5%。试计算:第一,甲产品2004年单位成本的计划数与实际数;第二,甲产品2004年产品成本计划完成程度。

【实训4】某企业所属三个分厂2004年下半年的利润额资料见表4-23。

表4-23 某企业所属三个分厂2004年下半年的利润额资料

分 厂	第三季度利润/万元	第四季度				计划完成百分比/%	第四季度为第三季度的/%
		计 划		实 际			
		利润/万元	比重/%	利润/万元	比重/%		
(甲)	(1)	(2)	(3)	(4)	(5)	(6)	(7)
A厂	1082	1234		1358			
B厂	1418	1724				95	
C厂	915			1140		105	
合计	3415						

要求满足以下条件。

(1) 计算空格指标数值,并指出(1)至(7)栏是何种统计指标。

(2) 如果未完成计划的分厂能完成计划,则该企业的利润将增加多少?超额完成计划多少?

(3) 若B、C两个分厂都能达到A企业完成计划的程度,该企业将增加多少利润?超额完成计划多少?

【实训5】某企业生产某种产品,按五年计划规定最后一年产量应达到100万吨。其计划执行情况见表4-24。

表4-24 某企业生产某种产品五年计划执行情况

年 份 指 标	第一年	第二年	第 三 年		第 四 年				第 五 年			
			上半年	下半年	一季	二季	三季	四季	一季	二季	三季	四季
产 量/万吨	78	82	44	45	23	24	24	25	25	26	26	27

试计算:

(1) 该产品产量计划完成程度。

(2) 该企业提前多少时间完成了五年计划规定的指标。

【实训6】根据表4-25资料,能计算哪些强度相对指标?并计算其正指标和逆指标。

表 4-25 某地区 2003、2004 年有关资料

指　标	单　位	2003 年	2004 年
总人口	万人	2823	2867
医疗机构	个	4876	5059
卫生技术人员	人	81 862	84 431
医院病床数量	张	56 920	59 252

【实训 7】某企业 2001—2005 年计划基本建设投资总额为 2500 万元,实际执行情况见表 4-26。

表 4-26　某企业 2001—2005 年基本建设投资总额实际执行情况

年　份	2001	2002	2003	2004	2005			
					一季	二季	三季	四季
基本建设投资总额/万元	480	508	600	612	120	180	250	150

试计算:
(1) 该企业 2001—2005 年基本建设投资计划完成情况相对指标。
(2) 该企业提前多少时间完成了五年计划规定的指标。

【实训 8】某车间工人日产量资料见表 4-27。

表 4-27　某车间工人日产量资料

日　产　量/件	工　人　数/人
12	10
13	13
14	15
15	12
合计	50

计算该车间工人的平均日产量。

【实训 9】某商店职工销售额资料见表 4-28。

表 4-28　某商店职工销售额资料

按日销售额分组/元	职工人数/人
200 以下	15
200～300	25
300～400	50
400～500	75
500 以上	35
合计	200

试根据上表资料计算该商店职工的平均日销售额、众数和中位数。

【实训10】某乡播种2300亩早稻,其中40%的稻田使用良种,平均亩产800斤,其余的稻田平均亩产仅有550斤,试问:全部耕地早稻平均亩产是多少?早稻的总产量为多少?

【实训11】甲工厂某产品分三批生产,有关资料为:第一批出厂价格为每吨460元,产品占总产量的20%;第二批出厂价格为每吨420元,产量占总产量的50%;第三批出厂价格为每吨400元。试根据上述资料计算该厂三批产品的平均出厂价格。

【实训12】甲、乙两企业某月生产某产品的单位成本及产量资料见表4-29。

表4-29 甲、乙两企业某月生产某产品的单位成本及产量资料

批 次	甲 企 业		乙 企 业	
	单位产品成本/元	产量比重/%	单位产品成本/元	产量比重/%
第一批	10	10	12	35
第二批	11	20	11	25
第三批	12	70	10	40

试根据表4-29资料比较该月份哪个企业的平均单位成本低,并说明原因。

【实训13】某管理局所属企业的工人工资资料见表4-30。

表4-30 某管理局所属企业的工人工资资料

按月工资分组/元	企业数/个	各组工人在工人总数中所占的比重/%
600以下	5	10
600~700	8	25
700~800	10	30
800~900	7	20
900以上	5	15
合计	35	100

试计算该管理局工人的平均工资。

【实训14】某地甲、乙两个农贸市场三种主要蔬菜价格及销售额资料见表4-31。

表4-31 某地甲、乙两个农贸市场三种主要蔬菜价格及销售额资料

品 种	价格/(元/千克)	销售额/万元	
		甲市场	乙市场
甲	0.30	75.0	37.5
乙	0.32	40.0	80.0
丙	0.36	45.0	45.0

试计算比较该地区哪个农贸市场蔬菜平均价格高?并说明原因。

【实训 15】某工业局所属企业有关资料见表 4-32。

表 4-32　某工业局所属企业有关资料

按工人劳动生产率分组/(万元/人)	企业数/个	各组产值/万元
5~6	2	220
6~7	5	650
7~8	8	825
8~9	3	255
9~10	2	190

求工人的平均劳动生产率。

【实训 16】已知某地区各工业企业产值计划完成情况及计划产值见表 4-33。

表 4-33　某地区各工业企业产值计划完成情况及计划产值

计划完成程度/%	企业数/个	计划产值/万元
90 以下	10	1200
90~100	25	2500
100~110	55	15 000
110~120	30	5000
120 以上	5	600
合计	125	24 300

要求：

(1) 根据上表资料计算该地区所有工业企业产值计划平均完成程度。

(2) 如果上述资料中所给的不是计划产值而是实际产值，试计算该地区所有工业企业产值计划平均完成程度。

【实训 17】某纺织厂 2003、2004 年的工资资料见表 4-34。

表 4-34　某纺织厂 2003、2004 年的工资资料

工人构成	2003 年		2004 年	
	工人数/人	工资总额/元	工人数/人	工资总额/元
熟练工人	420	29 400	256	19 200
不熟练工人	180	9000	384	21 200
合计	600	38 400	640	40 320

要求：

(1) 计算各年各组工人平均工资和总平均工资。

(2) 从两年的组平均工资与总平均工资的比较中可以看出什么问题？并作出分析。

【实训 18】某地甲、乙两村玉米生产情况资料见表 4-35。

表 4-35 某地甲、乙两村玉米生产情况资料

按土地自然条件分组	甲村				乙村			
	播种面积		总产量/吨	单产/(吨/公顷)	播种面积		总产量/吨	单产/(吨/公顷)
	绝对数/公顷	比重/%			绝对数/公顷	比重/%		
山地	100		300		170		540	
丘陵地	133.3		600		119		560	
平原地	100		525		51		285	
合计	333.3		1425		340		1385	

要求:
(1) 填列表中空格中的数字。
(2) 简要分析说明哪个村生产情况好?为什么?

【实训 19】某厂 400 名职工工资资料见表 4-36。

表 4-36 某厂职工工资资料

按月工资分组/元	职工人数/人
1100 以下	60
1100~1300	100
1300~1500	140
1500~1700	60
1700 以上	40
合计	400

试根据上述资料计算该厂职工的平均工资和标准差。

【实训 20】某县某年的粮食产量资料见表 4-37。

表 4-37 某县某年的粮食产量资料

按单位面积产量分组/(千克/公顷)	播种面积比重
3000 以下	0.05
3000~3750	0.35
3750~6000	0.40
6000 以上	0.20

试根据上表资料计算该县粮食平均单位面积产量和标准差。

【实训 21】
(1) 资料:
● 2002 年甲工业局所属企业平均产值为 82 万元,企业间产值的标准差为 16 万元;

● 乙工业局同年有关资料见表 4-38。

表 4-38　乙工业局同年有关资料

按产值分组/万元	企 业 数/个
40~60	3
60~80	5
80 以上	2
合计	10

（2）要求：比较两工业局平均产值的代表性。

【实训 22】某工业局全员劳动生产率的标准差为 512 元，标准差系数为 8.4%。试求该工业局全员劳动生产率的平均水平。

【实训 23】根据第 2 章的【实训 1】所取得的调查资料，在统计整理的基础上进行本章的相关计算与分析。

第 5 章 动态数列分析技术

📖 本章知识技能要点与要求

- 理解动态数列的概念、作用、种类及编制原则
- 重点掌握时期数列和时点数列的区别
- 理解动态数列的水平指标,重点掌握平均发展水平指标的计算与应用
- 理解动态数列的速度指标,重点掌握水平法平均发展速度指标的计算与应用
- 掌握现象长期趋势、季节变动的测定方法

5.1 动态数列的意义

5.1.1 动态数列的概念

社会经济现象经常随时间的变化而发生变化,例如,工业企业在其生产经营的过程中,产品的产量、工人的工资、工业总产值等都会因时间的变化而呈现出动态变化的过程。社会经济统计作为认识社会的有力武器,不仅从社会经济现象的相互联系和相互制约中进行研究,而且还要从它们的发展变化中去研究、探寻规律,发现社会经济现象的本质特征。要完成这一项任务,就需要我们编制动态数列、计算各项动态分析指标、进行动态数列分析,这些也正是我们这一章所要学习的内容。

动态是指现象在时间上的发展变化。所谓动态数列,即把反映某种社会经济现象的一系列统计指标数值按时间先后顺序编排所形成的数列,也称时间数列或时间序列。动态数列由两个基本要素所构成:一是资料所属的时间;二是对应时间上的统计指标数值,两者缺一不可。例如,表5-1是一个有关我国 2000—2004 年国民经济某些主要指标的动态数列。

表 5-1 我国 2000—2004 年国民经济主要指标的动态数列

年 份	2000	2001	2002	2003	2004
国内生产总值/亿元	89 468.1	97 314.8	105 172.3	117 390.2	136 875.9
年末总人口数/万人	126 743	127 627	128 453	129 227	129 988

续表

年　份	2000	2001	2002	2003	2004
第一产业增加值占国内生产总值的比重/%	16.4	15.8	15.3	14.4	15.2
职工年平均工资/元	9371	10 870	12 422	14 040	16 024

注：资料来源于中国统计年鉴(2005年)。

5.1.2 动态数列的作用

编制和研究动态数列在社会经济统计中具有十分重要的作用。

(1) 编制动态数列可以描述社会经济现象发展变化的过程和结果。例如，通过表 5-1 中职工年平均工资指标动态数列就可以看到，我国职工年平均工资增长变化的过程和结果。

(2) 通过动态数列的分析，可以深入地揭示社会经济现象发展变化的数量特征，研究其变化规律，并据此进行趋势预测。

(3) 利用动态数列可以在不同地区或国家之间进行对比分析。

5.1.3 动态数列的种类

动态数列按统计指标的表现形式不同，可分为总量指标动态数列、相对指标动态数列和平均指标动态数列三种类型。其中，总量指标动态数列是基本数列，相对指标动态数列和平均指标动态数列则是由总量指标动态数列形成的派生数列。

1. 总量指标动态数列

所谓总量指标动态数列是将现象某一总量指标按时间先后顺序编排所形成的动态数列，也称为绝对数动态数列。按照统计指标所表明的社会经济现象所属的时间不同，总量指标动态数列又分为时期数列和时点数列。

1) 时期数列

在总量指标动态数列中，如果各项指标都反映某种现象在一段时期内发展过程的总量，这样的总量指标动态数列就称为时期数列。例如，表 5-1 中所列的国内生产总值就是一个时期数列。

时期数列的主要特点如下。

(1) 时期数列中各个指标数值是可以相加的，相加具有一定的经济意义。由于时期数列各个指标数值是表示现象在一段时期内发展过程的总量，所以相加后的数值就表示现象在更长时期内发展过程的总量。

(2) 时期数列中每个指标数值的大小与所属时期的长短有直接的关系。在时期数列中，每个指标数值反映现象所属时间的长短，称为时期。时期可长可短，主要视研究的目的而定，可以是一旬、一月、一季，也可以是一年、两年、五年，甚至更长时期。例如，表 5-1 中所列时期数列的时期为一年。由于时期数列具有可加性,所以一般来说,每一个指标数值所属的时期越长,指标数值就越大;反之,指标数值就越小。

(3) 时期数列中的每一个指标数值,通常是对现象作经常性调查得到的。

2) 时点数列

在总量指标动态数列中,如果各项指标都反映某种现象在某一时点上的数量水平,这样的总量指标动态数列就称为时点数列。例如,表 5-1 中所列的年末总人口数就是一个时点数列。

时点数列有如下主要特点。

(1) 时点数列中各个指标数值是不能相加的,相加没有实际经济意义。这是由于时点数列各个指标数值只表明现象在某个时点上所处的状态,后一时点的指标数值和前一时点的指标数值相比较有重复内容,相加后并不能代表现象在几个时点上的状态。

(2) 时点数列中每个指标数值的大小与时间间隔长短没有直接关系。在时点数列中,两个相邻指标在时间上的距离,称为间隔。例如,表 5-1 中所列时点数列的间隔为一年。由于时点数列不具有可加性,时点间隔的长短对于指标数值的大小没有直接的影响。

(3) 时点数列中的每一个指标数值,通常是对现象作一次性调查得到的。

2. 相对指标动态数列

相对指标动态数列是将现象某一相对指标按时间先后顺序编排所形成的动态数列,也称为相对数动态数列。主要用来反映现象对比关系的发展变化过程。例如,表 5-1 中所列的第一产业增加值占国内生产总值的比重就是一个相对指标动态数列。在相对指标动态数列中,各个指标数值是不能相加的。

3. 平均指标动态数列

平均指标动态数列是将现象某一平均指标按时间先后顺序编排所形成的动态数列,也称为平均数动态数列。主要用来反映现象一般水平的发展变化过程。平均数动态数列包括静态平均数动态数列和动态平均数动态数列。静态平均数是根据同一时间总体各单位的变量值计算的平均数;而动态平均数是根据同一总体不同时间的变量值计算的平均数,也称为序时平均数(序时平均数在 5.2.6 中阐述)。例如,表 5-1 中所列的职工年平均工资就是一个静态平均数动态数列。在平均指标动态数列中,各个指标数值也是不能相加的。

为了对社会经济现象发展过程进行全面的分析,在实际工作中可以把上述各种动态数列结合起来运用。

5.1.4 动态数列的编制原则

编制动态数列的目的是通过对数列中各个指标的动态分析,来研究社会经济现象的发展变化过程及其规律性。因此,保证数列中各个指标之间的可比性,就成为编制动态数列应该遵循的基本原则。具体来说,可比性包括以下几个方面的内容。

(1) 时间长短应该可比。由于时期数列指标数值的大小与时期的长短有直接的关系,因此各项指标数值所属的时期长短应该前后一致,时期长短不同的指标数值是不可以比较的。例如,一个月的销售额与一个季度的销售额是不能比较的。

但是,有时为了研究不同时期的经济发展水平或各个历史阶段的发展变化,也可以编制时期长短不等的时期数列,这主要是根据研究的目的而定。如表5-2所示的动态数列。

表5-2 我国普通高校毕业生人数

年 份	1912—1948	1949	1965	1978	1985	1991	2004
毕业生人数/万人	21.08	2.1	18.6	16.5	31.6	61.4	239.1

资料来源:曹光四 邹晓明:《统计学原理》,上海,立信会计出版社,2005。

从上表可知,新中国1991年普通高校毕业生人数就达61.4万人,约相当于旧中国37年高等学校毕业生总和的3倍;而2004年我国普通高等院校毕业生人数又约相当于1991年普通高校毕业生人数的4倍。这表明我国高等教育事业所取得的巨大成就,而且其发展步伐呈现加速发展的趋势。

对于时点数列来说,指标数值的大小与时点间隔长短虽然没有直接的联系,但是为了明显地反映社会经济现象发展变化的规律性,时点间隔也应力求一致。

(2) 总体范围大小应该一致。总体范围是指动态数列指标数值所包括的地区范围、隶属关系范围等。在进行动态数列分析时,要查明所依据的指标数值总体范围是否一致,如果随着时间的变化,现象的总体范围发生了变化,必须进行适当的调整。例如,某省的行政辖区发生了变化,其辖区的工农业总产值指标便应随之进行适当调整,才能进行前后对比。

(3) 指标的经济内容应该相同。经济内容和含义不同的指标,不能混合编成一个动态数列。例如,在编制劳动生产率动态数列时,其各年的指标数值是选择生产工人的劳动生产率,还是选择全员劳动生产率,应该前后一致。另外,随着时间的推移,同一名称的指标,其包括的经济内容可能会发生改变,不同经济内容的指标是不能编制成一个动态数列的。例如,编制产品成本的动态数列时,就应该注意1993年以前的产品成本是指生产产品的完全成本,而1993年之后的产品成本是指产品的制造成本。

(4) 指标计算方法、计量单位应该统一。在社会经济统计中如果指标计算方法不一致,则难以进行比较。指标的计量单位是多样的,如重量单位有吨、千克等;面积单位有公顷、亩等,在统计资料中变化很多,要注意调整一致后,再编制动态数列。

5.2 动态数列的分析指标

为了研究现象的动态变化,还需要对动态数列进行加工,计算动态数列指标。动态数列指标,也称为动态数列分析指标,包括两大类,即水平指标和速度指标。动态数列的水平指标有发展水平、平均发展水平、增长量、平均增长量、增长1%的绝对值;动态数列的速度指标有发展速度、增长速度、平均发展速度、平均增长速度。

5.2.1 发展水平

发展水平是指在动态数列中的每一项具体指标数值,也称为动态数列水平。它反映某种社会经济现象在一定时间上所达到的规模或水平,是计算其他动态数列指标的基础。发展水平一般是指总量指标,如工业总产值、学生人数等;也可用相对指标表示,如产品的计划完成程度;或用平均指标来表示,如平均单位产品成本、平均工资等。

发展水平按其在动态数列中所处的次序地位不同,可分为最初水平、中间水平和最末水平。在动态数列中,第一个指标数值叫最初水平,最后一个指标数值叫最末水平,其余各项指标数值叫中间水平。如果用 $a_0, a_1, a_2, \cdots, a_{n-1}, a_n$ 表示现象各期发展水平,则 a_0 就是最初水平,a_n 就是最末水平,其余各项就是中间水平。

在动态分析中,我们将要研究时期的指标水平称为报告期水平,将用作对比基础时期的指标水平,称为基期水平,如表 5-3 所示。

表 5-3 某地区 2005 年上半年各月总产值资料

月 份	1月	2月	3月	4月	5月	6月
总产值/万元	4200	4400	4600	4830	4850	4900

在表 5-3 中,1 月份的总产值 4200 万元是最初水平,6 月份的总产值 4900 万元是最末水平,其余各项是中间水平。如果把 2 月份的总产值与 1 月份的总产值进行对比,那么 1 月份的总产值就是基期水平,2 月份的总产值就是报告期水平;如果把 3 月份的总产值与 2 月份的总产值进行对比,那么 2 月份的总产值就是基期水平,3 月份的总产值就是报告期水平。报告期水平与基期水平的划分是随着研究目的的改变而改变的。

5.2.2 增长量

增长量是报告期水平与基期水平之差,反映报告期比基期增加(或减少)的绝对数量。

$$增长量 = 报告期水平 - 基期水平$$

增长量的计算结果有正负之分,正数表示增长,负数则表示减少,因此,增长量又称为增减量。

由于采用的基期不同,增长量可分为逐期增长量和累计增长量。逐期增长量是报告期水平与前一期水平之差,表明报告期较前一期增减的绝对量。累计增长量是报告期水平与某一固定基期水平(通常为最初水平)之差,表明报告期较某一固定基期增减的绝对量。这两个指标可用公式表示为:

逐期增长量: $a_1 - a_0, a_2 - a_1, \cdots, a_n - a_{n-1}$

累计增长量: $a_1 - a_0, a_2 - a_0, \cdots, a_n - a_0$

逐期增长量和累计增长量之间存在如下运算关系。

(1) 逐期增长量之和等于累计增长量,即

$$(a_1 - a_0) + (a_2 - a_1) + \cdots + (a_n - a_{n-1}) = a_n - a_0$$

(2) 两个相邻的累计增长量之差等于报告期的逐期增长量,即
$$(a_i - a_0) - (a_{i-1} - a_0) = a_i - a_{i-1}$$

具体计算见表 5-6。

在统计实践中,为了消除季节变动的影响,常采用年距增长量指标,它是报告期水平与上年同期水平之差,表明报告期水平较上年同期水平增减的绝对量,其计算公式为:

$$年距增长量 = 报告期水平 - 上年同期水平$$

【例 5-1】某企业某产品 2005 年第三季度产量为 550 万吨,2004 年第三季度产量为 500 万吨,则:

$$年距增长量 = 550 - 500 = 50(万吨)$$

这表明 2005 年第三季度产品产量比上年同期增长了 50 万吨。

5.2.3 发展速度和增长速度

1. 发展速度

发展速度是两个不同时期发展水平的比值,表明报告期水平已发展到基期水平的几分之几或若干倍。其计算公式为:

$$发展速度 = \frac{报告期水平}{基期水平}$$

发展速度通常用百分数表示,有时也用倍数表示。若发展速度大于百分之百(或大于 1),表示向上发展;若发展速度小于百分之百(或小于 1),则表示向下发展。

发展速度由于采用的基期不同,可分为环比发展速度和定基发展速度。环比发展速度是报告期水平与其前一期水平之比,表明现象逐期的发展速度。定基发展速度是报告期水平与某一固定基期水平(通常为最初水平)之比,表明现象在某一较长时期的发展速度。这两个指标可用公式表示为:

环比发展速度: $\dfrac{a_1}{a_0}, \dfrac{a_2}{a_1}, \dfrac{a_3}{a_2}, \cdots, \dfrac{a_n}{a_{n-1}}$

定基发展速度: $\dfrac{a_1}{a_0}, \dfrac{a_2}{a_0}, \dfrac{a_3}{a_0}, \cdots, \dfrac{a_n}{a_0}$

环比发展速度和定基发展速度之间存在以下运算关系。

(1) 环比发展速度的连乘积等于定基发展速度,即

$$\frac{a_1}{a_0} \times \frac{a_2}{a_1} \times \frac{a_3}{a_2} \times \cdots \times \frac{a_n}{a_{n-1}} = \frac{a_n}{a_0}$$

(2) 两个相邻定基发展速度之比等于报告期的环比发展速度,即

$$\frac{a_i}{a_0} \div \frac{a_{i-1}}{a_0} = \frac{a_i}{a_{i-1}}$$

具体计算见表 5-6。

在统计实践中,为了消除季节变动的影响,常采用年距发展速度指标,它是报告期水平与上年同期水平之比。其计算公式为:

$$年距发展速度 = \frac{报告期水平}{上年同期水平}$$

根据例 5-1 资料计算的年距发展速度 $= \frac{550}{500} = 110\%$

这表明 2005 年第三季度的产品产量已达到上年同期的 110%。

2. 增长速度

增长速度是报告期增长量与基期水平之比,表明报告期水平比基期水平增长(或降低)了百分之几或若干倍。其计算公式为:

$$增长速度 = \frac{报告期增长量}{基期水平}$$

$$= \frac{报告期水平 - 基期水平}{基期水平}$$

$$= 发展速度 - 1(100\%)$$

增长速度指标有正负之分,当报告期增长量为正值时,则增长速度为正数,表明为递增速度;当报告期增长量为负值时,则增长速度为负数,表明为递减速度。

增长速度由于采用的增长量和对比的基期水平不同,也分为环比增长速度和定基增长速度。环比增长速度是逐期增长量与其前一期发展水平之比,表明现象逐期增长的速度。定基增长速度是累计增长量与某一固定基期水平(通常为最初水平)之比,表明现象在某一较长时期的增长速度。这两个指标可表示为:

$$环比增长速度 = \frac{逐期增长量}{前一期发展水平}$$

$$= \frac{报告期水平 - 前一期发展水平}{前一期发展水平}$$

$$= 环比发展速度 - 1(100\%)$$

$$定基增长速度 = \frac{累计增长量}{固定基期水平}$$

$$= \frac{报告期水平 - 固定基期水平}{固定基期水平}$$

$$= 定基发展速度 - 1(100\%)$$

所以,只要知道环比发展速度或定基发展速度,将它们减 1 或 100%,就可以得到环比增长速度或定基增长速度。

具体计算见表 5-6。

需要注意的是,环比增长速度和定基增长速度之间并没有直接的换算关系。如果已知各期的环比增长速度求其相应的定基增长速度,则需先将各期环比增长速度换算成各期环比发展速度,再将它们连乘得到各期定基发展速度,最后,将各期定基发展速度换算成各期的定基增长速度。相反,如果已知各期的定基增长速度求相应的环比增长速度,也要经过一定的变换才能求得。例如，已知某现象各期环比增长速度为 3%，5%，7%，9%，则最后一期的定基增长速度为：$[(1+3\%) \times (1+5\%) \times (1+7\%) \times (1+9\%)] - 1$。

在统计实践中，为了消除季节变动的影响，也经常使用年距增长速度指标，它是报告期年距增长量与上年同期发展水平之比。其计算公式为：

$$年距增长速度 = \frac{报告期年距增长量}{上年同期发展水平}$$

$$= \frac{报告期发展水平 - 上年同期发展水平}{上年同期发展水平}$$

$$= 年距发展速度 - 1(100\%)$$

根据例 5-1 资料计算的年距增长速度 $= \frac{550}{500} - 1 = 110\% - 100\% = 10\%$

这表明 2005 年第三季度的产品产量比上年同期的增长了 10%。

5.2.4 增长 1% 的绝对值

增长 1% 的绝对值是指每增长 1% 所包含的绝对量，其计算公式为：

$$增长 1\% 的绝对值 = \frac{逐期增长量}{环比增长速度 \times 100}$$

$$= \frac{前一期水平}{100}$$

增长 1% 的绝对值具有双刃剑作用，在速度上每增长 1%，绝对量就增加 $\frac{前一期水平}{100}$；每降低 1%，绝对量就减少 $\frac{前一期水平}{100}$。如表 5-6 所列，工业产值 2003 年较 2002 年每增长 1%，其绝对量就增加 0.02 亿元，2005 年的工业产值较 2004 年每降低 1%，绝对量就减少 0.08 亿元。

为了对比分析社会经济现象的增长情况，必须将速度指标和绝对水平指标结合起来进行分析，通常是利用增长 1% 的绝对值来弥补速度分析中的局限性。

【例 5-2】假定有两个生产条件基本相同的企业，各年的利润额及有关的速度资料见表 5-4。

表 5-4　甲、乙两个企业各年的利润额及有关的速度资料

年　份	甲企业		乙企业	
	利润额/万元	增长率/%	利润额/万元	增长率/%
2004	500	—	60	—
2005	600	20	84	40

分析：如果不看利润额的绝对值，仅就速度对甲、乙两个企业进行分析评价，可以看出乙企业的利润增长速度比甲企业的高出了 1 倍，如果就此得出乙企业的生产经营业绩比甲企业好得多的结论是不切实际的。因为速度是一个相对值，它与对比的基期值的大小有很大关系。由于这两个企业的生产起点不同，也就是它们用作对比的基期值不同，所以必须通过计算增长

1%的绝对值来进行对比分析。

$$甲企业增长1\%的绝对值 = \frac{500}{100} = 5(万元)$$

$$乙企业增长1\%的绝对值 = \frac{60}{100} = 0.6(万元)$$

这表明,甲企业每增长1%增加的利润额为5万元,而乙企业的则为0.6万元,甲企业远高于乙企业。这表明甲企业的生产经营业绩不比乙企业差,而是更好。

【例5-3】已知某地区2002—2005年的工业产值资料见表5-5。

表5-5 某地区2002—2005年的工业产值资料

年份	2002	2003	2004	2005
工业产值/亿元	2	5	8	6

要求:计算增长量、发展速度、增长速度和增长1%的绝对值。

动态数列有关分析指标计算见表5-6。

表5-6 动态数列有关分析指标计算

年份	工业产值/亿元	增长量/亿元		发展速度/%		增长速度/%		增长1%的绝对值/亿元
		逐期	累计	环比	定基	环比	定基	
2002	2	—	—	—	100.00	—	—	—
2003	5	3	3	250.00	250.00	150.00	150.00	0.02
2004	8	3	6	160.00	400.00	60.00	300.00	0.05
2005	6	-2	4	75.00	300.00	-25.00	200.00	0.08

5.2.5 平均增长量

平均增长量是动态数列中逐期增长量的序时平均数,表明现象在一定时段内平均每期增加(或减少)的绝对量。其计算公式为:

$$\overline{\Delta} = \frac{\sum(a_i - a_{i-1})}{n}$$

或

$$\overline{\Delta} = \frac{a_n - a_0}{N - 1}$$

式中,$\overline{\Delta}$代表平均增长量,n代表逐期增长量的个数,N代表动态数列发展水平的项数,其他符号同前。

【例5-4】根据表5-6中的资料计算平均增长量为:

$$\overline{\Delta} = \frac{\sum(a_i - a_{i-1})}{n} = \frac{(5-2)+(8-5)+(6-8)}{3}$$

$$= \frac{3+3+(-2)}{3} = \frac{4}{3} = 1.33(万吨)$$

或，
$$\overline{\Delta} = \frac{a_n - a_0}{N-1} = \frac{6-2}{4-2} = \frac{4}{3} = 1.33(万吨)$$

5.2.6 平均发展水平

平均发展水平是对一个动态数列不同时期的发展水平求平均数，在统计上又称序时平均数或动态平均数。它与静态平均数(一般平均数)既有相同点，又存在明显的区别。相同点是：二者都是抽象现象在数量上的差异，以反映现象总体的一般水平。它们的区别是：第一，平均的对象不同，序时平均数平均的是总体在不同时间上的数量差异，一般平均数平均的是总体各单位在某一标志值上的数量差异；第二，时间状态不同，序时平均数是动态说明被研究现象本身在一段时间内的平均发展水平，一般平均数是静态说明总体各单位某个标志值的平均水平；第三，计算的依据不同，序时平均数的计算依据是时间数列，一般平均数的计算依据是变量数列。

由于动态数列中的数据资料不同，计算平均发展水平的方法也不一样，现分别进行介绍。

1. 总量指标动态数列平均发展水平的计算

总量指标动态数列包括时期数列和时点数列，这两种动态数列计算平均发展水平的方法是不一样的。

1) 时期数列平均发展水平的计算

时期数列平均发展水平的计算比较简单，采用的是简单算术平均法，其计算公式为：

$$\overline{a} = \frac{a_1 + a_2 + a_3 + \cdots + a_{n-1} + a_n}{n} = \frac{\sum a}{n}$$

式中，$a_1, a_2, a_3, \cdots, a_{n-1}, a_n$——现象各期发展水平；

$\overline{a}$——平均发展水平；

n——时期项数，其他符号同前。

【例 5-5】某百货公司 2005 年上半年的商品销售额资料见表 5-7。

表 5-7 某百货公司 2005 年上半年的商品销售额资料

月 份	1月	2月	3月	4月	5月	6月
销售额/万元	1050	1350	1500	1600	1650	1850

要求：计算该公司 2005 年上半年平均每月商品销售额。

$$\overline{a} = \frac{\sum a}{n} = \frac{1050 + 1350 + 1500 + 1600 + 1650 + 1850}{6}$$

$$= \frac{9000}{6} = 1500(万元)$$

2) 时点数列平均发展水平的计算

由时点数列计算平均发展水平时,根据掌握资料的不同而有不同的计算方法。时点可大可小,在社会经济统计实践中一般是把一天看做一个时点,即以"天"作为最小的时点单位,这样就把时点数列区分为连续时点数列和间断时点数列。如果每天都有时点数资料的就称为连续时点数列,否则就称为间断时点数列。

(1) 由连续时点数列计算平均发展水平。根据连续时点数列的登记间隔不同,又分为两种情况:

① 间隔相等的连续时点数列:这种时点资料是逐日登记的,如已知每天职工的出勤资料,求平均每天出勤人数,可采用简单算术平均法,其计算公式为:

$$\bar{a} = \frac{\sum a}{n}$$

【例 5-6】某单位职工星期一至星期五出勤人数资料见表 5-8。

表 5-8 某单位职工星期一至星期五出勤人数资料

时 间	星 期 一	星 期 二	星 期 三	星 期 四	星 期 五
人数/人	423	418	425	422	417

要求:试计算该单位职工本周平均每天的出勤人数。

$$\bar{a} = \frac{\sum a}{n} = \frac{423+418+425+422+417}{5} = \frac{2105}{5} = 421(人)$$

② 间隔不等的连续时点数列:有些现象不用每日登记,只需在发生变动时记录即可,例如单位的人事变动资料,可采用加权算术平均法,其计算公式为:

$$\bar{a} = \frac{\sum at}{\sum t}$$

式中,t——各时点水平所持续的间隔长度,其他符号同前。

【例 5-7】某企业 2005 年 6 月份职工人数资料见表 5-9。

表 5-9 某企业 2005 年 6 月份职工人数资料

日 期	1~6	7~16	17~26	27~30
职工人数/人	480	490	495	485

要求:试计算该企业 6 月份的平均职工人数。

$$\bar{a} = \frac{\sum at}{\sum t} = \frac{480 \times 6 + 490 \times 10 + 495 \times 10 + 485 \times 4}{6+10+10+4}$$

$$= \frac{14\,670}{30} = 489(人)$$

(2) 由间断时点数列计算平均发展水平。间断时点数列也分为间隔相等和间隔不相等两种情况：

① 间隔相等的间断时点数列：根据间隔相等的间断时点数列计算平均发展水平时，需要假设相邻两个时点数之间的变动是均匀的，这样就可用两个相邻时点数的简单算术平均数作为这段时间的平均数，由于间隔相等，无需加权，只需将所有两两相邻时点数的平均数再进行简单算术平均，便可求得全部时点数的平均数。如已知各月月初或月末职工人数，求平均职工人数，采用的就是这种办法，其计算公式为：

$$\bar{a} = \frac{\frac{a_1+a_2}{2}+\frac{a_2+a_3}{2}+\cdots+\frac{a_{n-1}+a_n}{2}}{n-1}$$

$$= \frac{\frac{a_1}{2}+a_2+a_3+\cdots+a_{n-1}+\frac{a_n}{2}}{n-1}$$

由于这个公式采用的是"两头一半加中间除以项数减一"的办法，故俗称首末折半法。

【例5-8】某企业2005年第一季度职工人数见表5-10。

表5-10　某企业2005年第一季度职工人数资料

日　　期	1月1日	2月1日	3月1日	4月1日
职工人数/人	800	820	830	880

要求：试计算该企业第一季度平均每月职工人数。

$$\bar{a} = \frac{\frac{a_1}{2}+a_2+a_3+\cdots+a_{n-1}+\frac{a_n}{2}}{n-1}$$

$$= \frac{\frac{800}{2}+820+830+\frac{880}{2}}{4-1} = \frac{2490}{3} = 830(人)$$

② 间隔不等的间断时点数列：如掌握的是间隔不等的间断时点资料，在间隔相等的间断时点数列的基础上需用不同的时点间隔长度作权数，用加权算术平均法计算平均发展水平，其公式如下：

$$\bar{a} = \frac{\frac{a_1+a_2}{2}t_1+\frac{a_2+a_3}{2}t_2+\cdots+\frac{a_{n-1}+a_n}{2}t_{n-1}}{\sum_{i=1}^{n-1}t_i}$$

【例5-9】某企业2005年钢材库存量资料见表5-11。

表 5-11 某企业 2005 年钢材库存量资料

日 期	1月1日	4月1日	9月1日	12月31日
钢材库存量/吨	22	24	18	16

要求:试计算该企业 2005 年平均每月钢材库存量。

$$\bar{a} = \frac{\frac{a_1 + a_2}{2}t_1 + \frac{a_2 + a_3}{2}t_2 + \cdots + \frac{a_{n-1} + a_n}{2}t_{n-1}}{\sum_{i=1}^{n-1} t_i}$$

$$= \frac{\frac{22+24}{2} \times 3 + \frac{24+18}{2} \times 5 + \frac{18+16}{2} \times 4}{12}$$

$$= \frac{69 + 105 + 68}{12} = \frac{242}{12} = 20.17(吨)$$

2. 相对指标动态数列平均发展水平的计算

相对指标分为静态相对指标和动态相对指标,相应的动态数列就有静态相对指标动态数列和动态相对指标动态数列之分。在这里,我们仅介绍静态相对指标动态数列平均发展水平的计算。动态相对指标动态数列平均发展水平的计算在平均发展速度中介绍。

前面已经讲到,静态相对数动态数列中的指标数值不能相加,因此,它的平均发展水平的计算不能由数列中的相对指标数值直接计算得到。由于静态相对指标动态数列中的每一个指标数值都是由两个总量指标数值对比得到的,所以计算其平均发展水平时,应先计算出其分子数列和分母数列的序时平均数,然后再将两个序时平均数加以对比得到。其计算公式为:

$$\bar{c} = \frac{\bar{a}}{\bar{b}}$$

式中,$\bar{c}$——相对数动态数列的平均发展水平;

$\bar{a}$——分子数列的平均发展水平;

$\bar{b}$——分母数列的平均发展水平。

应用这个公式的的关键是计算 $\bar{a}$ 和 $\bar{b}$。根据对比的分子和分母指标的性质不同,相对指标动态数列,分为两个时期指标对比形成的,两个时点指标对比形成的和一个时期指标与一个时点指标对比形成的三种情况。因而在计算其平均发展水平时应视具体的资料而采用上述相应的计算方法。

【例 5-10】某企业 2005 年各季度销售额、利润额及利润率资料见表 5-12。

表 5-12 某企业 2005 年各季度有关资料

季 度	销售额(b)/万元	利润额(a)/万元	利润率(c)/%
一	220	70.4	32

季 度	销售额(b)/万元	利润额(a)/万元	利润率(c)/%
二	240	79.2	33
三	250	87.5	35
四	280	100.8	36
合计	990	337.9	—

要求:试计算该企业 2005 年各季度的平均利润率。

例 5-10 中的相对指标动态数列即利润率动态数列是由两个时期数列对比形成的。因此,各季度的平均利润率计算为:

(1) 各季度平均利润额:

$$\overline{a} = \frac{\sum a}{n} = \frac{70.4 + 79.2 + 87.5 + 100.8}{4} = \frac{337.9}{4} = 84.475(万元)$$

(2) 各季度平均销售额:

$$\overline{b} = \frac{\sum b}{n} = \frac{220 + 240 + 250 + 280}{4} = \frac{990}{4} = 247.5(万元)$$

(3) 各季度平均利润率:

$$\overline{c} = \frac{\overline{a}}{\overline{b}} = \frac{84.475}{247.5} = 34.13\%$$

由于例 5-10 中的相对指标动态数列是由两个时期数列对比形成的,因此,其公式可以简写为:

$$\overline{c} = \frac{\overline{a}}{\overline{b}} = \frac{\sum a/n}{\sum b/n} = \frac{\sum a}{\sum b} = \frac{337.9}{990} = 34.13\%$$

【例 5-11】某企业职工人数及非生产人员人数资料见表 5-13。

表 5-13　某企业职工人数及非生产人员人数资料

日　期	1月1日	2月1日	3月1日	4月1日	5月1日	6月1日	7月1日
职工人数(b)/人	5000	5050	5070	5100	5130	5180	5200
非生产人数(a)/人	824	808	798	780	806	816	844
非生产人数占全体职工人数的比重(c)/%	16.48	16.00	15.74	15.29	15.71	15.75	16.23

要求:计算上半年非生产人员占全体职工人数的平均比重。

例 5-11 中的相对指标动态数列即非生产人数占全体职工人数比重的动态数列是由两个间隔相等的间断时点数列对比形成的。因此,上半年非生产人员占全体职工人数的平均比重计算如下:

(1) 上半年非生产人员平均人数：

$$\overline{a} = \frac{\frac{a_1}{2} + a_2 + a_3 + \cdots + a_{n-1} + \frac{a_n}{2}}{n-1}$$

$$= \frac{\frac{824}{2} + 808 + 798 + 780 + 806 + 816 + \frac{844}{2}}{7-1} = \frac{4842}{6} = 807(人)$$

(2) 上半年全体职工平均人数：

$$\overline{b} = \frac{\frac{b_1}{2} + b_2 + b_3 + \cdots + b_{n-1} + \frac{b_n}{2}}{n-1}$$

$$= \frac{\frac{5000}{2} + 5050 + 5070 + 5100 + 5130 + 5180 + \frac{5200}{2}}{7-1} = \frac{30630}{6} = 5105(人)$$

(3) 上半年非生产人员占全体职工人数的平均比重：

$$\overline{c} = \frac{\overline{a}}{\overline{b}} = \frac{807}{5105} = 15.81\%$$

【例 5-12】某企业 2005 年第二季度职工人数及产值资料见表 5-14。

表 5-14　某企业 2005 年第二季度职工人数及产值资料

月　　份	3	4	5	6
产值/百元	3600	3900	4200	4500
月末人数/人	60	64	68	72

要求：计算第二季度的每月平均劳动生产率。

例 5-12 中的平均指标动态数列即工人的劳动生产率动态数列虽然没有具体列出，但它是由一个时期数列和一个间隔相等的间断时点数列对比形成的。因此，第二季度的每月平均劳动生产率计算为：

(1) 第二季度平均每月产值：

$$\overline{a} = \frac{\sum a}{n} = \frac{3900 + 4200 + 4500}{3} = \frac{12600}{3} = 4200(百元)$$

(2) 第二季度平均每月人数：

$$\overline{b} = \frac{\frac{b_1}{2} + b_2 + b_3 + \cdots + b_{n-1} + \frac{b_n}{2}}{n-1} = \frac{\frac{60}{2} + 64 + 68 + \frac{72}{2}}{4-1} = \frac{198}{3} = 66(人)$$

(3) 第二季度的每月平均劳动生产率：

$$\overline{c} = \frac{\overline{a}}{\overline{b}} = \frac{4200}{66} = 63.64(百元/人)$$

3. 平均数动态数列平均发展水平的计算

平均数动态数列有一般(静态)平均数动态数列和序时(动态)平均数动态数列两种,这两种平均数动态数列计算平均发展水平的方法大不一样。

1) 静态平均数动态数列平均发展水平的计算

静态平均数动态数列,如前所述,各项指标数值也是不能相加的,其指标数值也是由两个总量指标数值对比计算得到的,因此,其平均发展水平的计算与静态相对指标动态数列平均发展水平的计算是完全相同的。

2) 序时平均数动态数列平均发展水平的计算

序时平均数动态数列的平均发展水平的计算方法有以下两种。

(1) 当各平均发展水平的计算时期和间隔相等时,可采用简单算术平均法计算平均发展水平,其公式为:

$$\bar{a} = \frac{\sum a}{n}$$

【例 5-13】某工厂 1 月份平均职工人数为 520 人,2 月份平均职工人数为 528 人,3 月份平均职工人数为 536 人,试计算第一季度月平均职工人数。

$$\bar{a} = \frac{\sum a}{n} = \frac{520 + 528 + 536}{3} = \frac{1584}{3} = 528(人)$$

(2) 当各平均发展水平的计算时期和间隔不等时,可采用加权算术平均法计算平均发展水平,其公式为:

$$\bar{a} = \frac{\sum at}{\sum t}$$

式中,t 代表指标数值的时间长度,其他符号同前。

【例 5-14】某工厂第一季度平均职工人数为 520 人,4 月份平均职工人数为 514 人,5、6 月份平均职工人数为 532 人,试计算上半年月平均职工人数。

$$\bar{a} = \frac{\sum at}{\sum t} = \frac{520 \times 3 + 514 \times 1 + 532 \times 2}{3 + 1 + 2} = \frac{3138}{6} = 523(人)$$

5.2.7 平均发展速度和平均增长速度

1. 平均发展速度和平均增长速度的意义

平均发展速度是各期环比发展速度的序时平均数,平均发展速度可以大于 100%,也可以小于 100%,反映社会经济现象在一定时期内逐期发展变化的一般速度。

平均增长速度是各期环比增长速度的序时平均数,平均增长速度可以为正值,也可以为负值。当平均增长速度为正值时,表明现象在一定时期内逐期增长的一般速度,也称为平均递增率;当平均增长速度为负值时,表明现象在一定时期内逐期降低的一般速度,也称为平均递减率。

平均增长速度不能直接根据环比增长速度计算,只能通过与平均发展速度的数量关系来进行,其计算公式为:

$$平均增长速度 = 平均发展速度 - 1(100\%)$$

计算平均发展速度和平均增长速度在社会经济统计中具有重要的作用。首先,可以比较分析国民经济在不同发展阶段的一般发展情况和增长情况;其次,可以为经济预测、编制年度计划和中长期规划,以及检查计划的执行情况提供数据资料;最后,可以在不同国民经济部门、不同地区、不同国家之间进行对比,找出差距、克服缺点,加速经济发展。

2. 平均发展速度和平均增长速度的计算

平均发展速度也是一种序时平均数,它不能用算术平均法来计算,根据要解决的问题不同,平均发展速度有两种计算方法,即几何法和方程法。

(1) 几何法,又称为水平法,其基本思想是:现象从最初水平出发,如果各期都以平均发展速度发展,那么最末一期的理论水平应与最末一期的实际水平相等。

设 $\bar{x}$ 为平均发展速度,a_0 为初始发展水平,则:

第一期的理论水平: $a_0 \bar{x}$

第二期的理论水平: $a_0 \bar{x} \bar{x} = a_0 \bar{x}^2$

第三期的理论水平: $a_0 \bar{x}^2 \bar{x} = a_0 \bar{x}^3$

⋮ ⋮

第 n 期的理论水平: $a_0 \bar{x}^{n-1} \bar{x} = a_0 \bar{x}^n$

由于各期实际水平分别为 $a_1, a_2, \cdots, a_{n-1}, a_n$,按照几何法的基本思想,则 $a_n = a_0 \bar{x}^n$,那么,

$$\bar{x} = \sqrt[n]{\frac{a_n}{a_0}}$$

式中,n 代表环比发展速度的项数,其他符号同前。这个计算平均发展速度的公式适用于掌握初始发展水平(最初水平)和最末水平的资料。

由于环比发展速度的连乘积等于定基发展速度,所以当掌握各个环比发展速度时,平均发展速度又可按下式计算:

$$\bar{x} = \sqrt[n]{x_1, x_2, x_3, \cdots, x_n} = \sqrt[n]{\prod x}$$

式中,$x_1, x_2, x_3, \cdots, x_n$ 代表现象各期环比发展速度;$\prod$ 是连乘号,表示该符号后面的变量值连乘。

若掌握 $\dfrac{a_n}{a_0}$ ($\dfrac{a_n}{a_0}$ 是最后一期的定期发展速度,也叫总发展速度)的具体数值则平均发展速度还可以直接根据总发展速度计算,其公式为:

$$\bar{x} = \sqrt[n]{R}$$

式中，R 代表总发展速度，它是 a_n 与 a_0 的比值。

由第 4 章的 4.2.1 节可知，若 $\dfrac{a_n}{a_0} = 2^m$，m 是番数，所以当掌握番数资料时，平均发展速度还可按 $\bar{x} = \sqrt[n]{2^m}$ 计算。

从上面的公式中可以看出，由于平均发展速度等于最末水平比最初水平的 n 次方根，所以按水平法计算的平均发展速度数值的大小，只取决于最末水平与最初水平的比值，而不反映中间各期水平的变化情况。

【例 5-15】某地区 2000—2005 年粮食产量及其发展速度资料见表 5-15。

表 5-15 某地区 2000—2005 年粮食产量及其发展速度资料

年 份	2000	2001	2002	2003	2004	2005
粮食产量/万吨	200	220	231	240	252	260
环比发展速度/%	—	110.00	105.00	103.90	105.00	103.17
定基发展速度/%	100.00	110.00	115.50	120.00	126.00	130.00

要求：试计算该地区以 2000 年为基期，2001—2005 年粮食产量的平均发展速度。

$$\bar{x} = \sqrt[n]{\dfrac{a_n}{a_0}} = \sqrt[5]{\dfrac{260}{200}} = 105.39\%$$

或，$\bar{x} = \sqrt[n]{\prod x} = \sqrt[5]{110\% \times 105\% \times 103.9\% \times 105\% \times 103.17\%} = 105.39\%$

$$\bar{x} = \sqrt[n]{R} = \sqrt[n]{130.00\%} = 105.39\%$$

【例 5-16】某企业 1994 年产品产量为 650 万吨，到 2000 年达到了 1000 万吨，问以 1994 年为基期，1995—2000 年间该企业产品产量的年平均增长速度是多少？若按此速度发展，预测 2005 年的产品产量？若在 2000 年产品产量的基础上到 2005 年翻两番，则平均发展速度应达到多少？

① 因为 $a_0 = 650$，$a_n = 1000$，$n = 6$，所以，

$$\bar{x} - 1 = \sqrt[n]{\dfrac{a_n}{a_0}} - 1 = \sqrt[6]{\dfrac{1000}{650}} - 1 = 107.44\% - 100\% = 7.44\%$$

② 由于 $\bar{x} = 107.44\%$，且 $\bar{x} = \sqrt[5]{\dfrac{a_{2005}}{a_{2000}}}$，所以，

$$a_{2005} = a_{2000} \times (\bar{x})^5 = 1000 \times (107.44\%)^5 = 1431.63(万吨)$$

③ 由于 $a_0 = 1000$，$a_n = 1000 \times 2^2 = 4000$，所以，

$$\bar{x} = \sqrt[n]{\dfrac{a_n}{a_0}} = \sqrt[5]{\dfrac{4000}{1000}} = 131.95\%$$

或，$\bar{x} = \sqrt[n]{2^m} = \sqrt[5]{2^2} = 131.95\%$

【例 5-17】已知某厂 2000—2005 年的产值资料见表 5-16。

表 5-16　某厂 2000—2005 年产值资料

年　份	2000	2001	2002	2003	2004	2005
产值/万元	(100)	(132)	(150)	(162)	(170.10)	(180)
逐期增长量/万元	—	(32)	(18)	(12)	(8.10)	(9.90)
环比增长速度/%	—	(32)	(13.64)	(8)	(5)	(5.82)
定基增长速度/%	—	(32)	(50)	(62)	(70.10)	(80)
增长1%的绝对值/万元	—	(1)	(1.32)	(1.50)	(1.62)	(1.70)

要求：利用指标间的关系填充空格中的数字，并以 2000 年为基期，计算该厂 2001—2005 年间产值的年平均增长量和年平均增长速度。

$$\overline{\Delta} = \frac{a_n - a_0}{N - 1} = \frac{180 - 100}{6 - 1} = \frac{80}{5} = 16(万元)$$

$$\bar{x} - 1 = \sqrt[n]{\frac{a_n}{a_0}} - 1 = \sqrt[5]{\frac{180}{100}} - 1 = 12.47\%$$

(2) 方程法，又称为累计法，是运用代数的高次方程式来计算社会经济现象平均发展速度的方法。其基本思想是：现象从最初水平出发，每期都按照平均发展速度发展，则推算出来的各期发展水平总和，就等于各期实际发展水平的累计数。

设 $\bar{x}$ 为平均发展速度，a_0 为初始发展水平，则：

第一期的理论水平：$a_0 \bar{x}$

第二期的理论水平：$a_0 \bar{x} \bar{x} = a_0 \bar{x}^2$

第三期的理论水平：$a_0 \bar{x}^2 \bar{x} = a_0 \bar{x}^3$

　　　……

第 n 期的理论水平：$a_0 \bar{x}^{n-1} \bar{x} = a_0 \bar{x}^n$

因此，按照平均发展速度计算的各期理论发展水平之和为：

$$a_0 \bar{x} + a_0 \bar{x}^2 + a_0 \bar{x}^3 + \cdots + a_0 \bar{x}^n = a_0(\bar{x} + \bar{x}^2 + \bar{x}^3 + \cdots + \bar{x}^n)$$

由于，各期实际水平之和为：

$$a_1 + a_2 + a_3 + \cdots + a_n = \sum_{i=1}^{n} a_i$$

所以，按照方程法的基本思想，理论水平总和与实际水平总和两者相等，则可列出如下方程式：

$$a_0(\bar{x} + \bar{x}^2 + \bar{x}^3 + \cdots + \bar{x}^n) = \sum_{i=1}^{n} a_i$$

即：
$$\overline{x} + \overline{x}^2 + \overline{x}^3 + \cdots + \overline{x}^n = \frac{\sum_{i=1}^{n} a_i}{a_0}$$

移项得
$$\overline{x} + \overline{x}^2 + \overline{x}^3 + \cdots + \overline{x}^n - \frac{\sum_{i=1}^{n} a_i}{a_0} = 0$$

这是一个一元高次方程,它的正根就是所求的平均发展速度。将平均发展速度减1,就得到平均增长速度。由于累计法计算复杂,实际工作中为了简化计算,可从累计法《平均增长速度查对表》中查得平均增长速度,再计算平均发展速度。

累计法查对表由两部分组成,一部分为递增表,一部分为递减表。如果 $\frac{\sum_{i=1}^{n} a_i}{a_0} \div n > 1$ 或 100%时,则表明现象的发展是递增的,应查递增表;如果 $\frac{\sum_{i=1}^{n} a_i}{a_0} \div n < 1$ 或 100%,则表明现象的发展是递减的,应查递减表。

下面,我们举例说明如何应用查表法来求平均发展速度和平均增长速度。

【例 5-18】假设某地区 2000—2005 年原油产量资料见表 5-17。

表 5-17　某地区 2000—2005 年原油产量资料

年　　份	原油产量/万吨	年　　份	原油产量/万吨
2000	6120	2003	8393
2001	6773	2004	9279
2002	7537	2005	9859

第一步,计算各期发展水平总和为基数的百分比,即, $\frac{\sum_{i=1}^{n} a_i}{a_0}$

$$\frac{\sum_{i=1}^{n} a_i}{a_0} = \frac{a_1 + a_2 + a_3 + a_4 + a_5}{a_0} \times 100\%$$
$$= \frac{6773 + 7537 + 8393 + 9279 + 9859}{6120} \times 100\%$$
$$= \frac{41\ 841}{6120} \times 100\% = 683.68\%$$

第二步,计算递增或是递减速度,

$$\frac{\sum_{i=1}^{n} a_i}{a_0} \div n = \frac{683.68\%}{5} = 136.74\% \geqslant 100\%$$

计算结果属于递增速度,需查累计法查对表的递增表。

第三步,查表,见表 5-18。在累计法查对表中的 $n=5$ 的栏内,找到最接近 683.68% 的数字为 683.34%,该数值所在行左边第一栏内百分比为 10.6%,即为所求得的平均增长速度。则该地区 2001—2005 年原油产量的平均发展速度为 100% + 10.6% = 110.6%。

表 5-18 累计法查对表(部分)

平均增长速度/%	各年发展水平总和为基数的百分比/%				
	1 年	2 年	3 年	4 年	5 年
⋮	⋮	⋮	⋮	⋮	⋮
10.4	110.40	232.28	366.84	515.39	679.39
10.5	110.50	232.60	367.52	516.61	681.35
10.6	110.60	232.92	368.21	517.84	683.34
10.7	110.70	233.24	368.90	519.07	685.32
10.8	110.80	233.57	369.59	520.31	687.30
10.9	110.90	233.89	370.28	521.54	689.29
11.0	111.00	234.21	370.97	522.78	691.29
⋮	⋮	⋮	⋮	⋮	⋮

以上介绍了计算平均发展速度和平均增长速度的两种方法,这两种方法的侧重点不同,应该根据研究对象的不同特点来选用。如果研究的主要目的侧重于考察现象最末一期的发展水平,则宜采用水平法计算平均发展速度,例如产品产量、工业总产值、商品销售额和职工人数等均可采用这种方法。如果研究的主要目的侧重于考察现象发展的整个过程的总和,则宜采用累计法计算平均发展速度,例如固定资产投资额、住宅面积、造林面积、人员培训数等均可采用这种方法。

5.3 动态数列的趋势分析

对社会经济现象进行动态分析,除了编制动态数列、计算各种动态分析指标之外,还需要进一步揭示现象的长期趋势和季节变动的规律,这对于克服盲目性、预见未来,做好各项工作等都具有十分重要的现实意义。

5.3.1 长期趋势分析

1. 长期趋势分析的意义

所谓长期趋势就是指由于某种根本性原因的影响,使社会经济现象在较长时期内,呈现持续增加向上发展或持续减少向下发展的一种趋势或状态。如随着我国社会主义市场经济的发展,我国国民生产总值、人均粮食产量、人均纯收入等近些年来都呈不断上升的趋势。

长期趋势分析是指测定动态数列在根本原因影响下,在相当长的时间内沿着一定方向有倾向性变动的规律性。它是动态数列趋势分析的重点。长期趋势分析的主要目的和意义体现在两个方面:第一是能够正确反映社会经济现象发展变化的方向和趋势,认识其发展变化的规律性;第二是能够为统计预测和决策提供必要的依据。

2. 长期趋势分析的方法

长期趋势分析的方法有很多,常用的有时距扩大法、移动平均法、最小平方法。现分别进行介绍。

1) 时距扩大法

时距扩大法也称为间隔扩大法,是测定长期趋势最原始、最简单的方法。它是指将原动态数列中若干时期资料加以合并,得出扩大间隔的较大时距单位的新动态数列,以消除由于时距较短而受偶然因素影响所引起的不规则变动,反映现象发展变化长期趋势的分析方法。

【例5-19】某商场各月商品销售额资料见表5-19。

表5-19　某商场各月商品销售额资料

月　份	1	2	3	4	5	6	7	8	9	10	11	12
销售额/万元	40	43	52	43	44	52	53	47	51	55	54	56

从表5-19中可以看出,数列变化趋势并不明显,即各月之间的商品销售额起伏不定,用该动态数列并不能清楚地反映出该商场商品销售额的变动趋势,现将月商品销售额资料整理为季商品销售额资料,见表5-20所示。

表5-20　某商场各季度商品销售额资料

季　度	第一季度	第二季度	第三季度	第四季度
销售额/万元	135	139	151	165

从表5-20中可以看出,时距扩大后的资料,可以明显地显示出该商场商品销售额呈现出逐渐增长的趋势。

在使用时距扩大法时,应注意三点:第一,扩大的时距单位的大小,应以时距扩大后的数列能正确反映长期趋势为准。若现象有明显变动周期的,扩大后的时距一般与现象的变动周期相同;若现象无明显变动周期的,可以逐步扩大时距,直至显现出现象变动的长期趋势。第二,为了保持动态数列资料的可比性,同一数列前后的时距单位应当一致。第三,时距扩大法只适用于时期数列。

2) 移动平均法

移动平均法是根据动态数列资料,采用逐项递推移动的方法,分别计算一系列指标数值的序时平均数,形成一个新的动态数列,以反映现象长期趋势的方法。采用移动平均法修匀动态数列可以削弱或消除短期的偶然因素的影响,从而呈现出明显的长期趋势。

现以表 5-21 中某商场某年的商品销售额资料为例,采用三项移动平均法和五项移动平均法来对原动态数列进行修匀。见表 5-22。

表 5-21　某商场某年的商品销售额资料

月　份	1	2	3	4	5	6	7	8	9	10	11	12
销售额/万元	4	7	8	6	9	8	12	10	8	14	17	15

表 5-22　移动平均法计算表

月　份	销售额/万元	三项移动平均数	五项移动平均数
1	4	—	—
2	7	6.33	—
3	8	7.0	6.8
4	6	7.67	7.6
5	9	7.67	8.6
6	8	9.67	9.0
7	12	10	9.4
8	10	10	10.4
9	8	10.67	12.2
10	14	13	12.8
11	17	15.33	—
12	15	—	—

从表 5-22 中可以看出,利用移动平均法修匀后的动态数列资料,可以明显地显示出该商场商品销售额呈现出逐渐增长的趋势。

在运用移动平均法修匀动态数列时,应当注意以下三点。

- 采用移动平均法计算出来的新数列比原动态数列的项数要少,为了便于看出发展趋势,确定移动平均的项数要视具体情况而定,一般不宜太多;
- 一般情况下,如果现象的发展具有一定的自然周期,应根据周期确定被移动平均的项数;
- 移动平均法,选择奇数项移动平均比较简单方便,一次即可得到趋势值。采用偶数项移动平均时,需要二次平均才可得到趋势值。

3)最小平方法

最小平方法又称为最小二乘法,是长期趋势分析中较常用的统计方法。这种方法的基本原理是运用一定的数学模型,对原动态数列配合一条适当的趋势线,据此以进行长期趋势分析。根据最小平方法的基本原理,若要找到一条最佳趋势线,必须使原动态数列的实际观测值 y 与趋势线方程式中的趋势值 y_c 离差平方之和为最小,即:

$$\sum(y - y_c)^2 = 最小值$$

上述等式表明用最小平方法拟合的趋势线比用其他任何方法拟合的趋势线都理想。用最小平方法既可以拟合直线趋势方程，也可以拟合曲线趋势方程，这里只讲授直线趋势方程的拟合方法。

设直线趋势方程为：

$$y_c = a + bt$$

式中，y_c——趋势值；

t——时间序号；

a——截距，即 $t=0$ 时 y_c 的初始值；

b——斜率，表示时间 t 每变动一个单位时，趋势值 y_c 的平均变动数量。

在动态数列不同时间的观察值的基础上，根据最小平方法的基本原理，若 $\sum(y-y_c)^2 = $ 最小值，便可推导出关于 a、b 的二元一次方程组为：

$$\begin{cases} \sum y = na + b\sum t \\ \sum ty = a\sum t + b\sum t^2 \end{cases}$$

解上面这个方程组，可推导出直线趋势方程中两个待定参数 a、b 的直接计算公式为：

$$b = \frac{n\sum ty - \sum t \sum y}{n\sum t^2 - (\sum t)^2}$$

$$a = \frac{\sum y}{n} - b\frac{\sum t}{n} = \bar{y} - b\bar{t}$$

【例 5-20】某地区 1996—2005 年粮食产量资料见表 5-23。

表 5-23　某地区 1996—2005 年粮食产量资料

年　份	产量/吨	年　份	产量/吨
1996	230	2001	257
1997	236	2002	262
1998	241	2003	276
1999	246	2004	281
2000	252	2005	286

要求：用最小平方法建立直线趋势方程，测定该地区粮食产量的长期趋势值，并预测 2008 年的粮食产量。

现根据表 5-23 中的资料列出最小平方法的计算数据，见表 5-24。

表 5-24　最小平方法计算表

年　份	时间变量(t)	粮食产量(y)/吨	ty	t^2	y_c
1996	1	230	230	1	228.15
1997	2	236	472	4	234.49

年　份	时间变量(t)	粮食产量(y)/吨	ty	t^2	y_c
1998	3	241	723	9	240.84
1999	4	246	984	16	247.18
2000	5	252	1260	25	253.53
2001	6	257	1542	36	259.87
2002	7	262	1834	49	266.22
2003	8	276	2208	64	272.56
2004	9	281	2529	81	278.91
2005	10	286	2860	100	285.25
合计	55	2567	14 642	385	2567.00

依据表中数据可得：

$$b = \frac{n\sum ty - \sum t \sum y}{n\sum t^2 - (\sum t)^2} = \frac{10 \times 14\,642 - 55 \times 2567}{10 \times 385 - 55^2}$$

$$= \frac{146\,420 - 141\,185}{3850 - 3025} = \frac{5235}{825} = 6.3455(吨)$$

$$a = \frac{\sum y}{n} - b\frac{\sum t}{n} = \frac{2567}{10} - 6.35 \times \frac{55}{10}$$

$$= \frac{2567 - 6.35 \times 55}{10} = 221.8(吨)$$

那么，直线趋势方程为：$y_c = 221.8 + 6.3455t$

该地区 1996—2005 年粮食产量的趋势值见表 5-24 最后一列。

若要预测 2008 年的粮食产量，取 $t = 13$，则

$$y_c = 221.8 + 6.3455 \times 13 = 304.29(吨)$$

在以上计算中，时间变量 t 是从小到大排列的，若能使 $\sum t = 0$，则可简化求 a、b 的计算，其公式为：

$$b = \frac{n\sum ty - \sum t \sum y}{n\sum t^2 - (\sum t)^2} = \frac{\sum ty}{\sum t^2}$$

$$a = \frac{\sum y}{n} - b\frac{\sum t}{n} = \frac{\sum y}{n} = \bar{y}$$

为了做到使 $\sum t = 0$，当动态数列为奇数项时，可取动态数列的中间一项序号为 0，以上各项依次为 $-1, -2, -3, \cdots$，以下各项依次为 $1, 2, 3, \cdots$，当动态数列为偶数项时，可把动态数列居中的两项分别编号为 -1 和 1，以上各项依次为 $-3, -5, -7, \cdots$，以下各项依次为 $3, 5, 7, \cdots$

现仍以表 5-23 中某地区 1996—2005 年粮食产量资料为例进行说明，编制最小平方法计算数据见表 5-25。

表 5-25　编制最小平方方法计算表

年　份	时间变量(t)	粮食产量(y)/吨	ty	t^2	y_c
1996	−9	230	−2070	81	228.15
1997	−7	236	−1652	49	234.49
1998	−5	241	−1205	25	240.84
1999	−3	246	−738	9	247.18
2000	−1	252	−252	1	253.53
2001	1	257	257	1	259.87
2002	3	262	786	9	266.22
2003	5	276	1380	25	272.56
2004	7	281	1967	49	278.91
2005	9	286	2574	81	285.25
合计	0	2567	1047	330	2567.00

依据表中数据可得：

$$b = \frac{\sum ty}{\sum t^2} = \frac{1047}{330} = 3.1727(吨)$$

$$a = \frac{\sum y}{n} = \frac{2567}{10} = 256.7(吨)$$

那么，直线趋势方程为：$y_c = 256.7 + 3.1727t$

若要预测 2008 年粮食产量，取 $t = 15$，则

$$y_c = 256.7 + 3.1727 \times 15 = 304.29(吨)$$

上例中用两种方法计算出的直线趋势方程是不一样的，一个是 $y_c = 221.8 + 6.3455t$，另一个是 $y_c = 256.7 + 3.1727t$，这是因为所取的原点和时间距离不同所致。第一种方法的原点是 1996 年初，时间距离是 1，而第二种方法的原点是 2000 年末或 2001 年初，时间距离是 2。但是不管采取哪种方法所得出的预测值是一样的，两种方法测算的该地区 1996—2005 年粮食产量的趋势值分别见表 5-24 与表 5-25，其结果是一样的，2008 年的粮食预测产量都是 304.29 吨。

5.3.2　季节变动分析

1. 季节变动及其测定的目的

所谓季节变动就是客观现象由于受自然因素和生产或生活条件的影响，在一年内随着季节的更换而引起的有规律的周期性变动。在现实生活中，季节变动是一种极为普遍的现象，例如农业生产，有农忙农闲和淡、旺季之分，并且年复一年，大体相同；又如冬季取暖器、围巾、手套等的销售量就比较大；铁路客运量的高峰期出现在春节和"黄金周"前后等。

对现象季节变动进行分析和研究，可以确定现象过去的季节变化规律，根据这种规律性以

便做好预测和决策,及时组织生产和运输,安排好市场供应。

2．季节变动分析的方法

测定季节变动的方法很多,从其是否考虑受长期趋势的影响来看,有两种方法:一种不考虑长期趋势的影响,直接根据原始的动态数列来计算,常用的方法是按月(季)平均法;另一种是先将动态数列中的长期趋势予以消除,而后再根据新动态数列进行计算,常用的方法是移动平均趋势剔除法。我们在这里只讲授按月(季)平均法。但不管采用哪种方法来测定季节变动,都必须用至少三年的资料作为基本数据进行计算分析,这样才能较好地消除偶然因素的影响,更为准确地反映现象季节变动的规律性。

【例5-21】某商业企业某商品2003—2005年各月的销售量资料见表5-26。

表5-26 某商业企业某商品2003—2005年各月的销售量资料　　　单位:百件

月　份	2003年	2004年	2005年
1	116	145	180
2	154	210	245
3	220	312	325
4	392	520	535
5	642	684	710
6	1642	1872	1923
7	2810	3120	3350
8	1204	1382	1576
9	384	482	625
10	183	248	437
11	125	130	258
12	95	112	166

要求:采用按月平均法计算季节指数。

表5-27 季节指数计算表　　　单位:百件

顺　序	年份 月份	2003年	2004年	2005年	合　计	平均数	季节指数/%
(甲)	(乙)	(1)	(2)	(3)	(4)	(5)	(6)
1	1	116	145	180	441	147	19.23
2	2	154	210	245	609	203	26.56
3	3	220	312	325	857	285.67	37.38
4	4	392	520	535	1447	482.33	63.11
5	5	642	684	710	2036	678.67	88.80
6	6	1642	1872	1923	5437	1812.33	237.13

续表

顺　序	年份 / 月份	2003	2004	2005	合　计	平均数	季节指数/%
(甲)	(乙)	(1)	(2)	(3)	(4)	(5)	(6)
7	7	2810	3120	3350	9280	3093.33	404.74
8	8	1204	1382	1576	4162	1387.33	181.52
9	9	384	482	625	1491	497	65.03
10	10	183	248	437	868	289.33	37.86
11	11	125	130	258	513	171	22.37
12	12	95	112	166	373	124.33	16.27
13	合计	7967	9217	10 330	27 514	9171.32	1200
14	平均数	663.92	768.08	860.83	2292.83	764.28	100

按月(季)平均法是直接根据原动态数列通过简单算数平均来计算季节指数的一种方法。其具体的计算步骤如下：

第一步，列表，将各年同月(季)的数值列在同一行(或同一列)内；

第二步，根据各年的月(季)数值计算出历年同月(季)的平均数，即表 5-27 中(5)栏的各月数据，它消除了各年偶然因素的影响；

第三步，根据每年 12 个月(4 个季)的数值计算出每年的月(季)平均数，即表 5-27 中的 14 行的各年数据，它消除了每年季节变动的影响；

第四步，计算出全部数值总的月(季)平均数，表 5-27 中三年 36 个月的月平均数为 764.28 万元，它有三种计算方法：一是 $\frac{27\ 514}{36}$；二是 $\frac{2292.83}{3}$；三是 $\frac{9171.32}{12}$，总月(季)平均数既消除了各年偶然因素的影响，又消除了每年季节变动的影响。

第五步，计算出各月(季)平均数与总月(季)平均数的百分比，即季节指数。其计算公式为：

$$季节指数 = \frac{同月(季)平均数}{总月(季)平均数} \times 100\%$$

如 1 月份的季节指数为：$\frac{147}{764.28} \times 100\% = 19.23\%$，2 月份的季节指数为：$\frac{203}{764.28} \times 100\% = 26.56\%$，余者以此类推，见表 5-27 的(6)栏。

由于现象存在季节变动，计算出的各月(季)季节指数的数值在 100% 上下摆动，大于 100% 的为旺季，小于 100% 的为淡季。

表 5-27 中的季节指数说明：该企业的该种商品销售量从 1 月份逐渐上升，到 7 月份达到最高峰，随后，又逐月下降，到 12 月份最低。掌握了这些规律，该企业就可以按各月的情况合理安排人力、物力和财力，组织好购销活动，这样既可以满足市场的需求，又可以增加企业的收益。

通过计算季节指数，根据其季节变动规律，结合其他预测方法，也可以预测现象某年的各月(季)的发展情况。具体方法是:将年预测值除以 12(或 4),求得各月(季)的平均预测值,再将各月(季)平均预测值乘以各月(季)的季节指数,即可得到现象预测年各月(季)的预测值。

【例 5-22】 某地区 2003—2005 年各季度苹果销售量资料见表 5-28,季节指数计算见表 5-29。

表 5-28　某地区 2003—2005 年各季度苹果销售量资料　　　　单位:吨

季度 年份	第一季度	第二季度	第三季度	第四季度
2003	620	80	828	1980
2004	655	86	835	2000
2005	660	79	808	1980

要求:根据表中资料计算季节指数,假定 2006 年苹果销售量经预测得知为 4000 吨,计算各季度的预测值。

表 5-29　季节指数计算表　　　　单位:吨

季度 年份	第一季度	第二季度	第三季度	第四季度	合计	平均数
2003	620	80	828	1980	3508	877
2004	655	86	835	2000	3576	894
2005	660	79	808	1980	3527	881.75
合计	1935	245	2471	5960	10611	2652.75
平均数	645	81.67	823.67	1986.67	3537	884.25
季节指数/%	72.94	9.24	93.15	224.67	400	100

平均每季销售量 = 4000 ÷ 4 = 1000(吨)
第一季度销售量为:1000 × 72.94% = 729.4(吨)
第二季度销售量为:1000 × 9.24% = 92.4(吨)
第三季度销售量为:1000 × 93.15% = 931.5(吨)
第四季度销售量为:1000 × 224.67% = 2246.7(吨)

本章小结

本章主要讲述了动态数列的意义、动态数列的分析指标、动态数列的长期趋势和季节变动的测定等问题。

动态数列,是把反映某种社会经济现象的一系列统计指标数值按时间先后顺序编排所形成的数列,又称时间数列或时间序列,它由两个基本要素所构成:一是资料所属的时间;二是对应时间上的指标数值。动态数列包括总量指标动态数列、相对指标动态数列和平均指标动态数列三种类型。编制动态数列时必须保证数列中各个指标之间的可比性,具体来说,可比性包括四个方面的具体内容:一是时间长短应该可比;二是总体范围大小应该一致;三是指标的经济内容应该相同;四是指标计算方法、计量单位应该统一。

动态数列分析指标汇总和趋势测定汇总分别见表 5-30 和表 5-31。

表 5-30 动态数列分析指标汇总表

指标名称和适用的现象		计 算 公 式	作　　用
发展水平		通常用 $a_0, a_1, a_2, \cdots, a_{n-1}, a_n$ 表示	反映现象在一定时期或时点上所达到的规模或水平
增长量	逐期增长量	报告期水平 − 前一期水平 = $a_i - a_{i-1}$	反映报告期比基期增加(减小)的绝对数量
	累计增长量	报告期水平 − 某一固定基期水平 = $a_i - a_0$	
发展速度	环比发展速度	$\dfrac{\text{报告期水平}}{\text{前一期水平}} = \dfrac{a_i}{a_{i-1}}$	表明报告期水平已发展到基期水平的几分之几或若干倍
	定基发展速度	$\dfrac{\text{报告期水平}}{\text{固定基期水平}} = \dfrac{a_i}{a_0}$	
增长速度	环比增长速度	$\dfrac{\text{逐期增长量}}{\text{前一期水平}} = $ 环比发展速度 $- 1(100\%)$	表明报告期水平比基期水平增长(或降低)了百分之几或若干倍
	定基增长速度	$\dfrac{\text{累计增长量}}{\text{固定基期水平}} = $ 定基发展速度 $- 1(100\%)$	
增长1%的绝对值		$\dfrac{\text{前一期水平}}{100} = \dfrac{a_{i-1}}{100}$	表明每增长1%包含的绝对量
平均增长量		$\overline{\Delta} = \dfrac{\sum(a_i - a_{i-1})}{n} = \dfrac{a_n - a_0}{n-1}$	反映现象的平均增长水平
平均发展水平	时期数列	$\bar{a} = \dfrac{\sum a}{n}$	反映现象在一段较长时期内发展的一般水平,便于同类现象在不同发展阶段进行比较分析
	间隔相等的连续时点数列	$\bar{a} = \dfrac{\sum a}{n}$	
	间隔不等的连续时点数列	$\bar{a} = \dfrac{\sum at}{\sum t}$	
	间隔相等的间断时点数列	$\bar{a} = \dfrac{\dfrac{a_1}{2} + a_2 + a_3 + \cdots + a_{n-1} + \dfrac{a_n}{2}}{n-1}$	
	间隔不等的间断时点数列	$\bar{a} = \dfrac{\dfrac{a_1+a_2}{2}t_1 + \dfrac{a_2+a_3}{2}t_2 + \cdots + \dfrac{a_{n-1}+a_n}{2}t_{n-1}}{\sum_{i=1}^{n-1} t_i}$	
	静态相对(平均)数动态数列	$\bar{c} = \dfrac{\bar{a}}{\bar{b}}$	
	动态平均数动态数列	$\bar{a} = \dfrac{\sum a}{n}$ 或 $\bar{a} = \dfrac{\sum at}{\sum t}$	

指标名称和适用的现象		计算公式	作用
平均发展速度	侧重考察最末一期的水平	$\bar{x} = \sqrt[n]{\dfrac{a_n}{a_0}} = \sqrt[n]{\prod x} = \sqrt[n]{R} = \sqrt[n]{2^m}$	反映现象在一个较长时期内逐期平均发展变化的速度
	侧重考察整个过程的总和	$\bar{x} + \bar{x}^2 + \bar{x}^3 + \cdots + \bar{x}^n - \dfrac{\sum_{i=1}^{n} a_i}{a_0} = 0$	
平均增长速度		平均发展速度 $-1(100\%)$	反映现象在一个较长时期内逐期平均增长变化的速度

表 5-31 趋势测定汇总表

趋势类型	测定方法	
	名称	内容
长期趋势	时距扩大法	将原动态数列中若干时期资料合并,得出扩大时距的新动态数列,来反映现象发展变化的长期趋势。
	移动平均法	对动态数列资料,采用逐项递推移动平均的方法,计算一系列序时平均数,形成一个新的动态数列,以反映现象的长期趋势。
	最小平方法	直线趋势方程为:$y_c = a + bt$ 其中,$b = \dfrac{n\sum ty - \sum t \sum y}{n\sum t^2 - (\sum t)^2}$ $\quad b = \dfrac{\sum ty}{\sum t^2}$ 或 $a = \dfrac{\sum y}{n} - b\dfrac{\sum t}{n} = \bar{y} - b\bar{t}$ $\quad a = \dfrac{\sum y}{n} = \bar{y}$
季节变动	按月(季)平均法	季节指数 $= \dfrac{\text{同月(季)平均数}}{\text{总月(季)平均数}} \times 100\%$

思考题

5-1 什么是动态数列?其基本构成要素是什么?

5-2 动态数列有哪些种类?

5-3 什么是时期数列和时点数列?两者之间有什么区别?

5-4 编制动态数列应当遵循哪些原则?

5-5 什么是增长量、发展速度和增长速度?两种增长量有何关系?两种发展速度有何关系?发展速度和增长速度有何关系?

5-6 简述增长1%的绝对值的概念和计算方法。

5-7 什么是平均发展水平?一般平均数与平均发展水平有什么异同点?

5-8 什么是平均发展速度的水平法？如何计算？适用什么现象？
5-9 常用的长期趋势测定的方法有哪些？
5-10 什么是季节变动？研究它的意义何在？如何测定季节变动？

填空题

5-1 动态数列由两个基本要素所构成：即（　　）和（　　）。
5-2 编制动态数列的基本原则是（　　）。
5-3 相应的逐期增长量（　　）等于累计增长量。
5-4 相应的环比发展速度的（　　）等于定期发展速度。
5-5 根据间隔相等的间断时点数列计算平均发展水平应采用的方法，俗称（　　）。
5-6 平均发展速度有两种计算方法，即（　　）和（　　）。
5-7 常用的长期趋势分析的方法有：（　　）、（　　）和（　　）。
5-8 测定季节变动，若不考虑长期趋势的影响，直接根据原始的动态数列来计算，常用的方法是（　　）。

单选题

5-1 动态数列中，每个指标数值相加有意义的是（　　）。
A．时期数列　　　B．时点数列　　　C．相对数数列　　　D．平均数数列
5-2 按几何平均法计算的平均发展速度侧重考察现象的（　　）。
A．末期发展水平　　　　　　　B．初期发展水平
C．中间各项发展水平　　　　　D．整个时期各发展水平的总和
5-3 累计增长量与其相应的各逐期增长量的关系表现为（　　）。
A．累计增长量等于相应各逐期增长量之和
B．累计增长量等于相应各逐期增长量之差
C．累计增长量等于相应各逐期增长量之积
D．累计增长量等于相应各逐期增长量之商
5-4 已知某地区 2000 年的粮食产量比 1900 年增长了 1 倍，比 1995 年增长了 0.5 倍，那么 1995 年粮食产量比 1990 年增长了（　　）。
A．0.33 倍　　　B．0.50 倍　　　C．0.75 倍　　　D．2 倍
5-5 已知一个数列的环比增长速度分别为 3%、5%、8%，则该数列的定基增长速度为（　　）。
A．3% × 5% × 8%　　　　　　　B．103% × 105% × 108%
C．(3% × 5% × 8%) + 1　　　　D．(103% × 105% × 108%) − 1

5-6 企业生产的某种产品2002年比2001年增长了8%,2003年比2001年增长了12%,则2003年比2002年增长了(   )。

A．3.7%　　　　B．50%　　　　C．4%　　　　D．5%

5-7 已知某地区1949年至2001年各年的平均人口数资料,计算该地区人口的年平均发展速度应开(   )。

A．50次方　　　B．51次方　　　C．52次方　　　D．53次方

5-8 一个时间序列共有30年的数据,若采用5年移动平均修匀时间序列,修匀后的时间序列共有(   )数据。

A．30项　　　　B．28项　　　　C．25项　　　　D．26项

5-9 按几何平均法计算的平均发展速度,可以使(   )。

A．推算的各期水平之和等于各期实际水平之和

B．推算的末期水平等于末期实际水平

C．推算的各期增长量等于实际的逐期增长量

D．推算的各期定基发展速度等于实际的各期定基发展速度

5-10 现象若无季节变动,则季节比率应(   )。

A．为0　　　　B．为1　　　　C．大于1　　　　D．小于1

多选题

5-1 下列动态数列中,哪些属于时点数列(   )。

A．全国每年大专院校毕业生人数　　B．全国每年大专院校年末在校学生数

C．某商店各月末商品库存额　　　　D．某企业历年工资总额

E．全国每年末居民储蓄存款余额

5-2 序时平均数与一般平均数不同,它(   )。

A．是根据时间序列计算的　　　　　B．是根据变量数列计算的

C．只能根据绝对数时间序列计算　　D．说明现象在不同时期数值的一般水平

E．说明总体各单位某个数量标志的一般水平

5-3 简单算术平均数适合于计算(   )的序时平均数。

A．时期数列　　　　　　　　　　　B．间隔不等的间断时点数列

C．间隔相等的间断时点数列　　　　D．间隔不等的连续时点数列

E．间隔相等的连续时点数列

5-4 用于分析现象发展水平的指标有(   )。

A．发展速度　　B．发展水平　　C．平均发展水平

D．增减量　　　E．平均增减量

5-5 定基增长速度等于(   )。

A．定基发展速度 - 1　　　　　　　　B．环比发展速度的连乘积
C．环比增长速度的连乘积　　　　　　D．环比增长速度加 1 后的连乘积再减 1
E．累计增长量除以最初水平

5-6　增长百分之一的绝对值（　　）。
A．表示增加一个百分点所增加的绝对量　　B．表示增加一个百分点所增加的相对量
C．等于前期水平除以 100　　　　　　　　D．等于前期水平除以 100%
E．等于逐期增长量除以环比增长速度

5-7　某企业 1997 年产值为 2000 万元，2001 年产值为 1997 年的 150%，则（　　）。
A．年平均增长速度为 12.5%　　　　　　B．年平均增长速度为 8.45%
C．年平均增长速度为 10.67%　　　　　　D．年平均增长量为 200 万元
E．年平均增长为 250 万元

5-8　某现象的季节指数为 260%，说明该现象（　　）。
A．有季节变化　　　　　　　　　　B．无季节变化
C．现阶段是旺季　　　　　　　　　D．现阶段是淡季
E．市场前景好

判断题

5-1　按品质标志分组形成的数列不属于动态数列。（　　）
5-2　编制动态数列的可比性原则就是指一致性。（　　）
5-3　两个相邻的定基发展速度，用后者除以前者等于后期的环比发展速度。（　　）
5-4　环比增长速度的连乘积等于相应年份的定基增长速度。（　　）
5-5　平均增长速度是环比增长速度的几何平均数。（　　）

技能实训题

【实训 1】某农户 2004 年 1 月份至 3 月份饲养兔子 552 只，4 月 1 日出售 182 只，6 月 1 日购进 80 只，11 月 1 日繁殖了 36 只，2005 年 1 月 31 日出售 205 只，求该农户 2004 年平均每月兔子的饲养量。

【实训 2】某工业企业某年一季度有关资料见表 5-32。

表 5-32　某工业企业某年一季度有关资料

月　份	一	二	三	四
工业总产值/万元	180	160	200	190
月初工人数/人	600	580	620	600

要求：试计算第一季度平均每月劳动生产率。

【实训3】某厂某年一月份某产品的库存资料见表5-33。

表5-33　某厂某年一月份某产品的库存资料

日　期	1-3日	4-8日	9-14日	15-18日	19-25日	26-30日	31日
库存量/吨	38	42	39	23	2	16	8

要求：试计算一月份的平均库存量。

【实训4】某企业2005年职工人数资料见表5-34。

表5-34　某企业2005年职工人数资料

时　间	1月1日	5月1日	8月1日	12月31日
职工人数/人	440	482	490	510

要求：试计算该企业2005年平均职工人数。

【实训5】某企业2005年上半年工业总产值和劳动生产率资料见表5-35。

表5-35　某企业2005年上半年工业总产值和劳动生产率资料

月　份	1	2	3	4	5	6
工业总产值/万元	360	384.4	416	456.4	482.48	500
工人劳动生产率/(万元/人)	0.60	0.62	0.65	0.70	0.74	0.80

要求：试计算该企业上半年工人平均每月劳动生产率。

【实训6】某商场2000—2005年商品销售额统计数据见表5-36。

表5-36　某商场2000—2005年商品销售额统计数据

年　份	2000	2001	2002	2003	2004	2005
销售额/万元	800	895	1070	1342	1785	2356

要求：

（1）计算各年逐期增长量、累计增长量。

（2）计算各年环比发展速度、定基发展速度及相应的增长速度。

（3）计算增长1%的绝对值。

（4）以2000年为基期，计算2001—2005年的年平均增长量、年平均发展速度和年平均增长速度。

【实训7】某企业1998—2005年的有关资料见表5-37。

表 5-37 某企业 1998—2005 年的有关资料

年　　度	1998	1999	2000	2001	2002	2003	2004	2005
逐期增长量/吨	2.5	3	4	5.5	2.3	3.6	4.2	3

已知该企业 2000 年的产量为 40 吨。

要求：

(1) 计算各年的产量及每年的环比发展速度。

(2) 以 1998 年为基期，计算 1999—2005 年该企业产量的平均增长量和平均增长速度。

【实训 8】某地区 2000 年底人口数为 5000 万人，假定以后每年以 8‰的增长率增长；又假定该地区 2000 年粮食产量为 350 亿斤，要求到 2005 年平均每人粮食达到 1000 斤，试计算 2005 年的粮食产量应该达到多少斤？粮食产量每年平均增长速度如何？

【实训 9】某企业 2005 年的投资回收额为 520 万元，如果以后每年增长 25.3%，问多少年才能达到 1000 万元？

【实训 10】某地区粮食产量 1999 年是 1995 年的 135.98%，2001 年较 1999 年增长 30.12%，2001—2005 年每年递增 6%，试求 1996—2005 年的平均发展速度。

【实训 11】某家用电器厂 2001—2005 年的电视机产量资料见表 5-38。

表 5-38 某家用电器厂 2001—2005 年的电视机产量资料

年　　份	2001	2002	2003	2004	2005
产量/万台	240	225	270	320	340

要求计算：

(1) 电视机产量的年平均增长量。

(2) 电视机产量的年平均增长速度。

(3) 用最小平方法配合电视机产量的直线趋势方程，并预测 2008 年的电视机产量。

【实训 12】某企业 1996—2005 年利润额资料见表 5-39。

表 5-39 某企业 1996—2005 年利润额资料

年　　份	利润额/万元	年　　份	利润额/万元
1996	40	2001	52
1997	42	2002	54
1998	44	2003	56
1999	46	2004	58
2000	48	2005	60

要求：

(1) 用移动平均法（五项移动平均）确定上表资料的长期趋势。

(2) 试用最小平方法求直线趋势方程,并预测该企业 2010 年的利润额。

【实训 13】某地区某种商品销售额资料见表 5-40。

表 5-40　某地区某种商品销售额资料　　　　　　　　　　　单位:万元

季度 年份	第一季度	第二季度	第三季度	第四季度
2003	40	380	560	62
2004	67	685	1240	88
2005	142	1070	1450	98

要求:试计算该种商品销售额的季节指数,假定 2006 年销售额的预测值为 3000 万元,试计算各季度销售额的预测值。

第 6 章　统计指数分析技术

📖 **本章知识技能要点与要求**

- 理解统计指数的概念、种类和作用
- 重点掌握综合指数和平均指数的编制原理与方法
- 能运用指数体系进行总量指标的两因素分析
- 理解平均指标指数体系及其应用

6.1　统计指数的意义

6.1.1　指数的概念

统计指数不是从来就有的,它是随着社会经济的发展而产生与发展的。指数是从物价的变动中产生的,由反映一种商品价格变动的指数发展成反映多种商品价格变动的指数,由反映物价变动的指数发展成反映经济领域各个方面变动的指数,由反映现象动态变动的指数发展成反映现象静态变动的指数。当前,指数被广泛地用来进行社会经济现象变动的因素分析。

统计指数简称指数,有广义和狭义两种含义。广义指数是指同类社会经济现象数量对比的相对数,如前面讲过的计划完成相对数、比较相对数、动态相对数等都属于广义指数的范畴。狭义指数是一种特殊的相对数,是指用来说明不能直接相加、对比的复杂社会经济现象总体数量变动的相对数,如综合反映所有商品销售价格变动的相对数,就属于狭义指数的范畴。狭义指数是本章研究的重点。

6.1.2　指数的种类

为了便于对指数进一步分析研究,必须从不同的角度对指数加以分类。

1. 个体指数、组(类)指数和总指数

指数按说明对象的范围不同分为个体指数、组(类)指数和总指数。个体指数是说明个别社会经济现象数量变动的相对数,如说明某种商品价格变动的相对数,称为价格个体指数。总指数是综合说明所有社会经济现象总体数量变动的相对数,如反映全部商品价格变动的相对数,称为价格总指数。组(类)指数是介于个体指数与总指数之间的指数,实际上它是一定总体范围的总指数,如反映生活消费品价格变动的指数。总指数具有两个性质:一是综合性,即总指数反映了全部现象综合变动的结果;二是平均性,即总指数反映的是全部现象相对变动的一般水平。

上述三种指数中,总指数是指数方法论中的重点。

2. 数量指标指数和质量指标指数

指数按说明对象的特征不同分为数量指标指数和质量指标指数。数量指标指数是指反映数量指标变动的相对数,如反映商品销售量变动的指数、反映工业产品产量变动的指数等。质量指标指数是指反映质量指标变动的相对数,如反映价格变动的指数、反映单位产品成本变动的指数等。

数量指标指数和质量指标指数的编制原理与方法不同。

此外,为了不同的研究目的,可以选择不同的标准对指数进行分类。

6.1.3 指数的作用

1. 可以反映现象变动的方向和程度

现象变动的方向和程度,可以从相对数和绝对数两个方面来说明。变动的方向从相对数上说,是大于100%还是小于100%;从绝对数上说是正数还是负数。变动的程度从相对数上说,大于100%时大于多少,小于100%时小于多少;从绝对数上说,正数增加多少,负数减少多少。指数可以从这两个方面说明现象变动的方向和程度。

2. 可以进行因素分析

任何现象都不是孤立存在的,而是直接或者间接地与其他事物联系着。因此,现象的变动总是受到许多因素的影响,其中之一,影响因素是以积的形式对现象进行影响的。如商品销售额受销售量和销售价格两个因素的影响,且销售额等于销售量与销售价格之积。指数可对现象的变动进行因素分析,就是对这种现象的变动进行因素分析,即利用指数分析商品销售额的变动中受商品销售量变动和商品销售价格变动的影响。

3. 可进行变动趋势分析

由于指数可以反映全部现象动态变动的程度,所以,将全部现象不同时间的指标值对比所形成的指数按时间先后排列成指数数列,借助指数数列就可对全部现象的发展变化趋势进行分析,以预测未来。

6.2 综合指数

编制总指数有综合指数法和平均指数法两大方法。本节介绍综合指数法,下一节介绍平均指数法。

6.2.1 综合指数的意义

综合指数是由两个综合的总量指标对比形成的总指数。所谓综合的总量指标是指其可以分解成两个或两个以上因素指标,且因素指标的关联形式是乘积式,在这两个综合的总量指标对比过程中,将其中一个或一个以上因素指标加以固定,以观察某一因素指标的变动情况,它是编制总指数的基本形式。例如,以 p 表示商品销售价格,q 表示商品销售量,"1"表示报告期,"0"表示基期,则利用公式 $\dfrac{\sum q_1 p_0}{\sum q_0 p_0}$ 计算的结果即为商品销售量总指数的综合指数形式。

在综合指数的编制中,被固定的因素指标称为同度量因素,要反映的因素指标称为指数化因素。可见,同度量因素是指使不能直接相加的现象转化为能够直接相加现象的媒介因素;指数化因素是指数所要研究的对象。如前例中,基期销售价格 p_0 为同度量因素,销售量 q 为指数化因素。

同度量因素在编制综合指数中具有重要作用:第一,媒介作用。它能使不能直接相加的现象转化成可以直接相加的现象,利用可以相加现象的对比,来反映不可直接相加现象的数量总变动;第二,权数作用。同度量因素数值较大的指数化因素指标的变动,在总指数中起的作用就较大,反之就较小,所以同度量因素又称作权数。

6.2.2 数量指标综合指数的编制

数量指标指数,有产品产量指数、商品销售量指数等。下面以商品销售量指数为例来说明数量指标综合指数的编制。

【例 6-1】某商店三种商品的销售量和销售价格资料见表 6-1。

表 6-1 某商店三种商品的销售量和销售价格资料

商品	单位	销售量		销售价格/元	
		基期	报告期	基期	报告期
(甲)	(乙)	q_0	q_1	p_0	p_1
甲	件	100	110	8	9
乙	千克	120	114	4	5
丙	米	150	180	10	9

如果计算各种商品的销售量个体指数,则用各种商品的报告期销售量除以基期销售量即可。以 k_q 表示销售量个体指数,则:

$$k_q = \dfrac{q_1}{q_0}$$

那么,$k_{q甲} = \dfrac{110}{100} = 110\%$ $k_{q乙} = \dfrac{114}{120} = 95\%$ $k_{q丙} = \dfrac{180}{150} = 120\%$

计算结果表明,各种商品销售量报告期与基期相比的变化情况不同,甲商品销售量增加10%,乙商品销售量减少5%,丙商品销售量增加20%。

研究商品销售量的变动,不仅是研究各种商品销售量的变动,而且更重要的是研究所有商品销售量的综合变动,为企业管理或国民经济的宏观管理提供必要的信息,这就需要计算商品销售量总指数。用综合指数法编制商品销售量总指数,必须解决以下两个问题。

第一,同度量因素的确定。政治经济学的理论告诉我们,任何商品都是使用价值和价值的对立统一体,使用价值使商品在物理、化学属性上有差别,使其不能直接相加,但价值却使商品具有同一性,因商品的价值是凝结在商品中的人类的一般劳动,所以商品的价值可以进行综合。具体地说,商品销售量不能直接相加,但商品的销售额却可以直接相加,而商品销售额包括商品销售量和商品价格两个因素,这样,就可以把不能直接相加的商品销售量,乘上商品价格便可过渡到能够直接相加的商品销售额。商品价格就是使不能直接相加的销售量转化成可加销售额的同度量。商品销售量是数量指标,商品价格是质量指标,这样,可得出一个结论:指数化因素是数量指标时,以质量指标为同度量因素。

第二,同度量因素时期的选择。统计指数研究的最终目的是综合反映不能直接相加现象的数量总变动,因此必须把同度量因素固定在某一时期上,使其不变。如研究商品销售量的综合变动,必须把商品价格这个同度量因素固定在某个时期上,使商品价格不变,这样两个销售额的对比,才能反映商品销售量的总变动。即:

$$\bar{k}_q = \frac{\sum q_1 p}{\sum q_0 p}$$

式中,$\bar{k}_q$ 为销售量总指数,其他符号同前。

商品价格有基期和报告期两个,用哪个时期的价格作同度量因素呢?按指数的编制理论,商品价格这个同度量因素应固定在基期上,其主要理由是编制商品销售量总指数不仅要研究商品销售量的综合变动,而且还要研究由于商品销售量的变动所带来的实际经济效果。以基期商品价格为同度量因素编制的销售量总指数就能反映商品销售量的纯变动所带来的经济效果,否则以报告期的商品价格为同度量因素编制的销售量总指数就没有这种实际意义。

下面以表6-1的资料加以说明,见表6-2。

表6-2 某商店三种商品销售量指数和价格指数计算表

商品名称	计量单位	销售量		销售价格/元		销售额/元			
		基期	报告期	基期	报告期	基期实际	报告期实际	假定	假定
(甲)	(乙)	q_0	q_1	p_0	p_1	$q_0 p_0$	$q_1 p_1$	$q_1 p_0$	$q_0 p_1$
甲	件	100	110	8	9	800	990	880	900
乙	千克	120	114	4	5	480	570	456	600
丙	米	150	180	10	9	1500	1620	1800	1350
合计	—	—	—	—	—	2780	3180	3136	2850

以基期的商品价格为同度量因素,则商品销售量综合指数为:

$$\bar{k}_q = \frac{\sum q_1 p_0}{\sum q_0 p_0} = \frac{3136}{2780} = 112.81\%$$

计算结果表明,三种商品的销售量报告期比基期平均增加了12.81%,若把上式的分子、分母结合起来分析,可以看出其分子是报告期商品销售量按基期商品价格计算的假定商品销售额,分母是基期的商品实际销售额,分子与分母之差,即:

$$\sum q_1 p_0 - \sum q_0 p_0 = 3136 - 2780 = 356(元)$$

说明按基期商品价格计算,由于报告期商品销售量的增长而增加销售额356元,反映了销售量的纯变动所带来的经济效果。反之,若以报告期的商品价格为同度量因素,则商品销售量综合指数为:

$$\bar{k}_q = \frac{\sum q_1 p_1}{\sum q_0 p_1} = \frac{3180}{2850} = 111.58\%$$

计算结果表明,三种商品的销售量报告期比基期平均增加了11.58%,若把上式的分子、分母结合起来分析,可以看出其分子是报告期的商品实际销售额,分母是基期商品销售量按报告期商品价格计算的假定商品销售额,分子与分母之差,即:

$$\sum q_1 p_1 - \sum q_0 p_1 = 3180 - 2850 = 330(元)$$

说明按报告期价格计算,由于销售量的增长而增加的销售额是330元,这里不仅仅是销售量这个因素变动的影响,还包含着价格由基期变到报告期这个因素的影响,所以,以报告期商品价格为同度量因素计算的商品销售量总指数就不能反映销售量的纯变动所带来的经济效果。

综上所述,可得出以下两点结论:

- 商品销售量总指数的综合指数公式为: $\bar{k}_q = \dfrac{\sum q_1 p_0}{\sum q_0 p_0}$
- 数量指标综合指数编制的一般原则:编制数量指标综合指数时,以基期的质量指标为同度量因素。

6.2.3 质量指标综合指数的编制

质量指标指数,有产品价格指数、商品销售价格指数、产品单位成本指数等。下面以商品销售价格指数为例来说明质量指标综合指数的编制。

现仍以表6-1的资料说明。

如果计算各种商品的销售价格个体指数,则用各种商品的报告期销售价格除以基期销售价格即可。以k_p表示销售价格个体指数,则:

$$k_p = \frac{p_1}{p_0}$$

那么，$k_{p甲} = \dfrac{9}{8} = 112.5\%$ $k_{p乙} = \dfrac{5}{4} = 125\%$ $k_{p丙} = \dfrac{9}{10} = 90\%$

计算结果表明各种商品销售价格变动程度不同,甲商品销售价格上升12.5%,乙商品销售价格上升25%,丙商品销售价格下降10%。

研究商品销售价格的变动,不仅是研究各种商品销售价格的变动,而且更重要的是研究所有商品销售价格的综合变动。为国家制定物价政策,研究人民生活水平的变化情况等提供必要的信息,需要计算商品销售价格总指数。用综合指数编制商品销售价格总指数同样也要解决两个问题。

第一,同度量因素的确定。三种商品的价格都是单位商品价值的货币表现,从表面上看,商品价格可以相加,但三种商品的使用价值不同,计量单位不同,把不同商品的价格加在一起既不能反映所有商品价格的总体情况,也没有任何意义。因此,为了综合反映三种商品销售价格的总体变动,也必须寻找同度量因素,把不能直接相加的商品销售价格转化成可以直接相加的另外一种现象。根据商品销售额等于商品销售量乘以商品销售价格的内在关系,把商品销售价格,乘上商品销售量转化成能够直接相加的商品销售额。因此,商品销售量便是计算商品销售价格指数的同度量因素。同理,也得出这样一个结论:指数化因素是质量指标时,以数量指标为同度量因素。

第二,同度量因素时期的选择。为了反映商品销售价格的综合变动,不仅要确定同度量因素,而且还要将同度量因素固定在某个时期上。目前,编制商品销售价格指数,是以报告期的商品销售量为同度量因素的。以报告期商品销售量作编制商品销售价格总指数的同度量因素,一方面具有现实经济意义,反映由于商品销售价格的变动所带来的实际经济效果;另一方面能保持指数体系的完整性。如表6-2的资料,以报告期的商品销售量为同度量因素,则商品销售价格综合指数为:

$$k_p = \dfrac{\sum q_1 p_1}{\sum q_1 p_0} = \dfrac{3180}{3136} = 101.4\%$$

式中,k_p为价格总指标,其他符号同前。

计算结果表明,三种商品的销售价格报告期比基期平均上升了1.4%。若把上式的分子、分母结合起来分析,可以看出其分子是报告期的商品实际销售额,分母是基期商品销售价格按报告期商品销售量计算的假定商品销售额,分子与分母之差,即:$\sum q_1 p_1 - \sum q_1 p_0 = 3180 - 3136 = 44$元,说明报告期销售的三种商品,由于销售价格的上升而增加的商品销售额是44元,反映了报告期销售的商品由于价格的变动所带来的经济效果。反之,若以基期的商品销售量为同度量因素,则商品销售价格综合指数为:

$$\overline{k}_p = \dfrac{\sum q_0 p_1}{\sum q_0 p_0} = \dfrac{2850}{2780} = 102.52\%$$

计算结果表明,三种商品销售价格报告期比基期平均上升了2.52%,若把上式的分子、分母结合起来分析,可以看出其分子是报告期的商品销售价格按基期商品销售量计算的假定商品销售额,分母是基期的商品实际销售额,分子与分母之差,即:$\sum q_0p_1 - \sum q_0p_0 = 2850 - 2780 = 70$ 元,说明的是假定由于报告期商品销售价格的上升而使基期销售的商品所增加的商品销售额,而基期销售的商品已是过去的事情,所以,以基期商品销售量为同度量因素编制的商品销售价格总指数就没有实际意义。

综上所述,同样可以得出以下两点结论。

- 商品销售价格总指数的综合指数公式为:$\overline{k}_p = \dfrac{\sum q_1p_1}{\sum q_1p_0}$

- 质量指标综合指数编制的一般原则:编制质量指标综合指数时,以报告期的数量指标为同度量因素。

上述是编制综合指数确定同度量因素的一般原则,在不同的研究目的和情况下,可用不同的同度量因素。实际工作中,为研究各个时期产品产量的变动情况,便于不同时期产品产量指数的比较,常采用不变价格作同度量因素编制产品产量总指数。这样,产品产量总指数的综合指数公式为:

$$k_q = \dfrac{\sum q_1 p_n}{\sum q_0 p_n}$$

式中,p_n 为不变价格,其他符号同前。

【例 6-2】某地区三种产品产量及不变价格资料见表 6-3。

表 6-3 某地区三种产品产量及不变价格资料

产品名称	单 位	产 品 产 量		1990 年不变价格/元	工业总产值/元	
		1993 年	1994 年		1993 年	1994 年
(甲)	(乙)	q_0	q_1	p_n	$q_0 p_n$	$q_1 p_n$
甲	辆	1000	1200	150	150 000	180 000
乙	吨	500	550	60	30 000	33 000
丙	件	800	900	50	40 000	45 000
合计	—	—	—	—	220 000	258 000

根据上表资料,按 1990 年不变价格计算的三种产品产量总指数为:

$$\overline{k}_q = \dfrac{\sum q_1 p_n}{\sum q_0 p_n} = \dfrac{258\,000}{220\,000} = 117.27\%$$

以不变价格编制的产品产量指数,其同度量因素 p_n 既不是基期的,也不是报告期的,而是国家根据客观情况确定的某一年的平均出厂价格为不变价格,并在一段时间内相对稳定,长期使用。采用不变价格编制的产品产量指数的最大优点:一是使编制工作简单;二是可把产品产量作动态对比,以研究产品产量的发展变化趋势。不变价格也不是永久固定不变的,而是相对固定不变的。新中国成立以来,国家统计局先后五次制定了全国统一的工业产品不变价格和农产品不变价格,即从 1949 年到 1957 年使用 1952 年工(农)业产品不变价格;从 1957 年到 1971 年使用 1957 年不变价格;从 1971 年到 1981 年使用 1970 年不变价格;从 1981 年到 1991

年使用 1980 年不变价格;从 1991 年开始使用 1990 年不变价格。这样按不同年份的不变价格编制的产品产量总指数也不能直接对比,必须消除不变价格的变动影响后才能对比。消除的办法就是计算换算系数,其公式为:

$$换算系数 = \frac{\sum(q_{交替年} \times p_{新的不变价格})}{\sum(q_{交替年} \times p_{旧的不变价格})}$$

换算系数是新旧两种不变价格按交替年份的产量计算的总产值而对比的相对数,它实质上是一种物价指数。

【例 6-3】某厂 1978—1984 年的总产值资料见表 6-4。

表 6-4 某厂 1978—1984 年总产值资料

年 份	总产值/万元		按 80 年不变价格计算的总产值	产量指数/%	
	按 70 年不变价格计算	按 80 年不变价格计算		定 基	环 比
1978	180	—	144	100.0	—
1979	240	—	192	133.3	133.3
1980	280	—	224	155.6	116.7
1981	330	264	264	183.3	117.9
1982	—	290	290	201.4	109.8
1983	—	308	308	213.9	106.2
1984	—	335	335	232.6	108.8

据上表可得换算系数为:

$$\overline{k}_p = \frac{\sum q_{81} p_{80}}{\sum q_{81} p_{70}} = \frac{264}{330} = 80\%$$

将 1978、1979、1980 年按 70 年不变价格计算的总产值乘上换算系数就可调整为按 80 年不变价格计算的总产值。如调整后的 1979 年总产值为:

$$240 \times 80\% = 192(万元)$$

将 1978—1984 年的总产值,调整为按 1980 年不变价格计算的总产值后,计算出的指数就可以比较,且定基指数等于相应的环比指数的连乘积。

如:$232.6\% = 133.3\% \times 116.7\% \times 117.9\% \times 109.8\% \times 106.2\% \times 108.8\%$

6.3 平均指数

6.3.1 平均指数的意义

平均指数是以个体指数为变量值,利用一定的权数采用加权平均数形式而编制的总指数。利用平均指数编制总指数有三个要点:一是先计算个体指数;二是确定一个合理的权数;三是选择合适的加权平均形式。

平均指数是计算总指数的另一种重要方法。

6.3.2 平均指数的计算形式

1. 加权算术平均指数

以商品销售量指数为例讨论加权算术平均指数。设销售量个体指数 $k_q = \dfrac{q_1}{q_0}$，所需要的权数为 f，则商品销售量总指数的加权算术平均数指数公式为：$\bar{k}_q = \dfrac{\sum k_q f}{\sum f}$

对上述公式进行如下讨论。

（1）当 $f = q_0 p_0$ 时，则：

$$\bar{k}_q = \frac{\sum k_q q_0 p_0}{\sum q_0 p_0} = \frac{\sum \frac{q_1}{q_0} q_0 p_0}{\sum q_0 p_0} = \frac{\sum q_1 p_0}{\sum q_0 p_0}$$

由此可见，当权数 f 是基期商品实际销售额 $q_0 p_0$ 时，销售量总指数的加权算术平均指数是其综合指数的变形，称为综合指数变形的加权算术平均指数。

下面以销售量总指数为例来说明作为综合指数变形的加权算术平均指数的应用。

【例 6-4】某商店三种商品的销售资料见表 6-5。

表 6-5 某商店三种商品销售资料

商品名称	计量单位	销售量		销售量个体指数	基期销售额 /元	假定销售额 /元
		基期	报告期			
（甲）	（乙）	q_0	q_1	$k_q = \dfrac{q_1}{q_0}$	$q_0 p_0$	$k_q q_0 p_0$
甲	件	100	110	1.10	800	880
乙	千克	120	114	0.95	480	456
丙	米	150	180	1.20	1500	1800
合计	—	—	—	—	2780	3136

根据上表资料计算三种商品销售量总指数。

第一，计算三种商品销售量个体指数，$k_q = \dfrac{q_1}{q_0}$，见表 6-5。

第二，确定权数，即以各种商品基期的实际销售额（$q_0 p_0$）作权数。

第三，选择加权平均的形式，即采用加权算数平均的形式，则三种商品销售量总指数的加权算术平均指数公式为：

$$\bar{k}_q = \frac{\sum k_q q_0 p_0}{\sum q_0 p_0} = \frac{3136}{2780} = 112.81\%$$

$$\sum k_q q_0 p_0 - \sum q_0 p_0 = 3136 - 2780 = 356(元)$$

计算结果表明，三种商品销售量报告期比基期平均增长 12.81%，由于销售量报告期比基期的增加而增加销售额 356 元。这与综合指数的计算结果是完全相同的。

（2）当 $f = W \neq q_0 p_0$ 时，则：

$$\overline{k}_q = \frac{\sum k_q W}{\sum W} \neq \frac{\sum q_1 p_0}{\sum q_0 p_0}$$

可见，当权数 f 不是基期商品实际销售额 $q_0 q_0$ 时，销售量总指数的加权算术平均指数不是其综合指数的变形，而是一种独立的总指数计算方法，称为固定权数的加权算术平均指数。

实际工作中，固定权数的加权算术平均指数常用于编制商品零售价格总指数。计算公式为：

$$\overline{k}_p = \frac{\sum k_p W}{\sum W}$$

式中，$\overline{k}_p$ 为商品零售价格总指数；k_p 为所选代表规格品的价格个体指数，计算方法同前；W 为固定权数，它是各类商品零售额在商品零售总额中所占的比重，各类的权数之和均为 100，一经确定后一定时期内固定不变。商品零售价格总指数采取分层逐级计算的办法。下面举例说明其计算方法与过程。

【例 6-5】 某市某年某月商品零售价格资料及相关计算资料见表 6-6。

表 6-6 某市某年某月商品零售价格资料及相关计算资料

类别及品名	代表规格品	计量单位	平均价格/元		权 数	以基期价格为 100	
			上年同月	本月		指数	指数×权数
			p_0	p_1	W	k_p 或 $\overline{k}_p$	$k_p W$
（甲）	（乙）	（丙）	（1）	（2）	（3）	（4）=（2）/（1）或 （4）=$\sum$(5)/$\sum$(3)	（5）=（3）×（4）
总指数					100	111.9	
一、食品类					51	113.8	5803.8
1. 粮食					18	112.7	2028.6
（1）细粮					95	112.6	10 697.0
面粉	富强	千克	2.60	2.80	8	107.7	861.6
大米	标二	千克	2.20	2.50	80	113.6	9088.0
糯米	标二	千克	3.00	3.60	2	120.0	240.0
挂面	富强	千克	2.80	3.00	10	107.1	1071.0
（2）粗粮					5	115.0	575.0
2. 油脂					3	110.0	330.0
3. 肉禽蛋					22	122.5	2695.0
4. 水产品					8	105.0	840.0
5. 鲜菜					13	120.0	1560.0
6. 干菜					2	104.5	209.0
7. 鲜果					8	108.4	867.2
8. 干果					6	110.3	661.8
9. 其他食品					20	109.6	2192.0
二、饮料、烟酒类					12	103.0	1236.0
⋮					⋮	⋮	⋮
十四、机电产品类					10	100.0	1000.0

第一步,计算每一代表规格品的价格个体指数。其公式为:$k_p = \dfrac{p_1}{p_0}$

如表中面粉、大米、糯米、挂面四个代表规格品的价格个体指数分别为 107.7%、113.6%、120.0% 和 107.1%。

第二步,用公式 $\bar{k}_p = \dfrac{\sum k_p W}{\sum W}$ 计算小类指数。如表中细粮小类价格指数为:

$$\bar{k}_{细粮} = \dfrac{107.7\% \times 8 + 113.6\% \times 80 + 120\% \times 2 + 107.1\% \times 10}{8 + 80 + 2 + 10} = 112.6\%$$

第三步,仍用公式 $\bar{k}_p = \dfrac{\sum k_p W}{\sum W}$ 顺次计算中类、大类及总指数。如表中,

粮食中类价格指数为:$\bar{k}_{粮食} = \dfrac{112.6\% \times 95 + 115\% \times 5}{95 + 5} = 112.7\%$

食品大类价格指数为:$\bar{k}_{食品} = \dfrac{112.7\% \times 18 + 110\% \times 3 + \cdots + 109.6\% \times 20}{18 + 3 + \cdots + 20} = 113.8\%$

零售价格总指数为:$\bar{k}_{总指数} = \dfrac{113.8\% \times 51 + 103\% \times 12 + \cdots + 100\% \times 10}{51 + 12 + \cdots + 10} = 111.9\%$

2. 加权调和平均指数

以商品销售价格指数为例讨论加权调和平均指数。设价格个体指数 $k_p = \dfrac{p_1}{p_0}$,所需的权数为 m,则商品销售价格总指数的加权调和平均指数形式为:

$$\bar{k}_p = \dfrac{\sum m}{\sum \dfrac{m}{k_p}}$$

对上面这个公式进行以下讨论。

(1) 当 $m = q_1 p_1$ 时,则:

$$\bar{k}_p = \dfrac{\sum m}{\sum \dfrac{m}{k_p}} = \dfrac{\sum q_1 p_1}{\sum \dfrac{q_1 p_1}{\dfrac{p_1}{p_0}}} = \dfrac{\sum q_1 p_1}{\sum q_1 p_0}$$

由此可见,当权数 m 为报告期商品实际销售额 $q_1 p_1$ 时,价格总指数的加权调和平均指数是其综合指数的变形,称为综合指数变形的加权调和平均指数。

下面以价格指数为例来说明作为综合指数变形的加权调和平均指数的应用。

【例 6-6】某商店三种商品的销售资料见表 6-7。

表 6-7 某商店三种商品的销售资料

商品名称	计量单位	销售价格/元		价格个体指数	报告期销售额/元	假定销售额/元
		基期	报告期			
(甲)	(乙)	p_0	p_1	$k_p = \dfrac{p_1}{p_0}$	$q_1 p_1$	$\dfrac{1}{k_p} q_1 p_1$
甲	件	8	9	1.125	990	880
乙	千克	4	5	1.250	570	456
丙	米	10	9	0.900	1620	1800
合计	—	—	—	—	3180	3136

根据上表资料计算三种商品销售价格总指数:

第一,计算三种商品销售价格个体指数,其公式为:$k_p = \dfrac{p_1}{p_0}$,见表 6-7;

第二,确定权数,即以各种商品报告期的实际销售额($q_1 p_1$)作权数;

第三,选择加权平均的形式,即采用加权调和平均的形式,则三种商品销售价格总指数的加权调和平均指数公式为:

$$\overline{k_p} = \frac{\sum q_1 p_1}{\sum \dfrac{1}{k_p} q_1 p_1} = \frac{3180}{3136} = 101.4\%$$

$$\sum q_1 p_1 - \sum \frac{1}{k_p} q_1 p_1 = 3180 - 3136 = 44(元)$$

计算结果表明,三种商品销售价格报告期比基期平均增长 1.4%,报告期价格的上涨使报告期销售的商品增加销售额 44 元。这与综合指数的计算结果是完全相同的。

实际工作中,加权调和平均指数用于编制农副产品收购价格总指数,但须注意三点:一是价格个体指数 k_p 不是所有农副产品的,而是所选代表规格品的;二是某类农产品的报告期收购额 $q_1 p_1$ 不是所选代表规格品的报告期收购额之和,而是该类所有农产品的报告期收购总额,它大于所选代表规格品的报告期收购额之和;三是采取分层逐级计算的办法,即在所选代表规格品的价格、报告期收购额的基础上计算小类指数,再依次计算中类、大类指数,直至计算出农副产品收购价格总指数。

【例 6-7】某省某年农产品价格资料及其相关计算过程和结果见表 6-8。

表 6-8 某省某年农产品价格资料及其相关计算过程和结果

类别及品名	规格等级	计量单位	平均价格/元		全省收购额/万元		指 数/%
			上年	本年	本年实际	按上年价格计算	
			p_0	p_1	$q_1 p_1$	$q_1 p_0$	k_p 或 $\overline{k_p}$
(甲)	(乙)	(丙)	(1)	(2)	(3)	(4) = $\dfrac{(3)}{(5)}$	(5) = (2)/(1) 或 (5) = $\sum(3)/\sum(4)$
总指数					435 961	374 679	116.4
一、粮食类					198 246	165 205	120.0

续表

类别及品名	规格等级	计量单位	平均价格/元		全省收购额/万元		指数/%
			上年	本年	本年实际	按上年价格计算	
			p_0	p_1	q_1p_1	q_1p_0	k_p 或 $\overline{k}_p$
(甲)	(乙)	(丙)	(1)	(2)	(3)	$(4)=\dfrac{(3)}{(5)}$	(5)=(2)/(1) 或 (5)=∑(3)/∑(4)
二、经济作物类					48 925	42 079	116.3
1. 食用植物油类					16 325	13 570	120.3
花生果	中	千克	2.8	3.30	2320	1968	117.9
芝麻	中	千克	4.2	5.09	4600	3795	121.2
油菜籽	中	千克	2.4	2.89	8864	7362	120.4
2. 棉花					16 356	13 495	121.2
3. 麻					4860	4475	108.6
4. 烟叶					6653	6336	105.0
5. 糖料					1275	979	130.3
6. 茶叶					3456	3224	107.2
三、竹木材类					7089	6656	106.5
四、工业用油漆类					5030	4851	103.7
五、禽畜产品类					58 875	49 726	118.4
六、蚕茧蚕丝类					4680	3805	123.0
七、干鲜果类					10 350	9933	104.2
八、干鲜菜及调味品类					38 948	29 845	130.5
九、药材类					3425	2963	115.6
十、土副产品类					40 050	40 867	98.0
十一、水产品类					20 343	18 749	108.5

第一步,计算每一代表规格品的价格个体指数。其公式为:

$$k = \frac{p_1}{p_0}$$

如表中,价格个体指数花生果为117.9%,芝麻为121.0%,油菜籽为120.4%。

第二步,计算小类指数。其公式为:

$$\overline{k}_p = \frac{\sum q_1 p_1}{\sum \dfrac{1}{k_p} q_1 p_1}$$

如表中,食用植物油类价格指数为:

$$\overline{k}_{食用植物油} = \frac{2320+4600+8864}{\dfrac{2320}{117.9\%}+\dfrac{4600}{121.2\%}+\dfrac{8864}{120.4\%}} = 120.3\%$$

第三步,仍用公式 $\overline{k}_p = \dfrac{\sum q_1 p_1}{\sum \dfrac{1}{k_p} q_1 p_1}$ 顺次计算中类、大类以及总指数。

如表中,经济作物类价格指数为:

$$\overline{k}_{经济作物} = \frac{16\,325 + 16\,356 + \cdots + 1275 + 3456}{\dfrac{16\,325}{120.3\%} + \dfrac{16\,356}{121.2\%} + \cdots + \dfrac{1275}{130.3\%} + \dfrac{3456}{107.2\%}} = 116.3\%$$

农产品收购价格总指数为:

$$\overline{k}_{总指数} = \frac{198\,246 + 48\,925 + \cdots + 20\,343}{\dfrac{198\,246}{120\%} + \dfrac{48\,925}{116.3\%} + \cdots + \dfrac{20\,343}{108.5\%}} = 116.4\%$$

(2) 当 $m = M \neq q_1 p_1$ 时,则:

$$\overline{k}_p \frac{\sum M}{\sum \dfrac{M}{k_p}} \neq \frac{\sum q_1 p_1}{\sum q_1 p_0}$$

由此可见,当权数 m 不是报告期商品实际销售额 $q_1 p_1$,而是另外一种新的权数 M 时,价格总指数的加权调和平均指数不是其综合指数的变形,而是一种独立的总指数的计算方法,称为固定权数的加权调和平均指数。

实际工作中一般不采用固定权数的加权调和平均指数。

6.3.3 平均指数与综合指数的区别和联系

综上所述,综合指数与平均指数既有区别又有联系。

1) 区别

(1) 不是特定的权数下,两类指数分别是计算总指数的独立方法。

(2) 用综合指数法编制总指数,使用的是全面资料,没有代表性误差,但综合指数法不仅编制工作量大,而且全面资料在实际工作中不易取得。用平均指数法编制总指数,可以使用非全面资料,非全面资料在实际工作中易于取得,但存在代表性误差。

(3) 综合指数是先综合后对比,平均指数是先对比后综合(平均)。

2) 联系

(1) 两个指数都是编制总指数的方法。

(2) 在特定的权数下,两类指数具有变形关系。当以数量指标综合指数的分母资料 $q_0 p_0$ 为权数,对数量指标个体指数 k_q 求加权算术平均指数是其综合指数的变形。当以质量指标综合指数的分子资料 $q_1 p_1$ 为权数,对质量指标个体指数 k_p 求加权调和平均指数是其综合指数的变形。

6.4 指数因素分析法

6.4.1 指数体系的意义

1. 指数体系的概念

现象的发展变化总是受着一定因素的影响,现象与影响因素之间存在着各种各样的联系,其一是被影响现象的数量等于各个影响因素数量的连乘积。如商品销售额等于商品销售量与商品销售价格之积。现象之间的这种关系决定了反映这些现象变动的指数之间也存在着这样的关系。即：

$$商品销售额指数 = 商品销售量指数 \times 商品销售价格指数$$

上述等式用符号表示为：

$$\frac{\sum q_1 p_1}{\sum q_0 p_0} = \frac{\sum q_1 p_0}{\sum q_0 p_0} \times \frac{\sum q_1 p_1}{\sum q_1 p_0}$$

简记为：$\overline{k}_{qp} = \overline{k}_q \times \overline{k}_p$

我们把在经济上有联系、数量上保持一定对等关系的若干指数所构成的整体叫做指数体系，如上例。其中，将被影响现象的指数，如销售额指数，称为总变动指数；将影响因素的指数，如商品销售量指数和价格指数，称为因素指数。

2. 指数体系的表现形式

指数体系的数量关系分为相对数和绝对数两种形式，分别形成相对数体系和绝对数体系。以下是销售额指数、销售量指数和价格指数所构成的指数体系。

（1）相对数体系：

$$\frac{\sum q_1 p_1}{\sum q_0 p_0} = \frac{\sum q_1 p_0}{\sum q_0 p_0} \times \frac{\sum q_1 p_1}{\sum q_1 p_0}$$

据表 6-2 的资料可得：

$$\frac{3180}{2780} = \frac{3136}{2780} \times \frac{3180}{3136}, \text{即}: 114.39\% = 112.81\% \times 101.4\%$$

（2）绝对数体系：

$$\sum q_1 p_1 - \sum q_0 p_0 = \left(\sum q_1 p_0 - \sum q_0 p_0 \right) + \left(\sum q_1 p_1 - \sum q_1 p_0 \right)$$

据表 6-2 的资料可得：

$3180 - 2780 = (3136 - 2780) + (3180 - 3136)$，即：$400 = 356 + 44$

由此可见，指数体系的数量关系是：总变动指数等于各因素指数的连乘积；总变动指数分子与分母的差等于各因素指数分子与分母差的和。与综合指数具有变形关系的加权算术平均指数和加权调和平均指数一样，也具有这种数量关系，公式为：

$$\frac{\sum q_1 p_1}{\sum q_0 p_0} = \frac{\sum k_q q_0 p_0}{\sum q_0 p_0} \times \frac{\sum q_1 p_1}{\sum \frac{1}{k_p} q_1 p_1}$$

$$\sum q_1 p_1 - \sum q_0 p_0 = \left(\sum k_p q_0 p_0 - \sum q_0 p_0 \right) + \left(\sum q_1 p_1 - \sum \frac{1}{k_p} q_1 p_1 \right)$$

上述两个等式成立的关键是：

$$\sum k_p q_0 p_0 = \sum \frac{1}{k_p} q_1 p_1 = \sum q_1 p_0$$

3. 指数体系的作用

指数体系在经济分析中具有重要作用,主要表现在以下两个方面。

(1) 利用指数体系,可以由已知指数推算未知指数。

【例 6-8】假如已知商品销售额指数为 114.39%,商品销售量指数为 112.81%,则商品销售价格指数为:

$$\overline{k}_p = \overline{k}_{qp} \div \overline{k}_q = 114.39\% \div 112.81\% = 101.4\%$$

【例 6-9】某百货公司三种商品销售额及价格变动资料见表 6-9。

表 6-9 某百货公司三种商品销售额及价格变动资料

商品	销售额/万元		价格变动率/%	k_p	$\dfrac{q_1 p_1}{k_p}$
	基期 $q_0 p_0$	报告期 $q_1 p_1$			
甲	50	60	+2	1.02	58.82
乙	20	30	-5	0.95	31.58
丙	100	120	0	1.00	120.00
合计	170	210	—	—	210.40

根据上表资料试计算:

① 三种商品的价格总指数及价格变动影响的销售额:

● 价格总指数

$$\overline{k}_p = \frac{\sum q_1 p_1}{\sum \dfrac{q_1 p_1}{k_p}} = \frac{210}{210.4} = 99.81\%$$

● 价格变动影响的销售额

$$\sum q_1 p_1 - \sum \frac{q_1 p_1}{k_p} = 210 - 210.4 = -0.4(万元)$$

② 三种商品的销售量总指数及销售量变动影响的销售额:

● 销售额总指数

$$\overline{k}_{qp} = \frac{\sum q_1 p_1}{\sum q_0 p_0} = \frac{210}{170} = 123.53\%$$

● 销售量总指数

$$\overline{k}_q = \frac{\overline{k}_{qp}}{\overline{k}_p} = \frac{123.53\%}{99.81\%} = 123.77\%$$

● 销售量变动影响的销售额

$$\left(\sum q_1p_1 - \sum q_0p_0\right) - \left(\sum q_1p_1 - \sum \frac{q_1p_1}{k_p}\right) = (210 - 170) - (-0.4) = 40.4(万元)$$

(2) 利用指数体系可以分析现象的总变动及其受各个因素变动影响的方向和程度。

6.4.2 指数因素分析法

1. 指数因素分析法的概念

指数因素分析法就是应用统计指数分析现象的总变动及其受各个因素变动影响的方向和程度的一种统计分析方法。分析的对象是被影响现象的量等于各个影响因素量的连乘积的现象。分析的依据是指数体系。分析的方法是在诸多影响因素中，假定其他因素不变，从而测定其中一个因素变动的影响。分析的目的是从相对数和绝对数两个方面测定各个因素的变动对现象影响的方向和程度。

2．指数因素分析的种类

(1) 按分析对象包括因素的多少不同分，有两因素分析和多因素分析，前者的分析对象中只包括两个影响因素，后者的分析对象中包括两个以上的影响因素。

(2) 按分析对象的性质不同分，有总量指标的因素分析和平均指标的因素分析。

把上述两种分类组合起来，指数因素分析共有总量指标的两因素分析、总量指标的多因素分析、平均指标的两因素分析、总量指标中包含平均指标的多因素分析四种。本节重点介绍总量指标的两因素分析，6.5 节介绍平均指标的两因素分析。

3. 总量指标的两因素分析

前述商品销售额指数、销售量指数和商品销售价格指数之间形成的指数体系就是总量指标的两因素分析。从其数量关系分析中可得出总量指标两因素分析的一般过程：首先计算现象总变动指数；其次计算各个因素的变动指数；再次根据指数体系，对现象的总变动进行因素分析(包括相对数和绝对数两个方面)。

【例 6-10】某工业企业三种产品的生产情况见表 6-10。

表 6-10 某工业企业三种产品的生产情况

产品名称	计量单位	价 格/百元		产 量		产 值/百元		
		基期 p_0	报告期 p_1	基期 q_0	报告期 q_1	基期 q_0p_0	假定 q_1p_0	报告期 q_1p_1
甲	件	20	22	40	50	800	1000	1100
乙	千克	10	8	50	50	500	500	400
丙	米	2	2.5	20	18	40	36	45
合计	—	—	—	—	—	1340	1536	1545

根据上表资料，从绝对数和相对数两个方面分析该企业三种产品总产值的变动及受产量

和价格两个因素变动影响的方向和程度。

(1) 总产值的变动。

$$\bar{k}_{qp} = \frac{\sum q_1 p_1}{\sum q_0 p_0} = \frac{1545}{1340} = 115.30\%$$

$$\sum q_1 p_1 - \sum q_0 p_0 = 1545 - 1340 = 205(百元)$$

(2) 各因素变动的影响。

① 产量变动的影响：

$$\bar{k}_q = \frac{\sum q_1 p_0}{\sum q_0 p_0} = \frac{1536}{1340} = 114.63\%$$

$$\sum q_1 p_0 - \sum q_0 p_0 = 1536 - 1340 = 196(百元)$$

② 价格变动的影响：

$$\bar{k}_p = \frac{\sum q_1 p_1}{\sum q_1 p_0} = \frac{1545}{1536} = 100.59\%$$

$$\sum q_1 p_1 - \sum q_1 p_0 = 1545 - 1536 = 9(百元)$$

(3) 综合。

$$\bar{k}_{qp} = \bar{k}_q \times \bar{k}_p$$

即：$115.30\% = 114.63\% \times 100.59\%$

$$\sum q_1 p_1 - \sum q_0 p_0 = \left(\sum q_1 p_0 - \sum q_0 p_0\right) + \left(\sum q_1 p_1 - \sum q_1 p_0\right)$$

即：$205 = 196 + 9$

(4) 分析说明。该企业三种产品总产值报告期比基期增加 15.3%，是由于三种产品产量报告期比基期总的增加 14.6% 和三种产品价格报告期比基期总的上涨 0.6% 两个因素共同作用的结果。该企业三种产品总产值报告期比基期增加 205 百元，是由于三种产品报告期比基期增加产量而增加产值 196 百元和三种产品价格报告期比基期上涨使报告期生产的产品增加产值 9 百元两个因素共同作用的结果。

6.5 平均指标指数

6.5.1 平均指标指数的意义

平均指标指数是同一经济内容不同时期平均指标值对比的相对数,如平均工资指数、平均单位成本指数等。

平均指标指数是综合指数确定同度量因素的理论在平均指标变动分析中的具体运用。以平均工资指数为例来说明这个问题。

平均工资指数公式为：$\overline{K}_{可变} = \dfrac{\overline{x}_1}{\overline{x}_0} = \dfrac{\dfrac{\sum x_1 f_1}{\sum f_1}}{\dfrac{\sum x_0 f_0}{\sum f_0}}$

式中，x_0——基期各部分工资水平；
$\quad\quad x_1$——报告期各部分工资水平；
$\quad\quad f_0$——基期职工人数；
$\quad\quad f_1$——报告期职工人数；
$\quad\quad \overline{x}_0$——基期平均工资；
$\quad\quad \overline{x}_1$——报告期平均工资；
$\quad\quad \overline{K}_{可变}$——平均工资指数。

上面公式可以演变为：$\overline{K}_{可变} = \dfrac{\overline{x}_1}{\overline{x}_0} = \dfrac{\sum x_1 \dfrac{f_1}{\sum f_1}}{\sum x_0 \dfrac{f_0}{\sum f_0}}$

从这个演变后的公式中，可以清楚地看出平均工资的变动受两个因素变动的影响，一个是各部分工资水平(x)变动的影响，另一个是各部分工人数占工人总数比重$\left(\dfrac{f}{\sum f}\right)$即工人结构变动的影响。把包含这两个因素变动影响的平均工资指数，称为平均工资可变构成指数。

【例 6-11】假如某企业职工工资资料见表 6-11。

表 6-11 某企业职工工资资料

工资级别	月工资水平/元		工 人 数/人		工 资 总 额/元		
	基期 x_0	报告期 x_1	基期 f_0	报告期 f_1	基期实际 $x_0 f_0$	报告期实际 $x_1 f_1$	假定 $x_0 f_1$
1	50	52	40	130	2000	6760	6500
2	60	63	30	40	1800	2520	2400
3	70	75	30	30	2100	2250	2100
合计	—	—	100	200	5900	11 530	11 000

从上表资料可得该企业职工的平均工资指数为：

$$\overline{K}_{可变} = \dfrac{\sum x_1 f_1}{\sum f_1} : \dfrac{\sum x_0 f_0}{\sum f_0} = \dfrac{11\,530}{200} : \dfrac{5900}{100} = \dfrac{57.65}{59} = 97.71\%$$

公式的分子与分母的差额为：

$$\frac{\sum x_1 f_1}{\sum f_1} - \frac{\sum x_0 f_0}{\sum f_0} = 57.65 - 59 = -1.35(元)$$

从上表的资料和计算结果可以看出,各级别工人工资水平的上升将使总平均工资上升,工人结构的变动,即低薪工人占工人总数比重的增加将使总平均工资下降,两个因素综合后,该企业总平均工资报告期比基期下降了 2.29%,减少的绝对额为 1.35 元。

分析各部分工资水平和工人结构两个因素变动对企业总平均工资变动的影响,可以借助综合指数法确定同度量因素的理论,在可变构成指数基础上,把总体内部结构 $\frac{f}{\sum f}$ 中的 f 视为数量指标,把总体各部分水平 x 视为质量指标。因此,分析 f 的变动对总平均指标 $\bar{x}$ 的影响时,把影响因素 x 固定在基期上;分析 x 的变动对总平均指标 $\bar{x}$ 的影响时,把影响因素 f 固定在报告期上,从而形成下面的固定构成指数和结构影响指数。

6.5.2 固定构成指数

固定构成指数计算公式为:

$$\bar{K}_{固定} = \frac{\bar{x}_1}{\bar{x}_n} = \frac{\sum x_1 f_1}{\sum f_1} \div \frac{\sum x_0 f_1}{\sum f_1}$$

由于固定总体结构,只反映各部分水平的变动对总平均指标变动的影响,所以,将其称作固定构成指数。

根据表 6-11 的资料可得:

$$\bar{K}_{固定} = \frac{\bar{x}_1}{\bar{x}_n} = \frac{\sum x_1 f_1}{\sum f_1} \div \frac{\sum x_0 f_1}{\sum f_1} = \frac{11\,530}{200} \div \frac{11\,000}{200} = \frac{57.65}{55} = 104.82\%$$

这个公式的分子与分母的差额为:

$$\frac{\sum x_1 f_1}{\sum f_1} - \frac{\sum x_0 f_1}{\sum f_1} = 57.65 - 55 = 2.65(元)$$

计算结果表明,由于各部分工资水平的变动使总平均工资报告期比基期增加了 4.82%,增加的绝对额为 2.65 元。

6.5.3 结构影响指数

结构影响指数计算公式为:

$$\bar{K}_{影响} = \frac{\bar{x}_n}{\bar{x}_0} = \frac{\sum x_0 f_1}{\sum f_1} \div \frac{\sum x_0 f_0}{\sum f_0}$$

由于固定了各部分水平,只反映总体结构变动对总平均指标变动的影响,所以,将其称作结构影响指数。

根据表6-11的资料可得：

$$\overline{K}_{影响} = \frac{\overline{x}_n}{\overline{x}_0} = \frac{\sum x_0 f_1}{\sum f_1} \div \frac{\sum x_0 f_0}{\sum f_0} = \frac{11\,000}{200} \div \frac{5900}{100} = \frac{55}{59} = 93.22\%$$

这个公式的分子与分母的差额为：

$$\frac{\sum x_0 f_1}{\sum f_1} - \frac{\sum x_0 f_0}{\sum f_0} = 55 - 59 = -4(元)$$

计算结果表明，由于工人结构的变动，即低薪工人占工人总数比重的上升使总平均工资报告期比基期下降了6.78%，减少的绝对额为4元。

6.5.4 平均指标指数体系

可变构成指数、固定构成指数和结构影响指数三者之间存在如下关系：

$$\frac{\sum x_1 f_1}{\sum f_1} \div \frac{\sum x_0 f_0}{\sum f_0} = \left(\frac{\sum x_1 f_1}{\sum f_1} \div \frac{\sum x_0 f_1}{\sum f_1}\right) \times \left(\frac{\sum x_0 f_1}{\sum f_1} \div \frac{\sum x_0 f_0}{\sum f_0}\right)$$

$$\frac{\sum x_1 f_1}{\sum f_1} - \frac{\sum x_0 f_0}{\sum f_0} = \left(\frac{\sum x_1 f_1}{\sum f_1} - \frac{\sum x_0 f_1}{\sum f_1}\right) + \left(\frac{\sum x_0 f_1}{\sum f_1} - \frac{\sum x_0 f_0}{\sum f_0}\right)$$

简记为：

$$\frac{\overline{x}_1}{\overline{x}_0} = \frac{\overline{x}_1}{\overline{x}_n} \times \frac{\overline{x}_n}{\overline{x}_0}$$

$$\overline{x}_1 - \overline{x}_0 = (\overline{x}_1 - \overline{x}_n) + (\overline{x}_n - \overline{x}_0)$$

仍以表6-11的资料来说明：

$$97.71\% = 104.82\% \times 93.22\%$$
$$-1.35 = 2.65 + (-4)$$

通过三个指数之间的关系，可对该企业总平均工资的变动作出如下综合分析说明：该企业总平均工资报告期比基期下降2.29%，是由于各部分工资水平的变动使总平均工资提高4.82%和工人结构的变动使总平均工资下降6.78%两个因素共同影响的结果；总平均工资报告期比基期减少1.35元，是由于各部分工资水平的变动使总平均工资增加2.65元和工人结构变动使总平均工资减少4元两个因素共同影响的结果。

6.5.5 平均指标指数与平均指数的异同

1. 两个指数的不同之处

（1）两个指数的内容不同。平均指数是以个体指数为变量值，采用一定的权数，对个体指数进行加权平均而得到的总指数，它是编制总指数的一种方法。因此，平均指数既可以用来反映数量指标的总变动，编制数量指标总指数，如反映不同产品产量的总变动，可编制产品产量总指数,反映不同商品销售量的总变动,可编制商品销售量总指数;又可以用来反映质量指标的总变动,编制质量指标总指数,如反映不同产品单位成本的总变动,可编制单位成本总指数,反映不同产品价格的总变动,可编制价格总指数。平均指标指数是反映平均指标变动的指数,具体地说,平均指标指数是用来分析研究某一具体现象平均指标的变动及其受各个因素变动影响的指数。它只能用来反映质量指标中平均指标的变动,如反映某企业职工平均工资的变动,可编制平均工资指数,反映同一产品的平均单位成本的变动,可编制平均单位成本指数。

(2) 两个指数的计算形式不同。平均指数的计算形式是先将个别现象报告期数值与基期数值对比以求得个体指数,然后运用一定的资料作权数对个体指数进行加权平均(算术平均或调和平均),简言之,先对比后平均。平均指标指数是某种现象两个不同时期平均指标对比的结果,即先计算平均指标,再对两个平均指标进行对比,简言之,先平均后对比。

2. 两个指数的相同之处

(1) 它们都属于总指数的范畴,都是用来反映社会经济现象总体数量变动的,而不是反映个体数量变动的。

对于平均指数是总指数已无需多论;对于平均指标指数是总指数,是因为任何一个平均指标都是反映社会经济现象总体的,而不是反映个体的,如平均工资是反映所有职工工资数量特征的。因此反映平均指标变动及其受各个因素变动影响的平均指标指数当然是反映社会经济现象总体数量变动的总指数。

(2) 都和综合指数发生着联系。在特定的权数下平均指数是综合指数的变形。平均指标指数编制的依据是综合指数法确定同度量因素的理论。在分析平均指标的变动时,只反映 f 的变动对总平均指标 $\bar{x}$ 的影响,把影响因素 x 固定在基期上;只反映 x 的变动对总平均指标 $\bar{x}$ 的影响,把影响因素 f 固定在报告期上。这与综合指数中编制数量指标指数把同度量因素固定在基期的质量指标上,编制质量指标指数把同质量因素固定在报告期的数量指标上是完全一致的。

📖 本章小结

本章主要阐述了两个大问题:一是总指数的编制方法,即综合指数法和平均指数法;二是指数因素分析法。

统计指数简称指数,有广义指数和狭义指数两种含义。广义指数是指同类社会经济现象数量对比的相对数。狭义指数是指用来说明不能直接相加、对比的复杂社会经济现象总体数量变动的特殊相对数。按指数说明对象的特征不同分为数量指标指数和质量指标指数;按指数说明对象的范围不同分为个体指数、组(类)指数和总指数。指数具有反映现象变动的方向和程度、进行因素分析和现象变动趋势分析等重要作用。

综合指数是在两个综合的总量指标对比过程中,将其中一个或一个以上因素指标加以固定,以观察某一因素指标的变动情况,被固定的因素指标称为同度量因素,要反映的因素指标称为指数化因素。同度量因素是指使不能直接相加的现象转化为能够直接相加现象的媒介因素,它具有媒介作用和权数作用;指数化因素是指数所要研究的对象。综合指数是编制总指数的基本形式。

综合指数确定同度量因素的一般原则是:编制数量指标综合指数时,一般以基期的质量指标为同度量因素;编制质量指标综合指数时,一般以报告期的数量指标为同度量因素。

平均指数是以个体指数为变量值,利用一定的权数采用加权平均数形式而编制的总指数。利用平均指数编制总指数首先是计算个体指数;其次确定权数;再次是选择加权平均的形式。

表 6-12 常用的综合指数和加权平均指数公式表

指 数 名 称	指数化因素	个体指数	综合指数		加权平均指数	
			同度量因素	公　　式	权　数	公　　式
产品产量指数	q	$k_q = \dfrac{q_1}{q_0}$	p_0	$\overline{k}_q = \dfrac{\sum q_1 p_0}{\sum q_0 p_0}$	$q_0 p_0$	$\overline{k}_q = \dfrac{\sum k_q q_0 p_0}{\sum q_0 p_0}$
商品销售量指数	q	$k_q = \dfrac{q_1}{q_0}$	p_0	$\overline{k}_q = \dfrac{\sum q_1 p_0}{\sum q_0 p_0}$	$q_0 p_0$	$\overline{k}_q = \dfrac{\sum k_q q_0 p_0}{\sum q_0 p_0}$
物价指数	p	$k_q = \dfrac{p_1}{p_0}$	q_1	$\overline{k}_p = \dfrac{\sum q_1 p_1}{\sum q_1 p_0}$	$q_1 p_1$	$\overline{k}_p = \dfrac{\sum q_1 p_1}{\sum \dfrac{1}{k_p} q_1 p_1}$
单位成本指数	z	$k_z = \dfrac{z_1}{z_0}$	q_1	$\overline{k}_z = \dfrac{\sum q_1 z_1}{\sum q_1 z_0}$	$q_1 z_1$	$\overline{k}_z = \dfrac{\sum q_1 z_1}{\sum \dfrac{1}{k_z} q_1 z_1}$

经济上有联系、数量上保持一定对等关系的若干指数所构成的整体叫做指数体系。总变动指数等于各因素指数的连乘积;总变动指数分子与分母的差等于各因素指数分子与分母差的和。与综合指数具有变形关系的加权算术平均指数和加权调和平均指数及平均指标指数也具有这种数量关系。

表 6-13 指数体系公式表

指数名称	指数体系形式	指数体系公式
综合指数	相对数	$\dfrac{\sum q_1 p_1}{\sum q_0 p_0} = \dfrac{\sum q_1 p_0}{\sum q_0 p_0} \times \dfrac{\sum q_1 p_1}{\sum q_1 p_0}$
	绝对数	$\sum q_1 p_1 - \sum q_0 p_0 = (\sum q_1 p_0 - \sum q_0 p_0) + (\sum q_1 p_1 - \sum q_1 p_0)$
加权平均指数	相对数	$\dfrac{\sum q_1 p_1}{\sum q_0 p_0} = \dfrac{\sum k_q q_0 p_0}{\sum q_0 p_0} \times \dfrac{\sum q_1 p_1}{\sum \dfrac{1}{k_p} q_1 p_1}$
	绝对数	$\sum q_1 p_1 - \sum q_0 p_0 = (\sum k_q q_0 p_0 - \sum q_0 p_0) + (\sum q_1 p_1 - \sum \dfrac{1}{k_p} q_1 p_1)$
平均指标指数	相对数	$\dfrac{\sum x_1 f_1}{\sum f_1} \div \dfrac{\sum x_0 f_0}{\sum f_0} = \left(\dfrac{\sum x_1 f_1}{\sum f_1} \div \dfrac{\sum x_0 f_1}{\sum f_1}\right) \times \left(\dfrac{\sum x_0 f_1}{\sum f_1} \div \dfrac{\sum x_0 f_0}{\sum f_0}\right)$
	绝对数	$\dfrac{\sum x_1 f_1}{\sum f_1} - \dfrac{\sum x_0 f_0}{\sum f_0} = \left(\dfrac{\sum x_1 f_1}{\sum f_1} - \dfrac{\sum x_0 f_1}{\sum f_1}\right) + \left(\dfrac{\sum x_0 f_1}{\sum f_1} - \dfrac{\sum x_0 f_0}{\sum f_0}\right)$

应用统计指数分析现象的总变动及其受各个因素变动影响的统计分析方法称为指数因素分析法。指数因素分析法的依据是指数体系。指数因素分析的重点现象是总量指标的两因素分析和平均指标的两因素分析。

平均指标指数是同一经济内容不同时期平均指标值对比的相对数。把包含各部分水平和总体结构两个因素变动影响的平均指标指数,称为可变构成指数;固定了总体结构,只反映各部分水平变动对总平均指标变动影响的指数称为固定构成指数;固定了各部分水平,只反映总体结构变动对总平均指标变动影响的指数称为结构影响指数。

思考题

6-1 什么是统计指数?它有哪些作用?
6-2 如何理解同度量因素?
6-3 综合指数确定同度量因素的一般原则是什么?
6-4 什么是平均指数?如何确定平均指数的形式和权数?
6-5 综合指数与平均指数有何区别和联系?
6-6 怎样利用固定权数的加权算术平均指数编制商品零售价格总指数?
6-7 什么是指数体系?有哪些作用?
6-8 什么是指数因素分析法?有哪些步骤?
6-9 可变构成指数、固定构成指数和结构影响指数各说明什么问题?
6-10 平均指数与平均指标指数有何异同?

填空题

6-1 狭义的统计指数是一种特殊的( )。
6-2 指数按说明对象的范围分,有( )、( )、( )三种;指数按说明对象的特征分,有( )、( )两种。
6-3 编制总指数有( )和( )两大方法。
6-4 指数公式 $\dfrac{\sum q_1 p_0}{\sum q_0 p_0}$ 中的同度量因素是( )。
6-5 编制数量指标综合指数时,一般以( )为同度量因素;编制质量指标综合指数时,一般以( )为同度量因素。
6-6 当权数是基期商品实际销售额时,商品销售量总指数的加权算术平均指数是其综合指数的( );当权数为( )时,商品价格总指数的加权调和平均指数是其综合指数的变形。
6-7 综合指数是先( )后( ),平均指数是先( )后( )。

6-8 总变动指数等于各因素指数的（　　）；总变动指数分子与分母的差等于各因素指数分子与分母差的（　　）。

6-9 固定构成指数只反映（　　）的变动对总平均指标变动的影响。

6-10 结构影响指数只反映（　　）对总平均指标变动的影响。

💻 单选题

6-1 甲产品报告期产量与基期产量的比值是110%，这是（　　）。
A．综合指数　　　B．总指数　　　C．个体指数　　　D．平均指数

6-2 某企业总成本报告期比基期增长30%，产量增长20%，则单位成本增长（　　）。
A．10%　　　B．8.33%　　　C．50%　　　D．150%

6-3 下列指数中属于数量指标指数的是（　　）。
A．物价指数　　　B．平均工资指数　　　C．销售量指数　　　D．单位成本指数

6-4 说明现象总体规模和总水平变动的统计指数是（　　）。
A．质量指标指数　　　B．数量指标指数　　　C．平均指标指数　　　D．环比指数

6-5 商品物价上涨，销售额持平，则销售量指数（　　）。
A．增长　　　B．下降　　　C．不变　　　D．不能确定

6-6 编制价格指数，一般作同质量因素的数量指标应是（　　）。
A．基期价格　　　B．报告期价格　　　C．基期销售量　　　D．报告期销售量

6-7 某企业计划2007年职工工资总额比上一年减少18%，而同期职工的平均工资若上升5%，则该企业应精减职工（　　）。
A．13%　　　B．3.6%　　　C．13.9%　　　D．21.9%

6-8 某品牌服装有四种型号，原均按同一价格出售，现其中三种型号的价格没变，只有一种型号的价格本月比上月上涨20%，这种型号服装销售量占该品牌服装总销售量比重的10%。这样，该品牌服装的价格平均比上月上涨（　　）。
A．20%　　　B．5%　　　C．2%　　　D．3%

💻 多选题

6-1 综合指数是（　　）。
A．总指数的一种形式　　　B．由两个总量指标对比形成的指数
C．可变形为平均指数　　　D．由两个平均指标对比形成的指数
E．一切现象的动态相对数

6-2 统计上所讲的平均指数有（　　）。
A．算术平均指数　　　B．可变构成指数

C. 固定构成指数　　　　　　　　D. 调和平均指数
E. 综合指数

6-3　零售物价总指数是(　　)。
A. 综合指数　　　　　　　　　　B. 平均指数
C. 固定权数物价指数　　　　　　D. 实际权数物价指数
E. 质量指标指数

6-4　在指数体系中,其数量对等关系是(　　)。
A. 总指数等于各因素指数的代数和
B. 总指数等于各因素指数的连乘积
C. 与总指数相应的绝对增长额等于各因素指数所引起的绝对增长额的代数和
D. 与总指数相应的绝对增长额等于各因素指数所引起的绝对增长额的连乘积
E. 总指数等于各因素指数的商

6-5　在综合指数编制中,确定同度量因素的一般规则是(　　)。
A. 数量指标指数以基期质量指标作用做同度量因素
B. 质量指标指数以报告期数量指标做同度量因素
C. 质量指标指数以基期数量指标做同度量因素
D. 数量指标指数以报告期质量指标做同度量因素
E. 数量指标指数以质量指标做同度量因素

6-6　如果产品产量增加20%,单位成本下降12%,则(　　)。
A. 生产费用指数为108%　　　　　B. 生产费用指数为105.6%
C. 生产费用增长为8%　　　　　　D. 生产费用增长为5.6%
E. 生产费用增长为32%

6-7　某市商品物价指数为108%,其分子与分母之差为100万元,这表明(　　)。
A. 该市所有商品的价格平均上涨8%　　B. 该市由于物价上涨使销售额增加100万元
C. 该市商品物价上涨108%　　　　　　D. 该市由于物价上涨使商业多收入100万元
E. 该市由于物价水平的上涨使居民多支出100万元

判断题

6-1　总指数是反映复杂现象综合变动的相对数,具有平均的意义。(　　)
6-2　综合指数是计算总指数的基本形式。(　　)
6-3　若某企业的产量指数和单位成本指数都没有变,则该企业的总成本指数也没有发生变化。(　　)
6-4　已知销售量指数是100%,销售额指数是108%,则价格指数是8%。(　　)
6-5　指数体系包括相对数形式和绝对数形式两种。(　　)

技能实训题

【实训1】某厂三种产品的单位成本及产量资料见表6-14。

表6-14 某厂三种产品的单位成本及产量资料

产品名称	计量单位	单位产品成本/元		产量	
		基期	报告期	基期	报告期
甲	台	180	175	2100	1900
乙	件	95	90	2400	4100
丙	套	115	100	1800	1900

要求:
(1) 计算三种产品产量总指数及产量变动影响的总成本;
(2) 计算三种产品单位成本总指数及单位成本变动影响的总成本;
(3) 从相对数和绝对数两个方面计算分析三种产品产量变动和单位成本变动对总成本变动的影响。

【实训2】某商店三种商品销售资料见表6-15。

表6-15 某商店三种商品销售资料

商品名称	计量单位	价格/元		销售量	
		基期	报告期	基期	报告期
甲	件	20	22	40	50
乙	斤	10	8	50	50
丙	尺	2	2.5	20	18

要求:
(1) 计算三种商品销售量总指数及销售量变动影响的销售额;
(2) 计算三种商品价格总指数及价格变动影响的销售额;
(3) 计算分析销售额的变动及其原因。

【实训3】某厂三种产品产量及生产费用资料见表6-16。

表6-16 某厂三种产品产量及生产费用资料

产品名称	计量单位	生产费用/万元		2005年较2004年产量增加率/%
		2004年	2005年	
甲	件	20	26	25
乙	套	45	48	20
丙	只	35	46	30
合计	—	100	120	—

要求：

（1）计算该厂三种产品产量总指数及由于产量增长而增加的生产费用；

（2）计算三种产品单位成本总指数及单位成本变动影响的生产费用。

【实训4】某商店三种商品销售资料见表6-17。

表6-17　某商店三种商品销售资料

商品名称	计量单位	实际销售额/万元		2005年较2004年价格降低率/%
		2004年	2005年	
甲	双	80	115	10
乙	件	20	38	5
丙	米	150	187	8
合计	—	250	340	—

要求：

（1）计算三种商品销售价格总指数及由于价格下降而减少的销售额；

（2）计算三种商品销售量总指数及销售量变动影响的销售额。

【实训5】某商场三种商品销售资料见表6-18。

表6-18　某商场三种商品销售资料

商品名称	计量单位	实际销售额/万元		2004年较2003年销售价格变动率/%
		2003年	2004年	
甲	千克	400	410	+10
乙	只	600	650	+2
丙	米	150	180	-5
合计	—	1150	1240	—

要求：

（1）计算三种商品销售价格总指数及价格变动影响的销售额；

（2）计算三种商品销售量总指数及商品销售量变动影响的销售额；

（3）计算分析三种商品销售总额的变动及受销售价格与销售量两个因素变动影响的方向和程度。

【实训6】利用指数体系计算下列各题。

（1）已知商品销售额报告期比基期增加10%，销售价格下降10%，问商品销售量有何变化？

（2）某工厂2003年较2002年单位产品成本下降2%，产量增长20%，问该厂产品总成本将有何变化？

（3）某企业报告期比基期职工人数增加5%，全员劳动生产率（千元/人）提高3%，计算工业总产值提高幅度。

（4）某地区城乡居民2004年与2003年相比，以同样多的人民币少购商品4%，求物价指数。

(5) 某厂三种不同产品的生产费用报告期为 20 万元,比基期多 8000 元,单位产品成本比基期降低 2%,试计算:生产费用指数;产品产量指数;由于单位产品成本下降而节约的生产费用额。

(6) 某市 2003 年社会商品零售额为 8000 万元,2004 年增加 5%,零售物价上涨 8%,试推算该市零售总额变动中零售量和零售价格两个因素变动的影响。

【实训 7】某厂有三种产品产量和价格资料见表 6-19。

表 6-19 某厂三种产品产量和价格资料

产品名称	单位	产量		出厂价格/元	
		基期	报告期	基期	报告期
甲	吨	200	220	75.0	71.5
乙	口	1000	1050	2.5	2.0
丙	把	850	900	1.4	1.2

试分析该厂三种产品总产值的变动及其原因。

【实训 8】某厂甲产品产量和价格资料见表 6-20。

表 6-20 某厂甲产品产量和价格资料

产品等级	价格/元		产量/件	
	基期	报告期	基期	报告期
一	60	62	45	50
二	50	52	120	80
三	36	37	40	135

要求:从相对数和绝对数两个方面计算分析甲产品平均价格的变动及受各等级价格水平和产量结构两个因素变动的影响。

【实训 9】某厂职工工资资料见表 6-21。

表 6-21 某厂职工工资资料

职工构成	工资总额/元		2003 年较 2002 年职工人数变动率/%
	2002 年	2003 年	
老年职工	4680	5600	−10
中年职工	2550	2830	0
青年职工	900	1470	20

计算固定构成指数。

【实训 10】某厂有如下资料见表 6-22。

表 6-22 某厂工人工资资料

工人类别	工人人数/人		月工资总额/元	
	基期	报告期	基期	报告期
技术工	300	400	210 000	300 000
辅助工	200	600	80 000	270 000
合计	500	1000	290 000	570 000

要求:分析该企业总平均工资的变动及其原因。

【实训 11】假设某市某年某月零售商品的资料见表 6-23。

表 6-23 某市某年某月零售商品的资料

类别及品名	平均价格/元		权数	指数/%
	上年同月	本月		
总指数			100	
大类甲			75	
中类 A			65	
小类 A1			60	
代表品 1	5.00	6.00	70	
代表品 2	4.00	3.92	30	
小类 A2			40	125
中类 B			35	130
大类乙			25	128

要求:计算零售商品代表品 1、代表品 2、小类 A1、中类 A、大类甲的价格指数及价格总指数。

【实训 12】假设某县农副产品收购统计资料见表 6-24。

表 6-24 某县农副产品收购统计资料

类别及品名	平均价格/元		本年实际收购额/万元	指数/%
	上年	本年		
总指数			11 600	
大类甲			5600	
中类 A			3000	120
中类 B			2600	
小类 B1			1200	
代表品 1	4.50	5.31	500	

续表

类别及品名	平均价格/元		本年实际收购额/万元	指 数/%
	上 年	本 年		
代表品 2	8.00	8.80	600	
小类 B2			1400	112
大类乙			6000	126

要求：计算农副产品代表品 1、代表品 2、小类 B1、中类 B、大类甲的收购价格指数及收购价格总指数。

第 7 章　统计抽样技术

📖 **本章知识技能要点与要求**

- 理解统计抽样的含义与特点
- 理解抽样误差及其影响因素
- 重点掌握平均抽样误差的含义及其计算
- 重点掌握抽样极限误差的含义、计算及区间估计
- 了解抽样的组织形式
- 掌握必要样本数目的含义及其计算

7.1　统计抽样的意义

7.1.1　统计抽样的概念与特点

统计抽样是抽样调查和抽样推断的总称,它是按照随机原则从总体中抽取部分单位进行调查,利用这部分单位的调查资料推算总体数量特征的一种统计分析方法。例如,从某地区 30 000 户职工家庭中随机抽取 300 户职工家庭,调查其收入情况,以此来推断该地区 30 000 户职工家庭的收入情况,这就是采用了统计抽样技术。

统计抽样具有以下几个特点。

1. 按照随机原则抽取样本单位

随机原则是指在抽样时,总体中每个单位都有同等被抽中的机会,抽中与抽不中,完全不受主观因素的影响,所以也叫同等可能性原则。随机原则是统计抽样必须遵循的基本原则,是统计抽样的重要前提。

2. 根据部分推断总体

抽样调查是一种非全面调查,但调查的目的不是了解部分单位的情况,而是根据部分单位的调查资料推断总体的数量特征。如果不利用抽样调查资料进行抽样推断,这种抽样调查资料就不会有什么价值,抽样调查也就失去了意义。

3. 运用了概率估计的方法

统计抽样不仅可以用样本指标推断总体指标,而且还可以知道用这样的样本指标来推断总体指标其可靠程度有多大,这就是概率估计所解决的问题。

4. 抽样误差可以事先计算并加以控制

用部分单位的指标来推断总体指标,必然存在一定的抽样误差,但它可以事先通过一定的资料加以计算,并且能够采用一定的组织措施来控制这个误差的范围,保证抽样推断的结果达到一定的可靠程度。也可以说,抽样调查是根据事先给定的误差允许范围进行设计的,抽样推断是具有一定可靠程度的估计和判断,这些都是其他估算方法所做不到的。

7.1.2 统计抽样的作用

统计抽样具有节省经费、提高时效、资料准确、方法灵活等优点,所以它在社会经济调查中被广泛应用,发挥着特有的作用。

1. 能够解决全面调查无法或难以解决的问题

对于无限总体掌握全面情况就必须运用统计抽样技术,如掌握空气的污染情况,大量连续生产的小件产品的质量等,必须搞抽样推断;具有破坏性的产品质量检验也不能进行全面调查,如灯泡的寿命检查、棉纱的强力、鞋子的耐穿时间、轮胎的里程试验等,都只能运用统计抽样技术进行试验观察,予以推断;还有一些现象由于总体范围过大,单位分布很广,实际上很难或不必要进行全面调查,也可以用统计抽样来掌握全面情况,如市场购买力调查、水库鱼苗数估计、森林的木材蓄积量调查等。

2. 可以补充和修订全面调查的结果

全面调查涉及面广,工作量大,调查只能限定少数基本项目。抽样调查范围小,组织方便,省时省力,调查项目可以更多、更深入,这样在时间和内容上可以相互补充。在全面调查后,通常采用抽样调查进行复查,计算差错率,据以修订全面调查的资料。

3. 可以在短期内取得时效性强的资料

统计抽样省时灵活,因此可以在短时间内取得时效性强的资料。如农产量调查,依靠报表制度,必须等到农作物全部收割完毕,扬净晒干,过秤入库之后,再经过层层计算、过账、填报、汇总等。而采用农产量的抽样调查可以迅速取得数字,这对于国家安排粮食收购、储运、进出口业务等都大有好处。

4. 可以应用于生产过程中产品质量的检查和控制

统计抽样不仅应用于对现象结果的核算和估计,而且在生产过程中经常起着检查和控制的作用。例如,工业生产的产品质量控制就可利用统计抽样,观察生产工艺过程是否正常,是否存在某些系统性偏误,及时提供有关信息,分析原因,采取措施。

7.1.3 统计抽样的基本概念

1. 全及总体和样本总体

全及总体简称总体,是指根据研究目的所确定的研究事物的全体,也就是抽样调查所确定的调查对象,又叫母体,如前例中的 30 000 户职工家庭就是全及总体。全及总体单位数一般用 N 表示。

样本总体简称样本,它是从全及总体中随机抽取出来的那部分单位组成的集合体,又叫子体。如前例,抽出的 300 户职工家庭就构成一个样本总体。样本总体的单位数一般用 n 表示。

统计抽样中,全及总体是唯一确定的,但样本总体不是唯一的,而是可变的。如前例,30 000 户职工家庭是唯一确定的,而抽出的 300 户是不确定的,可能是这样的 300 户,也可能是那样的 300 户。

2. 全及指标和样本指标

根据全及总体计算的反映总体数量特征的指标称为全及指标,又叫参数。常用的总体参数有总体平均数和总体标准差(或总体方差)。公式分别为:

$$\overline{X} = \frac{\sum X}{N} \quad \sigma = \sqrt{\frac{\sum(X - \overline{X})^2}{N}}$$

或

$$\overline{X} = \frac{\sum XF}{\sum F} \quad \sigma = \sqrt{\frac{\sum(X - \overline{X})^2 F}{\sum F}}$$

在社会经济统计中,有时把某种社会经济现象的全部单位分成具有某一标志的单位和不具有某一标志的单位两组。比如,全部人口按性别分为男性和女性,某种产品按质量分为合格品和不合格品等。这种用"是"、"否"或"有"、"无"来表示的标志,叫做是非标志,又称交替标志,上例中的"性别"和"质量"两个标志就是如此。

设总体 N 个单位中,有 N_1 个单位具有某种属性,N_0 个单位不具有某种属性,则有 $N_1 + N_0 = N$,令:

$$P = \frac{N_1}{N}$$

$$Q = \frac{N_0}{N} = \frac{N - N_1}{N} = 1 - P$$

P 表示总体中具有某种属性的单位数占总体单位数的比重,Q 表示总体中不具有某种属性的单位数占总体单位数的比重。统计中常把这样的两种比重称为成数。

是非标志的表现既然是用"是"、"否"或"有"、"无"来表示的,因此,可以把它量化,用 1 表示"是"或"有",用 0 表示"否"或"无",这样,把是非标志值的分布可看成是 $X = 1$ 和 $X = 0$ 的分布,便可求其平均数和标准差或方差。

$$\overline{X}_p = \frac{0 \times N_0 + 1 \times N_1}{N} = \frac{N_1}{N} = P$$

$$\sigma_p^2 = \frac{(1-P)^2 N_1 + (0-P)^2 N_0}{N}$$

$$= \frac{Q^2 N_1 + P^2 N_0}{N} = Q^2 P + P^2 Q = PQ(Q+P) = PQ = P(1-P)$$

因此,$\sigma_p = \sqrt{P(1-P)}$

由上述计算可知,是非标志值的平均数是具有某种属性的成数本身,是非标志值的方差是两种成数之积,是非标志值的标准差是两种成数之积的平方根。

样本指标是指根据样本总体计算的指标,又叫统计量。与总体参数相对应,统计量有样本平均数 $\overline{x}$,样本成数 p、样本标准差 s(或样本方差 s^2)。用公式表示为:

$$\overline{x} = \frac{\sum x}{n} \text{ 或 } \frac{\sum xf}{\sum f}$$

$$s = \sqrt{\frac{\sum (x-\overline{x})^2}{n}} \text{ 或 } \sqrt{\frac{\sum (x-\overline{x})^2 f}{\sum f}}$$

同理:
$$\overline{x}_p = p$$
$$s_p^2 = p(1-p)$$
$$s_p = \sqrt{p(1-p)}$$

全及总体是唯一确定的,所以根据全及总体计算的全及指标也是唯一确定的,但它是未知的。样本总体是不确定的,所以根据样本总体计算的样本指标也是不确定的,它实际上是样本的函数,是个随机变量,但它是已知的。

3. 样本容量和样本个数

样本容量是指一个样本总体所包含的单位数,即 n。样本单位数的确定,必须结合调查任务的要求及总体各单位标志值的差异情况来综合考虑。通常将样本单位数不少于 30 个($n \geq 30$)的样本称为大样本,样本单位数不及 30 个($n < 30$)的样本称为小样本。社会经济统计中的抽样调查多属于大样本调查,因此,后面的有关计算和分析都是建立在大样本理论基础之上的。

样本个数又称样本可能数目,是指从一个总体中可能抽取的样本总体的个数。从一个总体中可能抽取多少个样本和样本容量及抽样方法等因素有很大关系。从一个总体抽取多少个样本,则样本指标就有多少个取值,因而就形成了样本指标的分布。

4. 重复抽样和不重复抽样

重复抽样又称回置抽样,它是从总体中抽出一个单位后,把结果登记下来,再放回总体中参加下一次抽选。重复抽样每次都是从全部总体单位中抽选,每个单位被抽中的机会在各次中是完全相同的,且有多次被抽中的可能。

从总体 N 个单位中,用重复抽样的方法随机抽取 n 个单位构成一个样本,若考虑样本单位的前后顺序,则共有 N^n 个样本。

【例7-1】总体有 A、B、C 三个单位,要从中随机重复抽取2个单位构成一个样本,先从3个单位中抽取1个,共有3种抽法,结果登记后再放回;然后再从相同的3个中抽1个,也有3种抽法。前后取两个单位构成一个样本,全部可能抽取的样本个数为 $3\times 3=9$,具体的样本是 AA、AB、AC、BA、BB、BC、CA、CB、CC。

不重复抽样又叫不回置抽样,它是指从总体中抽出一个单位之后不再放回去参加下一次抽选。在不重复抽样过程中,总体单位数依次减少,因而每个单位被抽中的可能性越来越大,但被抽中的机会只有一次。

从总体 N 个单位中,用不重复抽样方法随机抽取 n 个单位组成样本,若考虑样本单位的前后顺序,全部可能抽取的样本个数为 A_N^n 个,$A_N^n = N(N-1)(N-2)\cdots(N-n+1)$。

【例7-2】从总体 A、B、C 三个单位中用不重复抽样方法抽取2个单位构成样本。第一次从3个单位中抽1个,共有3种抽法;第二次从留下的2个单位中抽1个,共有2种抽法。前后两个单位构成一个样本。全部可能抽取的样本个数为 $3\times 2=6$ 个,具体样本是 AB、AC、BA、BC、CA、CB。

根据概率论,在相同样本容量的要求下,同一个总体的重复抽样的样本个数总是大于不重复抽样的样本个数。

7.2 抽样误差

7.2.1 抽样误差的意义

误差是客观现象的统计资料与客观现象真值之间的差别。抽样误差是指在遵循随机原则的前提下,抽取的样本指标与总体真值指标之间的差别或离差。如抽样平均数与总体平均数之间的离差,抽样成数与总体成数之间的离差等。

必须指出,抽样误差不同于登记误差和系统性误差。登记误差也叫工作误差,它是在调查过程中,由于观察、测量、登记、计算上的差错所引起的误差,登记误差是所有统计调查都可能发生的。系统性误差是由于违反抽样调查的随机原则,有意地抽选较好或较差的单位而造成的误差。系统性误差和登记误差都属于思想、作风、技术等方面的问题,在实际工作中可以防止或避免,应把它降到最低的限度,甚至为零。而抽样误差则是不包含登记误差和系统性误差,只是由于抽样的随机性而造成的误差,它是统计抽样所特有的、不可避免的,但能够加以控制。

以下是影响抽样误差大小的因素。

1. 总体各单位标志值的差异程度

总体各单位标志值差异程度越大,则抽样误差也越大,反之则越小。假设各单位标志值没有差别,也就没有抽样误差。

2. 样本单位数的多少

在其他条件相同的情况下,样本单位数越多,则抽样误差越小,反之则越大。假设样本单位数与总体单位数相等,也就没有抽样误差。

3. 抽样方法

选取抽样方法使重复抽样的误差大于不重复抽样的误差。

4. 抽样调查的组织形式

不同的抽样组织形式应有不同的抽样误差,而同一种组织形式的合理程度也影响抽样误差。

7.2.2 抽样平均误差

从一个总体中抽取许多个样本,每个样本指标与总体指标之间的离差称为实际抽样误差。由于总体指标是未知的,因此,实际抽样误差是无法测算的。实际工作中是以抽样平均误差来衡量抽样误差大小的。抽样平均误差是指所有可能的样本指标与总体指标之间离差的平均数,由于每个样本指标与总体指标之间的离差有正有负,且相加后的总和恒为零,因而抽样平均误差是指所有可能的样本指标与总体指标之间离差平方的算术平均数的平方根,即所有样本指标与总体指标之间的标准差。以 μ_x 表示抽样平均数的抽样平均误差,μ_p 表示抽样成数的抽样平均误差,M 表示全部可能的样本个数,则:

$$\mu_x = \sqrt{\frac{\sum(\overline{x} - \overline{X})^2}{M}}$$

$$\mu_p = \sqrt{\frac{\sum(p - P)^2}{M}}$$

在实际工作中,由于总体平均数和总体成数的真值是未知的,也不可能抽取所有的样本以测算所有的样本指标,因此,这两个抽样平均误差的公式只能是理论意义上的,实际工作中是无法应用的。数理统计的研究与发展为社会经济统计中抽样平均误差的计算提供了以下的应用性公式。

1. 抽样平均数的抽样平均误差

(1) 在重复抽样的条件下,计算公式为:

$$\mu_x = \sqrt{\frac{\sigma^2}{n}} = \frac{\sigma}{\sqrt{n}}$$

(2) 在不重复抽样的条件下,计算公式为:

$$\mu_x = \sqrt{\frac{\sigma^2}{n}\left(\frac{N-n}{N-1}\right)}$$

不重复抽样与重复抽样两个抽样平均误差公式相比,前者比后者多了个修正系数 $\left(\frac{N-n}{N-1}\right)$。这个系数总是小于1,因此,不重复抽样的误差总是小于重复抽样的误差。当总体单位数 N 非常大时,N 与 $N-1$ 非常接近,因此,不重复抽样的抽样平均误差公式可以近似地简化为:

$$\mu_x = \sqrt{\frac{\sigma^2}{n}\left(1-\frac{n}{N}\right)}$$

现举例说明抽样平均误差理论性公式与数理统计的应用性公式的使用。

【例 7-3】 设有 4 个工人,其日产量分别为 70、90、130、150 件。这一总体的平均日产量 $\overline{X}$ 和标准差 σ 为:

$$\overline{X} = \frac{\sum X}{N} = \frac{70+90+130+150}{4} = 110(件)$$

$$\sigma = \sqrt{\frac{\sum(X-\overline{X})^2}{N}}$$

$$= \sqrt{\frac{(70-110)^2+(90-110)^2+(130-110)^2+(150-110)^2}{4}}$$

$$= \sqrt{1000} = 31.62(件)$$

现在用不重复抽样的方法从 4 个工人中抽 2 个工人求平均日产量,所有可能的样本及有关资料列为表 7-1。

表 7-1 样本平均数及其离差计算表

序 号	样本变量值(x)	样本平均数($\overline{x}$)	平均数离差($\overline{x}-\overline{X}$)	离差平方($\overline{x}-\overline{X})^2$
1	70,90	80	-30	900
2	70,130	100	-10	100
3	70,150	110	0	0
4	90,70	80	-30	900
5	90,130	110	0	0
6	90,150	120	10	100
7	130,70	100	-10	100
8	130,90	110	0	0
9	130,150	140	30	900
10	150,70	110	0	0
11	150,90	120	10	100
12	150,130	140	30	900
合计	—	1320	0	4000

应用抽样平均误差的理论性公式计算为:

样本平均数的平均数：$\bar{\bar{x}} = \dfrac{\sum \bar{x}}{M} = \dfrac{1320}{12} = 110$(件)

抽样平均误差：$\mu_x = \sqrt{\dfrac{\sum(\bar{x} - \overline{X})^2}{M}} = \sqrt{\dfrac{4000}{12}} = 18.26$(件)

现在直接用数理统计的应用性公式计算为：

抽样平均误差：$\mu_x = \sqrt{\dfrac{\sigma^2}{n}\left(\dfrac{N-n}{N-1}\right)} = \sqrt{\dfrac{100}{2}\left(\dfrac{4-2}{4-1}\right)} = 18.26$(件)

从上面的简例中可以看出：样本指标的平均数等于总体指标，因此，抽样平均误差实质上是所有可能样本指标之间的标准差；同一个资料，用抽样平均误差的理论性公式与数理统计的应用性公式的计算结果是完全相同的。

2. 抽样成数的抽样平均误差

(1) 在重复抽样的条件下，计算公式为：

$$\mu_p = \sqrt{\dfrac{P(1-P)}{n}}$$

(2) 在不重复抽样的条件下，计算公式为：

$$\mu_p = \sqrt{\dfrac{P(1-P)}{n}\left(\dfrac{N-n}{N-1}\right)}$$

同理，在总体单位数 N 很大时，公式可以近似地简化为：

$$\mu_p = \sqrt{\dfrac{P(1-P)}{n}\left(1 - \dfrac{n}{N}\right)}$$

从上面的抽样平均误差的数理统计应用性公式中可以看出，σ、P 是总体的方差和成数资料，由于在抽样前总体的方差和成数是未知的，因此，抽样平均误差的数理统计应用性公式也是不能直接应用的。但经论证，可以用过去的总体同类资料或样本方差和样本成数来代替总体方差和总体成数。

【例 7-4】 某电子元件厂生产某型号的电子管，根据过去的情况，产品一级品率为 60%，现从 10000 件电子管中随机抽取 100 件进行检验，求一级品率的抽样平均误差。

根据已知条件：$P = 60\%$，$N = 10000$，$n = 100$，

在重复抽样的条件下，一级品率的抽样平均误差为：

$$\mu_p = \sqrt{\dfrac{P(1-P)}{n}} = \sqrt{\dfrac{60\% \times 40\%}{100}} = 4.9\%$$

在不重复抽样的条件下，一级品率的抽样平均误差为：

$$\mu_p = \sqrt{\dfrac{P(1-P)}{n}\left(1 - \dfrac{n}{N}\right)} = \sqrt{\dfrac{60\% \times 40\%}{100}\left(1 - \dfrac{100}{10\,000}\right)} = 4.87\%$$

从以上计算结果可以看出，同一个资料的重复抽样的抽样平均误差大于不重复抽样的抽样平均误差。

7.2.3 抽样极限误差

样本指标与总体指标之间的抽样误差是客观存在的,不可避免的。因此,以样本指标估计总体指标,要达到完全准确毫无误差,几乎是不可能的。所以,在用样本指标估计总体指标时,应该根据所研究对象的变动程度和分析任务的要求,确定一个可允许的误差范围,在这个范围内估计的数字都算是有效的。我们把这种可允许的误差范围称作抽样极限误差,又叫允许误差。它是抽样指标和总体指标之间抽样误差的最大可能范围,它等于样本指标可允许变动的上限或下限与总体指标之差的绝对值。设 Δ_x、Δ_p 分别表示抽样平均数极限误差和抽样成数极限误差。则

$$\Delta_x \geq |\bar{x} - \bar{X}|$$
$$\Delta_p \geq |p - P|$$

由于总体指标是未知的,所以,从这个意义上是无法计算抽样极限误差的。基于概率估计的理论,抽样极限误差通常是以抽样平均误差 μ_x 或 μ_p 为标准单位来衡量的,把抽样平均误差 μ_x 或 μ_p 扩大或缩小 t 倍,就形成了误差的可能范围,用公式表示为:

$$\Delta_x = t\mu_x$$
$$\Delta_p = t\mu_p$$

这里的 t 称为抽样误差的概率度,概率度是扩大和缩小抽样平均误差的倍数,是衡量估计可靠程度的一个参数。它和抽样估计的置信度具有一一对应的函数关系。抽样估计的置信度是用来表明抽样指标和总体指标的误差不超过一定范围的概率保证程度。

所谓概率是指在随机事件进行大量试验中,某种事件出现的可能性大小,也称频率。例如投掷一枚硬币,硬币落地前,谁也不能肯定是正面朝上还是反面朝上;从流水生产线上抽取一件产品进行检验,抽到的可能是合格品,也可能是不合格品。我们把可能发生也可能不发生的事件称为随机事件。在对随机事件进行大量的重复的 N 次试验中,假如某种事件出现了 n 次,则把 $\frac{n}{N}$ 称为某种事件在 N 次实验中出现的概率。比如投掷硬币,经过很多次投掷,结果正面朝上的频率接近 0.5,也就是说正面朝上的概率为 0.5。

抽样估计的概率保证程度就是指抽样误差不超过一定范围的概率大小。概率论证明,在大样本的条件下,抽样平均数的分布接近正态分布。正态分布的特点是:抽样平均数是以总体平均数为中心,两边完全对称分布,也就是说抽样平均数的正误差和负误差的可能性是完全相等的。而且抽样平均数愈接近总体平均数,出现的可能性愈大,概率愈大。反之,抽样平均数愈离开总体平均数,出现的可能性愈小,概率愈小,而趋于 0。正态概率分布图见图 7-1。该曲线和 $O\bar{x}$ 轴所包围的面积等于 1,则抽样平均数 $\bar{x}$ 落在 $[\bar{X} - 1\mu, \bar{X} + 1\mu]$ 面积的概率为 68.27%,落在 $[\bar{X} - 2\mu, \bar{X} + 2\mu]$ 面积的概率为 95.45%,落在 $[\bar{X} - 3\mu, \bar{X} + 3\mu]$ 面积的概率为 99.73%。这表明抽样平均数与总体平均数之间极限误差不超过 1μ 的概率为 68.72%,极限误差不超过 2μ 的概率为 95.45%,极限误差不超过 3μ 的概率为 99.73%。

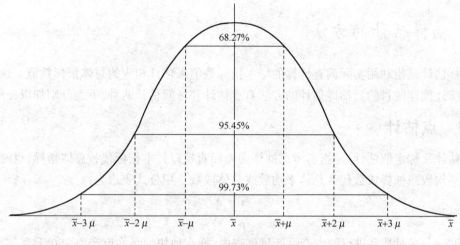

图 7-1 正态概率分布图

为了便于使用,现将常用的概率度、置信度(概率)和极限误差列为表 7-2。

表 7-2 正态概率表(部分)

概 率 度(t)	置 信 度$[F(t)]/\%$	极 限 误 差(Δ)
0.50	38.29	0.50μ
1.00	68.27	1.00μ
1.50	86.64	1.50μ
1.96	95.00	1.96μ
2.00	95.45	2.00μ
3.00	99.73	3.00μ

由此可以看出 t 值越大,抽样估计的置信度越高,抽样误差范围越大,精确度越差;t 值越小,抽样估计的置信度越低,抽样误差范围越小,而精确度越高。抽样估计的可靠性(置信度)和精确度是一对矛盾,所以在实际工作中要两者兼顾,合理处理,以达到最佳的抽样估计效果。

现在举例说明概率度和置信度的应用。

【例 7-5】设样本粮食平均亩产量 $\bar{x}$ = 500 千克,又知抽样平均误差 μ_x = 12.5 千克,求总体粮食平均亩产量 $\bar{X}$ 在 500 ± 25 千克(即 475 ~ 525 千克)之间的估计置信度是多少?根据公式:

$$t = \frac{\Delta_x}{\mu_x} = \frac{25}{12.5} = 2$$

查《正态概率表》,当 t = 2 时,置信度为 95.45%。即总体平均亩产量在 475 ~ 525 千克之间的概率保证程度为 95.45%,也就是说还有 4.55% 不在这个范围内的可能性。

7.3 抽样估计的方法

抽样估计是指利用实际调查计算的样本指标数值来估计相应的总体指标数值。这个过程实现了统计抽样的目的。抽样估计的方法有点估计和区间估计两种,下面分别加以介绍。

7.3.1 点估计

点估计又称定值估计,是指不考虑抽样误差而直接以样本指标代替总体指标,也就是直接以抽样平均数或抽样成数代替总体平均数或总体成数。用公式表示为:

$$\bar{x} = \bar{X}$$
$$p = P$$

【例 7-6】在对某乡进行的农产品产量调查中,样本地块的平均亩产为 350 千克,以此推断该乡的平均亩产也是 350 千克;对某批产品进行质量检验,抽取的部分产品的合格率为 95%,认为这批产品的合格率也是 95%。

点估计简便、直观,但这种估计没有表明抽样估计的误差,更没有指出误差在一定范围内的概率保证程度,所以实际工作中常常采用区间估计的方法。

7.3.2 区间估计

根据前面所讲的抽样极限误差的概念和不等式:

$$\Delta_x \geqslant |\bar{x} - \bar{X}|$$
$$\Delta_p \geqslant |p - P|$$

可以得到以下两个等价的不等式:

$$\bar{x} - \Delta_x \leqslant \bar{X} \leqslant \bar{x} + \Delta_x$$
$$p - \Delta_p \leqslant P \leqslant p + \Delta_p$$

上面第一式表示被估计的总体平均数是以抽样平均数 $\bar{x}$ 为中心,在 $\bar{x} - \Delta_x$ 至 $\bar{x} + \Delta_x$ 之间变动,区间 $[\bar{x} - \Delta_x, \bar{x} + \Delta_x]$ 称为总体平均数的估计区间或置信区间,区间总长度为 $2\Delta_x$,在这个区间内样本平均数和总体平均数之间的绝对离差不超过 Δ_x。同样,上面第二式表明被估计的总体成数是以抽样成数 p 为中心,在 $p - \Delta_p$ 至 $p + \Delta_p$ 之间变动,区间 $[p - \Delta_p, p + \Delta_p]$ 称为总体成数的估计区间或置信区间,区间总长度为 $2\Delta_p$,在这个区间内样本成数和总体成数之间的绝对离差不超过 Δ_p。

区间估计给出了抽样估计的两个问题,一是估计的精确度,即抽样极限误差的大小,抽样极限误差越大,估计的精确度越低,反之越高;二是估计的可靠度,即概率度的大小,概率度越大,估计的可靠度越高,反之越低。精确度与可靠度二者是矛盾的,具体的矛盾关系前已述及。

下面举例说明区间估计的方法与步骤。

【例7-7】某进出口公司出口一种名茶,规定每包重量不低于 150 克,现在用不重复抽样的方法抽取其中的 1% 进行检验,其抽查结果见表 7-3。

表 7-3 某进出口公司出口一种名茶的抽查结果

每包重量/克	包数 f	x	xf	$(x-\bar{x})^2 f$
148 ~ 149	10	148.5	1485	32.4
149 ~ 150	20	149.5	2990	12.8
150 ~ 151	50	150.5	7525	2.0
151 ~ 152	20	151.5	3030	28.8
合计	100	—	15 030	76.0

要求以 99.73% 的概率估计这批茶叶平均每包的重量范围,以便确定该批茶叶是否达到重量规格的要求。

$$\bar{x} = \frac{\sum xf}{\sum f} = \frac{15\ 030}{100} = 150.3(克)$$

$$s = \sqrt{\frac{\sum(x-\bar{x})^2 f}{\sum f}} = \sqrt{\frac{76}{100}} = \sqrt{0.76} = 0.87(克)$$

$$\mu_x = \sqrt{\frac{s^2}{n}\left(1 - \frac{n}{N}\right)} = \sqrt{\frac{0.76}{100}(1 - 0.01)} = 0.087(克)$$

由于 $F(t) = 99.73\%$,查正态概率表得 $t = 3$

所以 $\Delta_x = t\mu_x = 3 \times 0.087 = 0.26(克)$

平均每包重量区间为:150.30 ± 0.26 克,即 $150.04 \sim 150.56$ 克

由于估计的区间下限高于 150 克,所以这批茶叶以 99.73% 的概率估计,达到了重量规格的要求。

【例7-8】某城市随机抽取 400 户居民进行家计调查,得每户年耐用品的消费支出的标准差为 200 元,试确定该市居民年平均每户耐用品的消费支出在 930.4 ~ 969.6 元的概率保证程度。

已知:$n = 400, \sigma = 200, \Delta_x = \dfrac{969.6 - 930.4}{2} = 19.6(元)$,

则:
$$\mu_x = \frac{\sigma}{\sqrt{n}} = \frac{200}{\sqrt{400}} = 10(元)$$

$$t = \frac{\Delta_x}{\mu_x} = \frac{19.6}{10} = 1.96$$

查正态概率表,得置信度为 95%。

该市居民年平均每户耐用品的消费支出在 930.4 ~ 969.6 元的概率保证程度为 95%。

【例7-9】某企业生产一批食品罐头共 60 000 桶,随机不重复抽查 300 桶发现,其中有 6 桶

不合格,试以95.45%的可靠性估计这批罐头合格品率的可能范围。

已知:$N = 60\ 000$, $n = 300$, $n_0 = 6$, $F(t) = 95.45\%$, $t = 2$,

则:
$$p = \frac{n - n_0}{n} = \frac{300 - 6}{300} = 98\%$$

$$\mu_p = \sqrt{\frac{p(1-p)}{n}\left(1 - \frac{n}{N}\right)} = \sqrt{\frac{0.98 \times 0.02}{300}\left(1 - \frac{300}{60\ 000}\right)} = 0.8\%$$

$$\Delta_p = t\mu_p = 2 \times 0.8\% = 1.6\%$$

所以这批罐头合格品率的可能范围是 $98\% \pm 1.6\%$,即 $96.4\% \sim 99.6\%$。

7.4 抽样方案的设计

抽样方案是统计调查方案的一种形式,是统计抽样工作的实施计划,其基本结构与一般的统计调查方案相同。这里仅就抽样方案的几个特有问题予以说明。

7.4.1 抽样框的编制

抽样框是指由现象总体的所有单位组成的一个框架,它是实施抽样推断的基础条件之一。根据调查目的确定的调查对象只是抽样调查的目标总体,如何依据目标总体抽选被调查单位,这就必须编制抽样框。抽样框的范围与被抽样的总体是一致的,但由于抽样单位可大可小,根据需要编制的抽样框不一定是目标总体的基本单位。在抽样调查的实践中,抽样框一般有三种形式:一是名录抽样框,即按总体中所有单位排列而成的抽样框,如职工调查中的职工一览表;二是区域抽样框,即按自然地理位置排列而成的抽样框,如农产品调查中,按某一标志将土地划分为若干地块单位的抽样框;三是时间抽样框,即将一个较长的时间过程划分为若干个小的时间单位所形成的抽样框,如流水线上的产品质量检查,把一天时间分为许多抽样时间单位而顺序排列的抽样框。一个理想的抽样框应该包括全部总体单位,既不重复也不遗漏。

7.4.2 抽取样本单位的方法

抽取样本单位必须严格遵循随机原则,具体做法有以下两种。

1. 抽签法

抽签法,首先将总体单位编号,通常对总体中的每个单位按自然数的顺序编为 $1, 2, 3, \cdots, N$,另制 N 个与总体各单位对应的号签。然后将全部号签充分摇匀,根据需要按重复抽样或不重复抽样的方法,从中随机抽取 n 个号签,则与之对应的单位,即为抽中的样本单位,从而组成样本。它适用于总体单位数较少的总体。

2. 随机数表法

在大规模的社会经济统计调查中,由于总体单位数目很大,使用抽签法的工作量相当大,所以通常利用随机数表来确定样本单位。随机数表是用计算机、随机数字机等方法编制的,它是由 0~9 的 10 个数码随机组合的数字表格,在这个表格里 0~9 的每个数码出现的概率是相同的,为了方便,可以编 2 个数码一组,3 个数码一组,4 个数码一组,5 个数码一组,甚至更多个。表 7-4 是一个 5 个数码组成的部分随机数字表。根据不同的需要,首先可按行、列或划某一随机线灵活确定随机数的起始位置;其次可以竖查、横查、顺查、逆查,可以用每组数字左边的头几位数,也可以用右边的后几位数,还可以用中间的某几位数字;再次利用取得的随机数字对应编号的单位组成样本。这些都须事前定好,一经决定采用某一种具体做法,就必须保证对整个样本的抽取完全遵从同一规则。

表 7-4 随机数字表(部分)

78 226	85 384	40 527	48 987	60 602	16 085	29 971	61 279
43 021	92 980	27 768	26 916	27 783	84 572	78 483	39 820
61 459	39 073	79 242	20 372	21 048	87 088	34 600	74 636
63 171	58 247	12 907	50 303	28 814	40 422	97 895	61 421
42 372	53 183	51 546	90 385	12 120	64 042	51 320	22 983
81 500	13 219	57 941	74 927	32 798	98 600	55 225	42 059
59 408	66 368	36 016	26 247	25 965	49 487	26 968	86 021
77 681	83 458	21 540	62 651	69 424	78 197	20 643	67 297

【例 7-10】假设要从 30 人中采用不重复抽样的方法抽 5 人进行调查。第一步,先将 30 人编号,如 00,01,02,…,28,29。第二步,确定起始点位置,假定以随机数字表的第 2 行第 4 列数组的 26 916 为起点数。第三步,竖着顺查,选用后两个数字,查的结果后两个数字为 16,72,03,85,27,47,51,02,83,48,14…,最后,确定样本单位,查表中重复出现的号码只需取前面出现的一个就可以,结果最先出现的 29 以内的数码分别为 16,03,27,02,14,这就是要抽中的 5 个人。

7.4.3 抽样的组织形式

常用的抽样组织形式有简单随机抽样、类型抽样、等距抽样、整群抽样、多阶段抽样等。

1) 简单随机抽样

简单随机抽样是指对总体不作任何分类和排队,直接从 N 个单位的总体中随机抽取 n 个单位组成样本的抽样组织形式,又称为纯随机抽样。简单随机抽样是最基本的抽样组织形式,它适用于均匀分布的总体。以上各节所讨论的抽样理论与方法都是就简单随机抽样组织形式而言的。

2) 类型抽样

类型抽样又称分层抽样,它是先对总体各单位按某一标志分组,然后再从各组中随机抽选一定的单位构成样本的抽样组织形式。

设总体由 N 个单位构成，总体分为 K 组，使 $N = N_1 + N_2 + N_3 + \cdots + N_K$，然后从每组 N_i 单位中抽取 n_i 单位构成样本容量为 n 的样本，使 $n = n_1 + n_2 + \cdots + n_k$，这样的方法称为类型抽样。

类型抽样通常采用的是等比例类型抽样，即单位数较多的组多抽一些单位，单位数较少的组少抽一些单位，以保证抽样比例在各组都相等。用公式表示为：

$$\frac{n_1}{N_1} = \frac{n_2}{N_2} = \cdots = \frac{n_k}{N_K} = \frac{n}{N}$$

所以各组的样本单位数为：$n_i = \dfrac{nN_i}{N}$

以抽样平均数为例来说明类型抽样组织形式下样本平均数、抽样平均误差和区间估计等有关问题的计算。

第 i 组样本的抽样平均数为：$\overline{x}_i = \dfrac{\sum\limits_{j=1}^{n_i} x_{ij}}{n_i} \ (i = 1, 2, \cdots, k)$

全样本的抽样平均数为：$\overline{x} = \dfrac{\sum\limits_{i=1}^{k} \overline{x}_i n_i}{n}$

由于类型抽样对各组进行的是全面调查，因此，类型抽样的抽样平均误差和组间方差无关，只取决于各组内方差的平均水平。

第 i 组内方差为：$\sigma_i^2 = \dfrac{\sum\limits_{j}(x_j - \overline{x}_i)^2}{n_i} \ (i = 1, 2, \cdots, k)$

平均组内方差为：$\overline{\sigma_i^2} = \dfrac{\sum\limits_{i=1}^{k} \sigma_i^2 n_i}{n}$

样本平均数的抽样平均误差 μ_x 可按下列公式计算：

在重复抽样条件下：$\mu_x = \sqrt{\dfrac{\overline{\sigma_i^2}}{n}}$

在不重复抽样条件下：$\mu_x = \sqrt{\dfrac{\overline{\sigma_i^2}}{n}\left(1 - \dfrac{n}{N}\right)}$

【例 7-11】某地区共有农村居民 3920 户，分为粮食作物专业户、经济作物专业户和养殖专业户三种类型。用不重复抽样按 5% 的等比例抽取样本户，调查其平均收入，所计算的有关指标见表 7-5。

表7-5 某地区农村居民抽样资料

农户类型	总户数 N_i	抽样户数 n_i	每户平均收入 $\overline{x}_i$/元	收入标准差 σ_i/元
粮食作物户	2160	108	370	40.4
经济作物户	1560	78	440	46.8
养殖户	200	10	500	38.2
合计	3920	196	404.49	42.96

求样本平均收入和抽样平均误差,并以 95.45% 的概率估计该地区所有居民平均收入的区间范围。

全样本平均数为:
$$\overline{x} = \frac{\sum_{i=1}^{k} \overline{x}_i n_i}{n} = \frac{370 \times 108 + 440 \times 78 + 500 \times 10}{196} = 404.49(元)$$

平均组内方差为:
$$\overline{\sigma_i^2} = \frac{\sum_{i=1}^{k} \sigma_i^2 n_i}{n} = \frac{40.4^2 \times 108 + 46.8^2 \times 78 + 38.2^2 \times 10}{196} = 1845.43(元)$$

抽样平均误差为:
$$\mu_x = \sqrt{\frac{\overline{\sigma_i^2}}{n}\left(1 - \frac{n}{N}\right)} = \sqrt{\frac{1845.43}{196}\left(1 - \frac{196}{3920}\right)} = \sqrt{8.945} = 2.99(元)$$

由于 $F(t) = 95.45\%$,查正态概率表得 $t = 2$,则
$\Delta_x = 2 \times 2.99 = 5.98(元)$

那么,以 95.45% 的概率估计该地区所有农村居民平均收入的区间范围为 404.49 ± 5.98 元,即 398.51~410.47 元。

类型抽样通过分类,可以把总体中标志值比较接近的单位归为一组,减少各组内的差异程度,再从各组抽取样本单位就有更大的代表性,因此,抽样误差也就相对缩小了。所以在总体单位标志值大小悬殊的情况下,运用类型抽样比简单随机抽样可以得到更为准确的效果。

3) 等距抽样

等距抽样也称机械抽样,它是先按某一标志对总体各单位进行排队,然后根据一定顺序和间隔来抽取样本单位构成样本的抽样组织形式。由于这种抽样可以保证所取得的样本单位比较均匀地分布在总体的各个部分,所以样本的代表性较高,抽样误差较小。

等距抽样用来排队的标志可以是无关标志,也可以是有关标志。所谓无关标志是指作为排队顺序的标志和研究的内容没有直接关系的标志。例如调查某企业职工的平均年龄时,按职工的姓氏笔画排队,显然年龄与姓氏笔画之间没有必然的联系。又如居民家计调查按街道的门牌号码排队抽取调查户等。所谓有关标志,是指作为排队顺序的标志和研究的内容有直接关系的标志。例如农产品产量抽样调查,利用各县或乡近几年平均亩产量或当年预计亩产

量排队;又如职工家计调查,按上年职工平均工资排队等。按有关标志排队的等距抽样可以看成是分组更细、组数更多的类型抽样。

设总体由 N 个单位构成,现在需要抽取一个容量为 n 的样本。先将总体 N 个单位按某种有关或无关标志排队,然后将 N 划分为 n 个相等部分,每部分包含 T 个单位,即 $T = \dfrac{N}{n}$。现在从第一部分 $1, 2, \cdots, i, \cdots, T$ 个单位中随机抽取第 i 个单位,而在第二部分中抽取第 $i + T$ 个单位,在第三部分中抽取第 $i + 2T$ 个单位……,在第 n 个部分中抽取第 $i + (n-1)T$ 个单位,每部分抽取一个单位,共 n 个单位构成一个样本。由此可见,等距抽样每个样本单位的间隔均为 T,当第一个单位确定后,其余各个单位的位置也就随之确定了。通常第一个单位确定在半距处,即 $\dfrac{T}{2}$ 的位置上,其余各单位的位置是依次间隔 T 个单位。

等距抽样的抽样平均误差的计算一般认为,如果用来排队的标志是无关标志,可以把它近似地看作是简单随机抽样,所以采用简单随机抽样的误差公式计算;如果用来排队的标志是有关标志,可以把它近似地看成类型抽样,则采用类型抽样的误差公式计算,所不同的是等距抽样每组只抽一个样本单位,样本平均数和平均组内方差采用简单算术平均数即可。

在等距抽样中,不论是按无关标志还是按有关标志排队,都要注意避免抽样间隔与现象本身的周期性节奏相重合,引起系统性误差。例如农产品产量调查,抽样间隔不宜和田间的长度相等。工业产品质量抽查,抽样间隔不宜和上下班的时间一致。

4) 整群抽样

整群抽样是将总体各单位划分成若干群,然后从中随机抽取部分群,对中选群的所有单位进行全面调查的抽样组织形式。例如要了解某市中小学生的健康状况,可以把每个中小学校当作一群,从所有中小学校中随机抽取一些学校,对中选学校的所有学生逐一进行调查,这就是整群抽样。

假设将总体全部单位 N 划分为 R 群,每群包括的单位数相等,即均为 M,则有 $N = RM$,现在从总体 R 群中随机抽取 r 群组成样本,并对中选 r 群的所有 M 个单位进行调查。

以抽样平均数为例来说明整群抽样组织形式下样本平均数、抽样平均误差和区间估计等有关问题的计算。

第 i 群样本平均数为:$\overline{x}_i = \dfrac{\sum\limits_{j=1}^{M} x_{ij}}{M}$ ($i = 1, 2, \cdots, r$)

全样本平均数为:$\overline{x} = \dfrac{\sum\limits_{i=1}^{r} \overline{x}_i}{r}$

由于整群抽样是对中选群的所有单位进行的全面调查,因此,整群抽样的抽样平均误差仅取决于各群间方差,设 δ^2 为群间方差,则样本平均数的群间方差为:

$$\delta_x^2 = \frac{\sum_{i=1}^{r}(\overline{x_i} - \overline{x})^2}{r}$$

整群抽样都采用不重复抽样的方法,所以样本平均数的抽样平均误差为:

$$\mu_x = \sqrt{\frac{\delta_x^2}{r}\left(\frac{R-r}{R-1}\right)}$$

【例 7-12】拟调查某县农户家禽饲养情况,从该县 100 个村中随机抽取 10 个村,对中选村所有农户的家禽饲养情况进行调查,测得平均每户饲养家禽 35 只,各村的平均数的方差为 16 只。试以 95.45% 的概率估计全县平均每户家禽的饲养只数。

已知:$R = 100, r = 10, \overline{x} = 35, \delta_x^2 = 16, F(t) = 95.45\%, t = 2$,则:

抽样平均误差为:

$$\mu_x = \sqrt{\frac{\delta_x^2}{r}\left(\frac{R-r}{R-1}\right)} = \sqrt{\frac{16}{10}\left(\frac{100-10}{100-1}\right)} = 1.2(只)$$

极限误差:$\Delta_x = t\mu_x = 2 \times 1.2 = 2.4(只)$

则以 95.45% 的概率估计全县平均每户家禽饲养只数为 35 ± 2.4 只,即在 32.6 ~ 37.4 只范围内。

整群抽样实质上是以群为单位的简单随机抽样。

整群抽样组织方便,但因抽样单位比较集中,影响了抽样单位在总体中的均匀分布,与其他抽样方法比较,抽样误差较大。所以在实际工作中,采用整群抽样时,一般要比其他抽样方式抽取更多的单位,以便减少误差,提高抽样结果的准确度。

5)多阶段抽样

抽样调查中,如果抽出的样本单位直接就是总体单位,则叫单阶段抽样。如简单随机抽样、类型抽样、等距抽样都是单阶段抽样。如果将总体进行多层次分组,然后依次在各层中随机抽组,直到抽取总体单位,称为多阶段抽样。整群抽样就是第二阶段抽样比为 100% 的一种特殊的两阶段抽样。在实际工作中,当总体单位很多,分布广泛,又几乎不可能从总体中直接抽取总体单位时,常采用多阶段抽样。

以调查某省粮食平均亩产推算总产量为例来加以说明。第一步,从全省所有县级单位中抽取县;第二步,从被抽中县的所有乡或村中,抽取乡或村;第三步,从被抽中乡或村的所有农户中,抽取农户;第四步,从被抽中农户的所有播种地块中,抽取样本地块,进行实割实测的调查,计算其样本平均亩产量,然后逐级综合计算平均亩产量,并推断总产量。我国许多大规模的抽样调查都是采用多阶段抽样的抽样组织形式。

7.4.4 必要样本单位数的确定

在抽样调查中,样本容量越大,样本对总体的代表性越大,抽样误差越小;样本容量减少,抽样误差就要增大。但同时,样本容量越大,抽样调查的费用也越高,而且还影响到抽样调查的时效性。因此,在抽样调查前,必须确定一个既能满足抽样估计精度和把握程度要求的,又能使调查经费最小的样本单位数,即必要样本单位数,以取得最佳的抽样效果。

下面,以简单随机抽样的组织形式为例,说明必要样本单位数目的确定。

因为,在重复抽样下,平均数的极限误差公式为:

$$\Delta_x = t\mu_x = t\sqrt{\frac{\sigma^2}{n}}$$

所以,必要的样本单位数为: $n = \dfrac{t^2\sigma^2}{\Delta_x^2}$

又因为,在不重复抽样下,样本平均数的极限误差公式为:

$$\Delta_x = t\mu_x = t\sqrt{\frac{\sigma^2}{n}\left(1 - \frac{n}{N}\right)}$$

所以,必要的样本单位数为: $n = \dfrac{Nt^2\sigma^2}{N\Delta_x^2 + t^2\sigma^2}$

同理,成数必要样本单位数分别为:

重复抽样: $n = \dfrac{t^2 P(1-P)}{\Delta_p^2}$

不重复抽样: $n = \dfrac{Nt^2 P(1-P)}{N\Delta_p^2 + t^2 P(1-P)}$

从上面的公式中可以看出,以下是影响必要样本单位数的因素。

1) 总体各单位标志值的差异程度

总体各单位标志值差异程度越大,总体单位对总体的代表性就越小,这时就要多抽一些样本单位;反之,应该少抽一些。

2) 抽样极限误差的大小

抽样极限误差是指允许的误差范围,允许的误差范围越小,表明要求的精确度越高,就要多抽些样本单位。反之,则可少抽一些。

3) 抽样估计的置信度

抽样估计要求的置信度高,就要多抽一些样本单位,要求的置信度低,则可少抽一些。

4) 抽样方法和抽样组织形式

在同样的条件下,重复抽样需要多抽一些样本单位,不重复抽样可以少抽一些。简单随机抽样和整群抽样需要多抽一些样本单位,而类型抽样和等距抽样相对可少抽一些。

下面举例说明。

【例7-13】某城市组织职工家庭生活抽样调查,已知以往职工家庭平均每人每月生活费收入的标准差为11.5元,要求把握程度(置信度)为0.9545,允许误差为1元,问需要抽多少户进行调查?

已知: $F(t) = 0.9545, t = 2, \Delta_x = 1, \sigma = 11.5$ 元(总体指标是未知的,一般可用以前的经验数据、类似的资料或试点抽样调查的数据来代替),则:

$$n = \frac{t^2 \sigma^2}{\Delta_x^2} = \frac{2^2 \times 11.5^2}{1^2} = 529(户)$$

即:按规定要求应抽 529 户。

【例 7-14】调查一批机械零件的合格品率。根据过去的资料,合格品率曾有过 99%、97% 和 95% 三种情况,现在要求允许误差不超过 1%,推断的把握程度为 95%,问应抽多少个零件?

已知:$\Delta_p \leqslant 1\%$, $F(t) = 95\%$, $t = 1.96$, $P(1-P) = 95\%(1-95\%) = 0.0475$(有多个方差的情况下,取最大的方差值,目的是多抽一些单位,以满足抽样要求),则:

$$n = \frac{t^2 P(1-P)}{\Delta_p^2} = \frac{1.96^2 \times 0.0475}{0.01^2} = 1825(个)$$

这就是说至少应抽 1825 个零件,才能符合上述要求。

在同一总体中,如果同时需要进行平均数估计和成数估计,必要的样本单位数按两个公式计算的结果不同时,为满足两种估计的共同要求,应选择较大的抽样数目。

【例 7-15】某市开展职工家计调查,根据历史资料该市职工家庭平均每人每年收入的标准差为 250 元,而家庭消费的恩格尔系数为 65%。现在用重复抽样的方法,要求在 95.45% 的概率保证下,平均收入的极限误差不超过 20 元,恩格尔系数的极限误差不超过 4%,求必要的样本单位数。

根据公式,在重复抽样条件下,

样本平均数的单位数为:

$$n = \frac{t^2 \sigma^2}{\Delta_x^2} = \frac{2^2 \times 250^2}{20^2} = 625(户)$$

样本成数的单位数为:

$$n = \frac{t^2 P(1-P)}{\Delta_p^2} = \frac{2^2 \times 0.65 \times 0.35}{0.04^2} = 569(户)$$

两个抽样指标所要求的单位数不同,应取其中较多的单位数,即抽取 625 户进行家计调查,以满足共同的要求。

为保障抽样估计的精确度和可靠度,无论是重复抽样,还是不重复抽样,在计算必要样本单位数时,原则上都采用重复抽样的公式计算。

本章小结

本章主要讲授了统计抽样的一般问题、抽样平均误差、极限误差与区间估计、抽样方案的设计四个大问题。

统计抽样是按照随机原则从总体中抽取部分单位进行调查,利用这部分单位的调查资料推算总体数量特征的一种统计分析方法。统计抽样的特点是:按照随机原则抽取样本单位;根据部分推断总体;运用概率估计法;存在抽样误差但可事先计算并加以控制。统计抽样具有能够解决全面调查无法或难以解决的问题,可补充和修正全面调查的资料,用于生产过程的质量检查与控制,短期内可取得时效性强的资料等重要作用。

表 7-6　统计抽样基本概念汇总表

基本概念	含义	内容	特点
总体	研究事物的全体	总体单位数 N	唯一的
样本	从总体中随机抽取的那部分单位	样本单位数 n	随机的
全及指标（参数）	据总体计算的指标	$\overline{X}$、σ、σ^2 P、Q、$P(1-P)$	唯一的 未知的
样本指标（统计量）	据样本计算的指标	$\overline{x}$、s、s^2 p、q、$P(1-P)$	随机的 已知的
样本容量	样本单位的个数	n	$n \geq 30$
样本个数	所有样本的数目	N^n、A_N^n	—
重复抽样	有放回的抽样	—	误差大
不重复抽样	无放回的抽样	—	误差小

抽样误差是指在遵循随机原则的前提下,抽取的样本指标与总体真值指标之间的差别或离差。影响抽样误差大小的因素有总体各单位标志值的差异程度、样本单位数的多少、抽样方法、抽样的组织形式。

抽样平均误差是指所有可能的样本指标与总体指标之间离差平方的算术平均数的平方根,即所有样本指标与总体指标之间的标准差,实际上是所有样本指标间的标准差。

表 7-7　抽样平均误差应用性公式汇总表

现象类型	简单随机抽样		类型抽样	整群抽样
	重复抽样	不重复抽样		
平均数的抽样平均误差($\mu_{\overline{x}}$)	$\sqrt{\dfrac{\sigma^2}{n}}$	$\sqrt{\dfrac{\sigma^2}{n}\left(1-\dfrac{n}{N}\right)}$	$\sqrt{\dfrac{\overline{\sigma_i^2}}{n}\left(1-\dfrac{n}{N}\right)}$	$\sqrt{\dfrac{\delta_{\overline{x}}^2}{r}\left(\dfrac{R-r}{R-1}\right)}$
成数的抽样平均误差(μ_p)	$\sqrt{\dfrac{P(1-P)}{n}}$	$\sqrt{\dfrac{P(1-P)}{n}\left(1-\dfrac{n}{N}\right)}$	$\sqrt{\dfrac{\overline{p_i(1-p_i)}}{n}\left(1-\dfrac{n}{N}\right)}$	$\sqrt{\dfrac{\delta_p^2}{r}\left(\dfrac{R-r}{R-1}\right)}$

抽样极限误差又叫允许误差,它是抽样指标和总体指标之间抽样误差的最大可能范围,它等于样本指标可允许变动的上限或下限与总体指标之差的绝对值。

表 7-8 抽样极限误差与区间估计汇总表

	平 均 数	成 数
极 限 误 差	$\Delta_x = t\mu_x$	$\Delta_p = t\mu_p$
区 间 估 计	$\bar{x} - \Delta_x \leqslant \bar{X} \leqslant \bar{x} + \Delta_x$	$p - \Delta_p \leqslant P \leqslant p + \Delta_p$

区间估计有两个问题：一是估计的精确度，即抽样极限误差的大小；二是估计的可靠度，即概率度的大小。精确度与可靠度二者是矛盾的，即概率度越大，抽样估计的置信度越高，抽样误差范围越大，精确度越低；概率度越小，抽样估计的置信度越低，抽样误差范围越小，而精确度越高。

统计抽样要设计好抽样方案，重点是编制好抽样框，确定样本单位的抽取方法，选择合理的抽样组织形式，确定必要的样本单位数。

必要样本单位数是既能满足抽样估计精度和把握程度要求，又能使调查经费最小的样本单位数。影响必要样本单位数的因素有总体各单位标志值的差异程度、抽样极限误差的大小、抽样估计的置信度、抽样方法和抽样组织形式。

表 7-9 简单随机抽样确定必要样本数目公式汇总表

现象类型	重复抽样	不重复抽样
平均数	$n = \dfrac{t^2 \sigma^2}{\Delta_x^2}$	$n = \dfrac{Nt^2 \sigma^2}{N\Delta_x^2 + t^2 \sigma^2}$
成数	$n = \dfrac{t^2 P(1-P)}{\Delta_p^2}$	$n = \dfrac{Nt^2 P(1-P)}{N\Delta_p^2 + t^2 P(1-P)}$

思考题

7-1 什么是统计抽样？它有什么特点和作用？

7-2 什么是参数？什么是统计量？两者有什么区别和联系？

7-3 如何理解抽样误差，它与工作误差和系统性误差有何区别？

7-4 如何理解抽样平均误差，它的理论性公式和应用性公式各是怎样？

7-5 什么是抽样极限误差？它与抽样平均误差有何关系？

7-6 什么是概率度和置信度？两者关系如何？

7-7 怎样理解抽样估计的精确度和可靠度？两者关系如何？

7-8 抽样的组织形式有哪些？它们有什么区别？

7-9 类型抽样的抽样平均误差与简单随机抽样的抽样平均误差有何区别？

7-10 什么是必要样本单位数？为什么要确定必要样本单位数？确定必要样本单位数应考虑哪些因素？

填空题

7-1 样本是按（　　）原则抽选出来的。

7-2 重复抽样的误差（　　）不重复抽样的误差。

7-3 抽样平均误差是所有样本指标与总体指标之间的（　　）。

7-4 全及指标是（　　）确定的，但它是（　　）知的；样本指标是（　　）确定的，但它是（　　）知的。

7-5 区间估计给出了抽样估计的两个问题，即（　　）和（　　），两者是矛盾的。

7-6 常用的抽样组织形式有：（　　）、（　　）、（　　）、（　　）、（　　）等。

单选题

7-1 抽样调查的随机原则是指（　　）。
A．抽取样本时，要使每一个总体单位都被抽取到
B．从总体中抽取样本时，要发挥人的主观能动作用
C．抽取样本时，每个总体单位被抽取的可能性由它们的重要性来决定
D．抽取样本时，每个总体单位被抽取的可能性都相等，不受人的主观意识的影响

7-2 所谓大样本是指样本单位数在（　　）及以上。
A．50个　　　　B．30个　　　　C．80个　　　　D．100个

7-3 抽样误差是指（　　）。
A．总体与总体指标之间数量上的差别　　B．样本与样本指标之间数量上的差别
C．总体单位之间数量上的差别　　　　　D．样本指标和总体指标之间数量上的差别

7-4 抽样误差的产生是由于（　　）。
A．调查中存在工作误差　　　　　　B．调查中存在非随机性误差
C．调查中存在随机性的代表误差　　D．计算过程中存在的误差

7-5 先对总体按某一标志分组，然后再在各组中按随机原则抽取一部分单位构成样本，这种抽样组织方式称为（　　）。
A．简单随机抽样　　B．机械抽样　　C．类型抽样　　D．整群抽样

7-6 在其他条件不变的情况下，提高抽样估计的可靠程度，其精确度将（　　）。
A．保持不变　　B．随之扩大　　C．随之缩小　　D．无法确定

7-7 对于某一项调查来说，根据客观要求应有一个允许的误差限度，这个概念是（　　）。
A．抽样平均误差　　B．抽样极限误差　　C．概率保证程度　　D．概率度

7-8 在简单随机重复抽样条件下，当误差限度扩大1倍，其他条件不变时，则抽样单位数（　　）。

A. 只需原来的 1/2　B. 只需原来的 1/4　C. 需原来的 1 倍　D. 需原来的 2 倍

7-9　在抽样调查中（　　）。

A. 总体是客观存在的,是唯一确定的　　B. 总体不是客观存在,也不是唯一确定的
C. 样本是客观存在的,是唯一确定的　　D. 以上三种情况都不是

7-10　总体平均数和样本平均数的关系是(　　)。

A. 总体平均数是确定值,样本平均数是随机变量
B. 总体平均数是随机变量,样本平均数是确定值
C. 总体平均数和样本平均数都是确定值
D. 总体平均数和样本平均数都是随机变量

多选题

7-1　抽样调查法的特点是(　　)。

A. 一种非全面调查　　　　　　　B. 抽样误差可以事先计算并加以控制
C. 在于了解总体基本情况　　　　D. 按随机原则抽选调查单位
E. 从数量上推断总体

7-2　由于统计调查组织方式各有其不同的实施范围和应用条件,因此(　　)。

A. 抽样调查可以完全代替全面调查　　B. 抽样调查并不能完全代替全面调查
C. 抽样调查和全面调查各有不同作用　　D. 全面调查可以取代抽样调查
E. 抽样调查与全面调查同时进行,可以互相补充

7-3　在抽样推断中,常用的样本指标有(　　)。

A. 样本平均数　　　　　　　　　B. 样本成数
C. 样本方差　　　　　　　　　　D. 样本标准差
E. 样本容量

7-4　从 1000 户居民中随机抽取 100 户调查其收入情况,则(　　)。

A. 样本单位数为 100 户　　　　　B. 样本容量为 100 户
C. 样本可能数目为 100 个　　　　D. 总体单位数为 1000 户
E. 样本容量为 1000 户

7-5　抽样平均误差与样本指标值之间的关系是抽样平均误差(　　)。

A. 愈小样本指标值的代表性愈大　　B. 愈小样本指标值的代表性愈小
C. 愈大样本指标值的代表性愈大　　D. 愈大样本指标值的代表性愈小
E. 的大小与样本指标值的代表性成反比

7-6　要增大抽样估计的概率保证程度,可以(　　)。

A. 缩小概率度　　　　　　　　　B. 扩大极限误差范围
C. 缩小极限误差范围　　　　　　D. 增加样本容量

E. 增大概率度

7-7 在其他条件不变的情况下,抽样极限误差的大小与概率保证程度关系是(　　)。
A. 允许误差限度愈小,概率保证程度愈大
B. 允许误差限度愈小,概率保证程度愈小
C. 允许误差限度愈大,概率保证程度愈大
D. 成正比关系
E. 成反比关系

判断题

7-1 抽样推断中最基本的抽样组织方式是简单随机抽样。(　　)

7-2 产品质量检验时,每隔10小时抽取1小时的产品进行检验,就是等距抽样组织形式的应用。(　　)

7-3 抽样估计的误差范围与推断的把握程度有密切关系,扩大抽样误差范围,就会降低推断的把握程度。(　　)

7-4 在简单随机抽样中,如果重复抽样的极限误差降低50%,其他条件不变,则样本单位数需要扩大到原来的4倍。(　　)

7-5 在简单随机抽样下,若允许误差为原来的2/3,则样本容量将扩大为原来的3倍。(　　)

7-6 从10000件产品中随机抽取100件进行质量检验,结果有3件不合格,则样本成数方差为0.0291。(　　)

技能实训题

【实训1】在2000名大学生中随机抽取200名调查,调查的结果是:平均体重58千克,又据历史资料已知大学生体重的标准差是10千克。试用重复抽样和不重复抽样两种方法计算抽样平均误差。

【实训2】对某灯泡厂生产的10 000个灯泡进行质量检查,在随机抽取的100个灯泡中有4个不合格品。试计算合格品率的抽样平均误差。

【实训3】从某企业生产的机器零件中随机抽出50个搞产品质量检查,其平均使用寿命为1000小时,历史上几次调查已知该机器零件使用寿命的标准差分别为100小时、150小时、125小时。合格率分别为95%、92%、90%。试分别计算平均使用寿命和合格品率的抽样平均误差。

【实训4】随机从企业2000名职工中抽出40人搞调查,调查结果见表7-10。

表 7-10 某企业职工调查结果

工 资/元	人 数/人
350~450	8
450~550	20
550 以上	12
合计	40

试计算抽样平均误差(重复和不重复)。

【实训 5】从某火柴厂仓库中随机抽选 100 盒火柴检查每盒火柴支数,检验结果是:平均每盒火柴为 98 支,样本标准差为 3 支。试在 99.73% 的概率保证下,推断该仓库平均每盒火柴支数的区间范围。如果其他条件不变,允许的误差范围减少到原来的 1/4,问下次调查时需要抽查多少盒火柴?

【实训 6】某厂对 10 000 件产品,按纯随机不重复抽样的方法抽出 1000 件进行检验,其中不合格品为 120 件,如用 0.9545 的概率保证,问这批产品中不合格率的区间估计范围是多大?如果其他条件不变,允许误差缩小 1/4,下次搞调查时应抽多少件产品?

【实训 7】某市抽查 50 户职工家庭,搞住户调查。调查结果月平均每人生活费为 450 元,标准差为 80 元,试在 95.45% 的概率保证下,推断该市职工家庭平均每人月生活费的所在范围,若调查者希望估计的极限误差不超过 22.1872 元,问有多大把握程度?

【实训 8】一个电视节目主持人想了解观众对某个电视节目的喜欢情况,他选取了 500 个观众作样本,结果发现喜欢该节目的人有 175 个。试以 95% 的概率构置一置信区间。若该节目主持人希望估计的极限误差不超过 6.39%,问有多大把握程度?

【实训 9】某地区从 100 000 亩耕地中重复抽取 100 亩耕地搞粮食产量调查,调查结果平均亩产 840 斤,方差 2500 斤,高产田占 70%。试在 95% 的概率保证下,推断平均亩产和高产田所占比重的区间范围;推断粮食总产量和高产田数所在的区间范围。

【实训 10】对某鱼塘进行抽样调查。从鱼塘的不同部位同时撒网捕到鱼 150 条,其中草鱼 123 条,草鱼平均每条体重 2 千克,标准差 0.75 千克。试按 99.73% 的概率保证程度:对该鱼塘草鱼平均每条体重作区间估计;对该鱼塘草鱼所占比重作区间估计。

【实训 11】对某型号的电子元件进行耐用性能检查,其抽样资料见表 7-11。

表 7-11 某型号电子元件抽查资料

耐用时数/小时	元 件 数/个
900 以下	1
900~950	2
950~1000	6
1000~1050	35
1050~1100	43
1100~1150	9
1150~1200	3
1200 以上	1

要求：

（1）耐用时数的误差范围不超过 10.382 小时，试估计该批电子元件的平均耐用时数的区间范围，并说明其可靠程度的大小。

（2）设该厂的产品质量检验标准规定，元件耐用时数在 1000 小时以下的为不合格品。如要求合格品率估计的误差范围不超过 8.58%，试估计该批电子元件合格品率的区间范围，并说明其概率保证程度。

【实训 12】某化工机械厂日产 10 000 件标准件，过去几次抽样调查一等品率为 90%，现在要求误差范围在 2% 之内，可靠度为 95.45%，问进行简单随机抽样需要抽取多少件产品检验？

【实训 13】对某企业三种收入类型的职工进行 5% 的不重复抽样，其收入情况见表 7-12。

表 7-12 某企业职工收入情况

收入类型	职工人数/人	抽样人数/人	抽样月平均收入/元	抽样收入标准差/元
高	200	10	1920	48
中	1600	80	1440	30
低	1200	60	1080	45

试推断概率在 0.9545 时，全部职工月平均收入的可能范围。

第 8 章 统计假设检验技术

📖 **本章知识技能要点与要求**

- 理解假设检验的概念、基本思想和假设检验的步骤
- 了解假设检验可能犯的两类错误
- 理解双侧检验和单侧检验的含义
- 掌握总体平均值的假设检验方法
- 掌握总体成数的假设检验方法

8.1 假设检验的一般问题

8.1.1 假设检验的概念

统计抽样技术作为科学的调查推断方法,越来越多地得到广泛的应用,与之密切相关的统计假设检验的应用范围也越来越广。

假设检验是指对未知总体的某一特征(参数)提出某种假设,根据抽取的样本资料,运用数理统计的方法,验证这种假设是否成立,从而决定接受假设或拒绝假设的统计推断方法。假设检验又叫显著性检验。

在假设检验中,应事先明确提出总体某一特征的假设数值,这个需要检验的假设称为原假设,用 H_0 表示。当抽取样本资料,经过计算,通过了显著性检验,确认了原假设,这时就接受原假设;如果抽取的样本资料未能支持原假设,那就是说应是另一个数值,将拒绝原假设。此时,另外有一个可以接受的假设,这个可以接受的另外一个假设称为备择假设,用 H_1 表示。备择假设是伴随原假设产生的,是与原假设相对立的假设,是原假设的互逆事件,即总体某一特征不具有假设数值的假设。

假设检验的目的就是在原假设和备择假设之间选择其一,当检验证明原假设可信时,就接受原假设,否定备择假设;当检验证明原假设不可信时,就拒绝原假设,而接受备择假设。

【例 8-1】某工厂生产一种电子元件,在正常情况下电子元件的平均使用寿命为 2500 小时,某日从该厂生产的一批电子元件中随机抽取 30 个进行检查,测得样本平均使用寿命为

2450 小时,能否认为该日生产的这批电子元件的平均使用寿命为 2500 小时?

这里假设的总体平均数是 2500 小时,因此,

原假设 H_0 $\overline{X} = 2500$

备择假设 H_1 $\overline{X} \neq 2500$

从抽样检查的结果可以得知样本平均数 $\overline{x} = 2450$,显然样本平均数 $\overline{x}$ 与假设的总体平均数 $\overline{X}$ 之间存在差异,经过检验,对于 $\overline{x}$ 和 $\overline{X}$ 出现的差异可以有以下两种不同的结论。

(1) 原假设 H_0 即 $\overline{X} = 2500$ 是正确的。由于抽样的随机性原因,样本资料存在抽样误差,$\overline{x}$ 和 $\overline{X}$ 之间出现某些差异是完全可接受的。这时就接受原假设,而否定备择假设。

(2) 原假设 H_0 即 $\overline{X} = 2500$ 是不正确的。$\overline{x}$ 和 $\overline{X}$ 之间出现差异是不可以接受的,$\overline{x}$ 和 $\overline{X}$ 之间出现的差异不是抽样的随机性产生的,而是实质性、显著性的差异。这时就拒绝原假设,而接受备择假设,即 $H_1: \overline{X} \neq 2500$。

由此可见,也可以认为假设检验是用来判断样本与样本或样本与总体之间的差异是由抽样误差引起的还是本质差别造成的统计推断方法。

8.1.2 假设检验的基本思想

假设检验的基本思想是小概率反证法思想。数学上的小概率原理是指一个事件如果发生的概率很小的话,那么可认为它在一次实验中是不会发生的。反证法思想是先提出假设(H_0),再用适当的统计方法确定假设成立的可能性大小。也就是说,对总体的某个特征值的假设是真实的,那么不利于或不能支持这一假设的事件 A 在一次试验中几乎是不可能发生的;要是在一次试验中事件 A 竟然发生了,就有理由怀疑这一假设的真实性,就要拒绝这一假设。

假设检验的基本做法是根据经验提出假设,并抽取一个样本取得样本资料,以样本资料为依据进行假设检验。样本的取得就相当于一次实验,在取得样本的一次实验中,小概率事件是很难(或不可能)出现的,如果在原假设中小概率事件居然在取得样本的一次实验中发生了,就有理由怀疑原来对该事件假设的正确性,从而拒绝原假设成立。

如例 8-1,如果样本测定的结果比 2500 小时高很多(或低很多),从直观上能感到原假设可疑而否定它,因为原假设是真实时,在一次试验中出现了与 2500 小时相距甚远的小概率事件几乎是不可能的,而现在竟然出现了,当然要拒绝原假设 H_0。现在的问题是样本平均使用寿命为 2450 小时,结果虽然与原假设有一定的差异,但样本具有随机性,2450 小时与 2500 小时之间的差异很可能是样本的随机性造成的。在这种情况下,要对原假设做出接受还是拒绝的抉择,就必须根据研究的问题和决策条件,对样本值与原假设的差异进行分析。若有充分理由认为这种差异并非是由偶然的随机因素造成的,也即认为差异是显著的,才能拒绝原假设,否则就不能拒绝原假设。假设检验实质上是对原假设是否正确进行检验,因此,检验过程中要使原假设得到维护,使之不轻易地被否定,所以,否定原假设必须有充分的理由;同时,当原假设被接受时,也只能认为否定它的根据不充分,而不是认为它绝对正确。

样本既然取自总体,样本平均数就必然包含着总体平均数的信息。如【例 8-1】,若原假设 $H_0: \overline{X} = 2500$ 为真,则 $|\overline{x} - 2500|$ 一般应较小;否则 $|\overline{x} - 2500|$ 一般应较大。因此,可以根据 $|\overline{x} - 2500|$ 的大小,也即差异是否显著来决定接受还是拒绝原假设。$|\overline{x} - 2500|$ 越大越倾向于拒绝原假设,那么 $|\overline{x} - 2500|$ 大到何种程度才能做出拒绝原假设的决定呢?为此,就需要制定一个检验规则。

当 $|\overline{x} - 2500| \geq C$ 时,拒绝原假设 H_0;当 $|\overline{x} - 2500| < C$ 时,接受原假设 H_0。其中 C 是一个特定的参数,称为临界值,不同的 C 值表示不同的检验。把拒绝原假设 H_0 的范围称为拒绝域,接受原假设 H_0 的范围称为接受域。因此,确定一个检验规则,实质就是确定一个拒绝域。

那么,怎样确定拒绝域呢?这涉及假设检验中的两类错误问题。

由于样本具有随机性,因此,根据样本作出判断就有可能犯两类错误:

一类错误是原假设是正确的,按检验规则却拒绝了原假设,这类错误称为弃真错误或第Ⅰ类错误,其发生的概率记为 α;

另一类错误是,原假设是不正确的,而按检验规则接受了原假设,这类错误称为取伪错误或第Ⅱ类错误,其发生的概率记为 β。

检验决策与两类错误的关系见表 8-1。

表 8-1 检验决策与两类错误关系表

检 验 决 策	H_0 为真	H_0 为非真
拒绝原假设 H_0	犯弃真(第Ⅰ类)错误	正确
接受原假设 H_0	正确	犯取伪(第Ⅱ类)错误

显然,发生弃真错误是样本观察值落入拒绝域内造成的,其发生的概率为 α,因此,可以认为 α 越大,犯弃真错误的可能性就越大。所以,为了避免犯弃真错误,就应该把 α 控制为很小。但是,在缩小 α 的同时,却扩大了第Ⅱ类错误即取伪错误的可能性,用 β 表示犯第Ⅱ类错误即取伪错误的概率,则 β 越大就越有可能犯第Ⅱ类错误。可见,α 越小,β 就越大,即越减少弃真的可能就越有可能取伪,这是一对很难处理的矛盾。

希望犯这两类错误的概率都非常小,由于在一定的样本容量下,α 和 β 此消彼长,这对矛盾很难解决,要解决这对矛盾,同时减少 α 和 β,就必须增加样本容量。但是样本容量增加的同时,调查费用(检验费用)又会相应增大,所以应该综合考虑 α 的水平、样本容量 n 及检验费用等各种因素。

在统计假设检验中,这种只控制 α 而不考虑 β 的假设检验,称为显著性检验,α 称为显著性水平。最常用的 α 值为 0.01、0.05、0.10 等。一般情况下,根据研究的问题,如果犯弃真错误损失大,为减少这类错误,α 取值小些,反之,α 取值大些。

8.1.3 假设检验的基本步骤

假设检验的基本步骤如下。

第一步:提出检验假设即原假设和备择假设。

原假设 H_0:这种假设所反映出的样本与总体或样本与样本间的差异是由抽样误差引起的。

备择假设 H_1:这种假设所反映出的样本与总体或样本与样本间的差异是本质的差异。

第二步:预先设定显著水平值。

前已述及,假设检验的基本思想,实质上是小概率推断原理。如果一个事件发生的概率很小,则称之为小概率事件。通常情况下要规定一个概率的界限水平 α,当某事件发生的概率小于该显著水平时,就认为该事件为小概率事件。在统计实践中,一般以 0.05 为显著水平,以 0.01 为高度显著水平。

第三步:查表确定临界值。

根据统计量的分布查表确定对应于 α 的临界值。

第四步:计算检验统计量。

根据资料的类型和特点,选定适当的统计方法,可分别选用 U 检验和 T 检验等统计检验方法,计算检验统计量。

第五步:进行判断,是否接受原假设。

根据样本观测值计算检验统计量的值,与临界值比较,做出拒绝或接受原假设 H_0 的判断。

8.1.4 双侧检验和单侧检验

在显著性检验中,从形式上可分为双侧检验和单侧检验。

1. 双侧检验

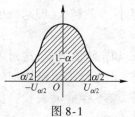

图 8-1

拒绝域是统计量概率分布曲线下两侧概率较小的变量空间,且两侧拒绝域的概率各为 $\frac{\alpha}{2}$,即两侧拒绝域的概率之和为显著水平 α。图 8-1 所示,为双侧 U 检验法的概率分布曲线图,拒绝域为 $|U| \geq U_{\alpha/2}$,将拒绝域在曲线下两侧的显著性检验称之为双侧检验。

当假设形式为 $H_0: \overline{X} = \overline{X_0}$;$H_1: \overline{X} \neq \overline{X_0}$ 时,可进行双侧检验。

2. 单侧检验

拒绝域是统计量概率分布曲线下左侧的概率为 α 的小区域或右侧的概率为 α 的小区域时,称为单侧检验。其中,拒绝域在统计量概率分布曲线下左侧的概率为 α 的小区域,称为左单侧检验;拒绝域在统计量概率分布曲线下右侧的概率为 α 的小区域,称为右单侧检验。如

图 8-2 所示,是右单侧 U 检验法的概率分布曲线图,拒绝域 $U \geqslant U_\alpha$。

当假设为 $H_0:\overline{X} \leqslant \overline{X}_0$;$H_1:\overline{X} > \overline{X}_0$ 可进行右单侧检验。

当假设为 $H_0:\overline{X} \geqslant \overline{X}_0$;$H_1:\overline{X} < \overline{X}_0$ 可进行左单侧检验。

由上述可见,双侧检验在使用概率分布表时,以曲线下两侧的 $\dfrac{\alpha}{2}$ 为否定概率的检验方法,而单侧检验则使用单侧的 α 为否定概率的检验方法。

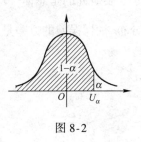

图 8-2

8.1.5 进行假设检验应注意的问题

进行假设检验,应注意以下问题。

(1) 做假设检验之前,应注意资料本身是否有可比性。

(2) 根据资料类型和特点选用正确的假设检验方法。

(3) 根据专业及经验确定是选用单侧检验还是双侧检验。

(4) 当检验结果为拒绝原假设时,应注意有发生第Ⅰ类错误(弃真)的可能性,即错误地拒绝了本身成立的 H_0;当检验结果为接受原假设时,应注意有发生第Ⅱ类错误(取伪)的可能性。

(5) 判断结论不能绝对化,应注意无论接受或拒绝检验假设,都有判断错误的可能性。

8.2 总体平均值的假设检验

假设检验包括总体平均值的假设检验、总体成数的假设检验和总体方差的假设检验等内容,本教材只简单介绍前两种假设检验,本节介绍总体平均值的假设检验,8.3 节介绍总体成数的假设检验。

8.2.1 双侧假设检验

总体平均值的双侧假设检验是指对服从正态分布的总体,检验总体平均值是否为具体数值 $\overline{X}_0$ 的检验。

1. 双侧 U 检验法

双侧 U 检验法是指对服从正态分布的总体,在方差已知的条件下,检验总体平均数是否为具体数值 $\overline{X}_0$ 的检验。其方法是自总体中抽得一个随机样本,根据样本均值统计量的分布规律,构成检验统计量进行假设检验。因为其检验统计量通常用 U 表示,所以习惯上称为 U 检验法。

双侧 U 检验法的假设形式为:

$H_0:\overline{X} = \overline{X}_0$

$H_1:\overline{X} \neq \overline{X}_0$

要研究的是总体平均数 $\overline{X}$,而样本的统计量是 $\overline{x}$,在正态总体中 $\overline{x}$ 的抽样分布也是正态分布,抽样误差的方差是 $\dfrac{\sigma^2}{n}$,作为检验依据的理论统计量为:

$$U = \dfrac{\overline{x} - \overline{X}}{\sqrt{\dfrac{\sigma^2}{n}}} \sim N(0,1)$$

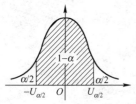

图 8-3

因样本平均数 $\overline{x}$ 与总体平均数 $\overline{X}$ 的离差标准化后得到的变量 U,服从标准正态分布,如果 H_0 为真,则 $\overline{x}$ 与 $\overline{X}$ 将很接近,检验统计量 U 的值将在 0 左右,也就是 $\overline{x}$ 的值过分高于或低于 $\overline{X}$ 的概率都很小。所以在检验中,检验统计量的值过大或过小都应否定原假设。其拒绝域为 $|U| \geq U_{\alpha/2}$,如图 8-3 所示。

根据小概率原理,如果设显著水平 $\alpha = 0.05$,则 $\dfrac{\alpha}{2} = 0.025$,表明的是标准正态分布曲线两侧的尾部面积,即拒绝域的概率。拒绝域的确定主要是查接受域与拒绝域的临界值,由标准正态概率分布双侧临界值表可查得 $U_{\alpha/2}$(如 $U_{\alpha/2} = 1.96$)。这样 $(-\infty, -U_{\alpha/2})$ 和 $(U_{\alpha/2}, \infty)$ 是小概率事件的发生域,也就是原假设的拒绝域,拒绝域表明在一次试验中很难发生的概率。

【例 8-2】设某化肥厂生产的化肥,服从标准差为 10 的正态分布,在生产的全部化肥中抽出容量为 25 的随机样本,得出样本平均数 $\overline{x} = 45$ 公斤。试以 $\alpha = 0.05$ 的显著水平检验原假设 $\overline{X} = 50$ 公斤。

假设 $H_0: \overline{X} = 50$;$H_1: \overline{X} \neq 50$;总体服从正态分布且方差已知。当 $\alpha = 0.05$ 时,查正态分布双侧临界值表 $U_{\alpha/2}$,得临界值 $U_{0.025} = 1.96$。拒绝域为 $(-\infty, -1.96)$ 和 $(1.96, \infty)$。

计算检验统计量:

$$U = \dfrac{\overline{x} - \overline{X}}{\sqrt{\dfrac{\sigma^2}{n}}} = \dfrac{45 - 50}{\dfrac{10}{\sqrt{25}}} = -2.5$$

由于 $U = -2.5$,落在拒绝域 $(-\infty, -1.96)$ 内,所以否定原假设。也就是说如果原假设为真,则随机取得的样本观测值经过标准化后,有 95% 的概率在 $(-1.96, 1.96)$ 范围内,只有 5% 可能落在 $(-\infty, -1.96)$ 或 $(1.96, \infty)$ 拒绝域内。计算的检验统计量为 -2.5,落入了拒绝域内,说明在原假设为真时,一次试验不大可能发生的事件却发生了,这不符合小概率原理,因此,以 5% 的显著水平否定原假设。

2. 双侧 T 检验法

研究现象为正态总体,方差未知,且小样本($n < 30$)取样,检验假设形式为 $H_0: \overline{X} = \overline{X}_0$;$H_1: \overline{X} \neq \overline{X}_0$,可用双侧 T 检验法。

双侧 T 检验法的检验统计量为:

第8章 统计假设检验技术

$$T = \frac{\overline{x} - \overline{X}}{\frac{s}{\sqrt{n}}} \sim t(n-1)$$

检验统计量中的 $\overline{x}$ 为样本平均数,计算方法同前。s 为样本标准差,由于这里抽取的是小样本,所以,这里 s 的计算与第7章的略有不同(第7章根号中的分母是 n,这里的是 $n-1$),其计算公式如下:

$$s = \sqrt{\frac{\sum(x - \overline{x})^2}{n-1}}$$

双侧 T 检验法的检验统计量服从自由度位 $n-1$ 的 t 分布,因为 t 分布也是对称分布,其小概率区域也是分布曲线下的两侧,所以其拒绝域为 $|T| \geq t_{\frac{\alpha}{2}}$,接受域为 $\left(-t_{\frac{\alpha}{2}}, t_{\frac{\alpha}{2}}\right)$,如图 8-4 所示。

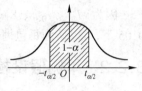

图 8-4

【例 8-3】某糖厂用自动包装机包装糖,某日测得 9 包糖的质量 (单位:kg)如下:

49.7 49.8 50.1 49.9 50.5 50.4 50.3 50.5 49.7

设每包糖的质量服从正态分布,是否可以认为每包糖的平均质量为 50 kg(取显著水平 $\alpha = 0.05$)?

解:设每包糖的质量服从正态分布,要检验的假设是:

$H_0: \overline{X} = 50$;$H_1: \overline{X} \neq 50$;

由于总体的 σ^2 未知,因此,需计算样本标准差,见表 8-2。

表 8-2 样本平均数及样本标准差计算表

代 号	重量 x	离差平方 $(x - \overline{x})^2$
1	49.7	0.16
2	49.8	0.09
3	50.1	0.00
4	49.9	0.04
5	50.5	0.16
6	50.4	0.09
7	50.3	0.04
8	50.5	0.16
9	49.7	0.16
合计	450.9	0.90

样本平均数:

$$\overline{x} = \frac{\sum x}{n} = \frac{450.9}{9} = 50.1$$

样本标准差：
$$s = \sqrt{\frac{\sum(x-\bar{x})^2}{n-1}} = \sqrt{\frac{0.90}{9-1}} \approx 0.335$$

由此得检验统计量：
$$T = \frac{50.1-50}{\frac{0.335}{\sqrt{9}}} = 0.896$$

查 t 分布临界值表得：
$$t_{\frac{\alpha}{2}}(n-1) = t_{0.025}(8) = 2.31$$

因为 $|T| < t_{0.025}(8)$，落在接受域 $\left(-t_{\frac{\alpha}{2}}, t_{\frac{\alpha}{2}}\right)$ 内，所以接受原假设 H_0，即在显著水平 $\alpha = 0.05$ 下，可以认为每包糖的平均质量为 50 kg。

8.2.2 单侧假设检验

单侧检验，是指假设检验中只关心假设值是否偏高（或偏低）的单方向检验。例如某生产企业生产某种产品，按规定平均重量不能低于 100 千克，为了保证这一要求，对产品进行质量检查，确定原假设 $H_0: \bar{X} \leq 100$ 千克，这时检验统计量的临界值只有高于临界值才能拒绝原假设。

1. 单侧 U 检验法

在正态总体的方差 σ^2 已知的情况下，使用单侧 U 检验法，检验假设为：
$$H_0: \bar{X} \geq \bar{X}_0; \quad H_1: \bar{X} < \bar{X}_0$$
或
$$H_0: \bar{X} \leq \bar{X}_0; \quad H_1: \bar{X} > \bar{X}_0$$

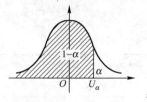

图 8-5

如图 8-5 所示，为右单侧 U 检验，拒绝域为 $U \geq U_\alpha$。

【例 8-4】某企业生产一种产品，服从方差为 60 的正态分布，按规定平均重量不能低于 100 千克，现随机抽取 15 个产品进行检查，产品平均重量为 103 千克。假定方差不变，在显著水平 $\alpha = 0.05$ 情况下，说明产品质量是否比规定的质量要求有明显提高。

解：假设
$$H_0: \bar{X} \leq 100; \quad H_1: \bar{X} > 100$$

在 $\alpha = 0.05$ 情况下，经查正态概率较小制累计分布表得 $U_{1-\alpha}$ 即 $U_{1-0.05} = 1.645$。

计算的检验统计量为：
$$U = \frac{\bar{x} - \bar{X}}{\sqrt{\frac{\sigma^2}{n}}} = \frac{103-100}{\sqrt{\frac{60}{15}}} = 1.5$$

因为 $U < U_{1-0.05}$，落在接受域内，所以接受原假设。即该企业产品质量比规定的质量要求没有明显提高。

2. 单侧 T 检验法

在正态总体的方差未知,且小样本时,使用 T 统计量进行检验。检验假设为:

$$H_0: \overline{X} \geq \overline{X}_0;\ H_1: \overline{X} < \overline{X}_0$$

或 $H_0: \overline{X} \leq \overline{X}_0;\ H_1: \overline{X} > \overline{X}_0$

如图 8-6 所示,为右单侧 T 检验,拒绝域为 $T \geq t_{\frac{\alpha}{2}}$。

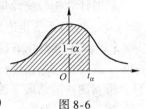

图 8-6

【例 8-5】某企业生产某种产品,规定其平均使用寿命为 1000 小时,现抽取 25 个产品构成的随机样本,求得产品平均使用寿命 1010 小时,样本标准差 20 小时,假设平均寿命符合正态分布,取 $\alpha = 0.05$,问能否说明产品使用寿命比规定的高?

解:假设 $H_0: \overline{X} \leq 1000;\ H_1: \overline{X} > 1000$

由于总体方差未知,且是小样本,当原假设为真时,它服从自由度为 24 的 t 分布,在 $\alpha = 0.05$ 的水平下,查 T 分布临界值表,$T_{1-0.05} = 1.711$,即拒绝域为 $[1.711, \infty]$。

根据样本资料,计算 T 检验统计量得:

$$T = \frac{\overline{x} - \overline{X}}{\frac{s}{\sqrt{n}}} = \frac{1010 - 1000}{\frac{20}{\sqrt{25}}} = 2.5$$

显然,$T = 2.5 > T_{1-0.05} = 1.711$,落在拒绝域内,所以否定原假设,即样本数据说明产品平均使用寿命比规定的高。

8.3 总体成数的假设检验

总体中具有某种特征的单位占总体全部单位的比例为总体成数,用 P 表示。所以,总体成数的假设检验也可以称为总体某一部分所占比例 P 的检验。总体成数的假设检验就是检验总体中具有某种特征的单位占总体全部单位的比例是否为某个假设值 P_0。所抽取的样本中具有某种特征的单位占样本全部单位的比例称为样本成数,记为 p。

在这里只研究大样本($n \geq 30$)情况下的总体成数检验问题。

检验统计量为:

$$U = \frac{p - P}{\sqrt{\frac{P(1-P)}{n}}} \sim N(0,1)$$

需要指出的是,这里的大样本,只要 $np > 5$ 和 $n(1-p) > 5$ 同时成立即可。

8.3.1 双侧 U 检验法

双侧 U 检验法的检验形式为:

$$H_0: P = P_0;\ H_1: P \neq P_0$$

在一定的 α 水平下,查正态分布双侧临近值表 $U_{\alpha/2}$ 的值,得出拒绝域为:$(-\infty, -U_{\alpha/2})$ 和 $(U_{\alpha/2}, \infty)$。

同时计算检验统计量 U 的值,如果 $|U| \geq U_{\alpha/2}$,说明小概率事件发生了,拒绝原假设。如果 $|U| < U_{\alpha/2}$,无法拒绝原假设,应接受原假设。

【例 8-6】某电视节目主持人以一项的调查结果声称喜欢他的节目的观众占电视观众的 60%。有关部门重新进行了该项调查,随机抽选了 400 名观众,结果有 245 名观众喜欢他的节目。重新调查的结果是否支持喜欢他节目的观众占 60% 的说法?(取 $\alpha = 0.05$)

解:提出假设:

$$H_0: P = 60\% \ ; \ H_1: P \neq 60\%$$

由 $\alpha = 0.05$,查正态分布双侧临近值表,得临界值为:

$$U_{\alpha/2} = U_{0.025} = 1.96$$

计算样本成数:

$$p = \frac{n_1}{n} = \frac{245}{400} = 61.25\%$$

计算检验统计量:

$$U = \frac{p - P}{\sqrt{\frac{P(1-P)}{n}}} = \frac{0.6125 - 0.60}{\sqrt{\frac{0.60 \times (1-0.60)}{400}}} = 0.51$$

因为 $|U| = 0.51 < 1.96$,落在接受域内,所以,接受 H_0,即可以认为重新调查的结果支持喜欢他节目的观众占 60% 的说法。

8.3.2 单侧 U 检验法

单侧 U 检验法的检验形式为:

$$H_0: P \leq P_0; \ H_1: P > P_0 \quad \text{或} \quad H_0: P \geq P_0; \ H_1: P < P_0$$

在一定的显著水平下,查正态概率较小制累计分布表,得出拒绝域。

假设为 $H_0: P \leq P_0; H_1: P > P_0$ 的情况下,拒绝域为 (U_α, ∞);假设为 $H_1: P \geq P_0; H_1: P < P_0$ 的情况下,拒绝域为 $(-\infty, -U_\alpha)$。

【例 8-7】某企业根据统计报表信息,得知企业产品的合格率不会低于 95%,为证实产品合格率情况,对产品进行抽样调查,随机抽取 200 检查品,合格产品为 194 件。调查结果是否说明产品合格率不会低于 95%?(取 $\alpha = 0.05$)

解:提出假设

$$H_1: P \geq 95\% \ ; \ H_1: P < 95\%$$

查正态概率较小制累计分布表,得临界值:

$$U_\alpha = U_{0.05} = -1.675$$

拒绝域为:$(-\infty, -1.675)$

计算样本成数：

$$p = \frac{n_1}{n} = \frac{194}{200} = 97\%$$

计算检验统计量：

$$U = \frac{p - P}{\sqrt{\frac{P(1-P)}{n}}} = \frac{0.97 - 0.95}{\sqrt{\frac{0.95 \times (1-0.95)}{200}}} = 1.298$$

因为 $U = 1.298 > -1.675$，落在接受域内，故接受原假设。说明产品合格率不会低于 95%。

本章小结

本章主要讲述了总体平均值的假设检验和总体成数的假设检验两大问题。

假设检验是指对未知总体的某一特征(参数)提出某种假设，根据抽取的样本资料，运用数理统计的方法，验证这种假设是否成立，从而决定接受假设或拒绝假设的统计推断方法。

在假设检验中，事先明确提出总体某一特征的假设数值，称为原假设，用 H_0 表示。与原假设相对立的假设，称为备择假设，用 H_1 表示。当抽取样本资料检验证明原假设可信时，就接受原假设，否定备择假设；当检验证明原假设不可信时，就拒绝原假设，而接受备择假设。

假设检验的基本思想是小概率反证法思想。小概率原理认为小概率事件是很难(或不可能)出现的，如果在原假设中小概率事件居然在取得样本的一次实验中发生了，就有理由怀疑原来对该事件假设的正确性，从而拒绝原假设成立。

假设检验中的两类错误：一类错误是原假设是正确的，按检验规则却拒绝了原假设，这类错误称为弃真错误或第Ⅰ类错误；另一类错误是原假设是不正确的，而按检验规则接受了原假设，这类错误称为取伪错误或第Ⅱ类错误。

假设检验的基本步骤：第一步，提出检验假设即原假设和备择假设；第二步，预先设定显著水平值；第三步，查表确定临界值；第四步，计算检验统计量；第五步，进行判断，是否接受原假设。

双侧检验和单侧检验。双侧检验，拒绝域是统计量概率分布曲线下两侧概率较小的变量空间，且两侧拒绝域的概率各为 $\frac{\alpha}{2}$，即两侧拒绝域的概率之和为显著水平 α。将拒绝域在曲线下两侧的显著性检验称之为双侧检验；单侧检验，拒绝域是统计量概率分布曲线下左侧的概率为 α 的小区域或右侧的概率为 α 的小区域，这时称为单侧检验。其中，拒绝域在统计量概率分布曲线下左侧的概率为 α 的小区域，称为左单侧检验；拒绝域在统计量概率分布曲线下右侧的概率为 α 的小区域，称为右单侧检验。

总体平均值和总体成数假设检验的各种类型见表8-3。

表 8-3 总体平均值和总体成数假设检验的各种类型

检验参数	方法与类型			检验用统计量及其服从分布	临界值与拒绝域	
	检验方法	应用条件	原假设 H_0			据 α 查临界值	拒绝域
总体平均值	U 检验法	σ^2 已知	双侧	$\overline{X} = \overline{X}_0$	$U = \dfrac{\overline{x} - \overline{X}}{\sqrt{\dfrac{\sigma^2}{n}}} \sim N(0,1)$	$U_{\alpha/2}$	$(-\infty, -U_{\alpha/2})$ 和 $(U_{\alpha/2}, \infty)$
			单侧 右侧	$\overline{X} \leqslant \overline{X}_0$		U_α	(U_α, ∞)
			单侧 左侧	$\overline{X} \geqslant \overline{X}_0$			$(-\infty, -U_\alpha)$
	T 检验法	σ^2 未知 小样本	双侧	$\overline{X} = \overline{X}_0$	$T = \dfrac{\overline{x} - \overline{X}}{\dfrac{s}{\sqrt{n}}} \sim t(n-1)$	$t_{\alpha/2}$	$(-\infty, -t_{\alpha/2})$ 和 $(t_{\alpha/2}, \infty)$
			单侧 右侧	$\overline{X} \leqslant \overline{X}_0$		t_α	(t_α, ∞)
			单侧 左侧	$\overline{X} \geqslant \overline{X}_0$			$(-\infty, -t_{\alpha/2})$
总体成数	U 检验法	大样本	双侧	$P = P_0$	$U = \dfrac{p - P}{\sqrt{\dfrac{P(1-P)}{n}}} \sim N(0,1)$	$U_{\alpha/2}$	$(-\infty, -U_{\alpha/2})$ 和 $(U_{\alpha/2}, \infty)$
			单侧 右侧	$P \leqslant P_0$		U_α	(U_α, ∞)
			单侧 左侧	$P \geqslant P_0$			$(-\infty, -U_\alpha)$

思考题

8-1 什么是假设检验？

8-2 什么是原假设、备择假设？

8-3 说明假设检验中的两类错误。

8-4 进行假设检验的步骤是什么？

8-5 说明双侧检验和单侧检验的区别。

8-6 如何进行总体平均值的双侧检验？

8-7 总体平均值双侧检验的 U 检验法和 T 检验法有何区别？

8-8 如何进行总体平均值的单侧检验？

8-9 说明左单侧检验和右单侧检验的区别。

8-10 如何进行总体成数的假设检验？

填空题

8-1 备择假设是伴随原假设产生的，是与原假设（   ）的假设，是原假设的（   ）事件。

8-2 假设检验的目的就是在（   ）和（   ）之间选择其一。

8-3 假设检验的基本思想是（   ）。

8-4 把拒绝原假设 H_0 的范围称为（   ），接受原假设 H_0 的范围称为（   ）。

8-5 如果原假设是正确的,按检验规则却拒绝了原假设,这类错误称为( )错误或( )错误;如果原假设是不正确的,而按检验规则接受了原假设,这类错误称为( )错误或( )错误。

8-6 把拒绝域在概率分布曲线下两侧的显著性检验称之为( )检验。把拒绝域是统计量概率分布曲线下左侧或右侧的检验,称之为( )检验。

8-7 对服从正态分布的总体,在( )的条件下,检验总体平均数是否为具体数值 $\overline{X}_0$ 的检验使用双侧 U 检验法,检验假设为( ),检验统计量公式是( )。

8-8 对服从正态分布的总体,在( )的条件下,且小样本取样,检验总体平均数是否为具体数值 $\overline{X}_0$ 的检验使用双侧 T 检验法,检验假设为( ),检验统计量公式是( )。

8-9 大样本条件下,总体成数 U 检验法的检验统计量计算公式是( )。

单选题

8-1 备择假设不是( )。
A. 伴随原假设产生的 B. 与原假设相对立的假设
C. 原假设的互逆事件 D. 与原假设一样的假设

8-2 如果原假设为 $H_0:\overline{X}=\overline{X}_0$,那么,备择假设为:( )。
A. $H_1:\overline{X}\neq\overline{X}_0$ B. $H_1:\overline{X}\geq\overline{X}_0$ C. $H_1:\overline{X}<\overline{X}_0$ D. $H_1:\overline{X}>\overline{X}_0$

8-3 如果原假设为 $H_0:\overline{X}\geq\overline{X}_0$,那么,备择假设为:( )。
A. $H_1:\overline{X}\neq\overline{X}_0$ B. $H_1:\overline{X}\geq\overline{X}_0$ C. $H_1:\overline{X}<\overline{X}_0$ D. $H_1:\overline{X}>\overline{X}_0$

8-4 如果 H_0 为真,经过检验接受了原假设,则说明检验结果( )。
A. 正确 B. 不正确 C. 犯弃真错误 D. 犯取伪错误

8-5 使用双侧 U 检验法检验,当 $\alpha=0.01$ 时,临界值约等于( )。
A. 2.58 B. 2.8 C. 0.0399 D. 2

8-6 使用右单侧 U 检验法检验,当 $\alpha=0.01$ 时,临界值约等于( )。
A. 2.58 B. 2.8 C. 0.0399 D. 2.33

8-7 使用双侧 T 检验法检验,当样本单位 $n=9,\alpha=0.01$ 时,临界值等于( )。
A. 2.58 B. 3.355 C. 3.325 D. 2.33

8-8 使用双侧 U 检验法进行总体平均值的检验,检验统计量的计算公式是( )。
A. $U=\dfrac{\overline{x}-\overline{X}}{\sqrt{\dfrac{\sigma^2}{n}}}$ B. $T=\dfrac{\overline{x}-\overline{X}}{\dfrac{s}{\sqrt{n}}}$ C. $U=\dfrac{p-P}{\sqrt{\dfrac{P(1-P)}{n}}}$ D. $T=\dfrac{\overline{x}-\overline{X}}{\sqrt{\dfrac{s^2}{n}}}$

8-9 正态总体、方差未知、小样本的条件下,检验统计量为( )。
A. $\dfrac{\overline{X}-\overline{x}}{\sqrt{\dfrac{\sigma^2}{n}}}$ B. $\dfrac{\overline{x}-\overline{X}}{\sqrt{\dfrac{\sigma^2}{n}}}$ C. $\dfrac{\overline{X}-\overline{x}}{\dfrac{s}{\sqrt{n}}}$ D. $\dfrac{\overline{x}-\overline{X}}{\dfrac{s}{\sqrt{n}}}$

多选题

8-1 进行假设检验的步骤包括( )。
 A. 提出检验假设　　　　B. 设定显著水平值　　　　C. 确定临界值
 D. 计算检验统计量　　　E. 进行判断,是否接受原假设

8-2 进行单侧检验的假设形式可能为( )。
 A. $H_0: \overline{X} = \overline{X}_0; H_1: \overline{X} \neq \overline{X}_0$　　B. $H_0: \overline{X} \neq \overline{X}_0; H_1: \overline{X} = \overline{X}_0$　　C. $H_0: \overline{X} \geq \overline{X}_0; H_1: \overline{X} < \overline{X}_0$
 D. $H_0: \overline{X} \leq \overline{X}_0; H_1: \overline{X} > \overline{X}_0$　　E. $H_0: \overline{X} > \overline{X}_0; H_1: \overline{X} < \overline{X}_0$

8-3 对总体平均值进行双侧检验法的现象必须( )。
 A. 服从正态分布的总体　　B. 服从 T 正态分布的总体　　C. 为方差已知
 D. 为方差未知　　　　　　E. 满足 B、D 条件的

8-4 U 检验法( )。
 A. 可应用于总体平均值的假设检验
 B. 可应用于总体成数的假设检验
 C. 可用于双侧检验　　　D. 可用于单侧检验　　　E. 可用于 T 检验

8-5 对总体平均值使用单侧 T 检验法必须是( )。
 A. 正态总体　　　　　　B. 方差已知　　　　　　C. 方差未知
 D. 小样本取样　　　　　E. $H_0: \overline{X} = \overline{X}_0; H_1: \overline{X} \neq \overline{X}_0$

判断题

8-1 在进行假设检验中,可能会同时犯弃真错误和取伪错误。( )
8-2 显著水平越大,犯取伪错误的可能性就越大。( )
8-3 经过假设检验,接受了原假设,则原假设一定是正确的。( )
8-4 T 检验法只能用于单侧检验。( )
8-5 利用 U 检验法对总体平均值进行检验,无论是用于双侧检验还是用于单侧检验,其检验统计量的确定公式是一样的。( )

技能实训题

【实训 1】设总体服从标准差为 50 的正态分布,在总体中抽出样本容量为 25 的随机样本,得出样本平均数为 $\overline{x} = 70$。试以 $\alpha = 0.05$ 的显著水平检验原假设 $\overline{X} = 90$。

【实训 2】用仪器间接测量温度,重复五次,所得数据分别是 125℃、126℃、124℃、127℃、128℃,而用别的精确办法测的温度为 127℃(可看作温度的真值),试问:如果温度服从正态分

布,用此仪器间接测量与精确办法测量有无显著性差异?($\alpha = 0.05$)

【实训3】某厂生产一种产品,过去平均月产量为75,月产量的方差为24。设备更新后,为了考察月产量是否有所提高,抽查了6个月的产量,平均产量为78.5。假设方差不变,在显著水平$\alpha = 0.05$下,设备更新后月产量是否有显著提高?

【实训4】某制造厂生产某零件,规定其平均使用寿命为500小时,随机抽取25个零件构成样本,求得零件的平均使用寿命为505小时,样本标准差为8小时,假设零件使用寿命服从正态分布,能否说明平均使用寿命比规定的要高($\alpha = 0.05$)?

【实训5】某企业工人生产某种产品,日生产定额为100件,现抽查五个工人日产量(单位:件)为:98、100、120、122、110。假设工人的日产量服从正态分布,在$\alpha = 0.025$显著水平下,能否说明工人的平均日产量比生产定额要高?

【实训6】一项调查结果声称某市老年人口比重为14.7%,该市老年人口研究会为了检验该项调查是否可靠,随机抽选了400名居民,发现其中有57人年龄在65岁以上。调查结果是否支持该市老年人口比重为14.7%的看法?($\alpha = 0.05$)

【实训7】某企业生产某种产品,要求合格率达到95%,产品质量部门实际调查了250件产品,有245件合格品,在$\alpha = 0.05$水平下,该企业生产的产品合格率是否高于要求的合格率?

【实训8】某大学以前调查大学生中戴眼镜的学生占45%,现在学生管理部门抽查了400名学生进行调查,调查结果有188名学生戴眼镜。问这次调查的结果是否和原来的调查结果一致?($\alpha = 0.05$)

第 9 章 相关关系分析技术

📖 **本章知识技能要点与要求**

- 理解相关关系的概念、特点和种类
- 重点掌握相关系数的计算及应用分析
- 重点掌握直线回归方程的建立与应用分析
- 掌握回归估计标准误差的计算与分析

9.1 相关关系分析的意义

9.1.1 相关关系的概念及特点

1. 相关关系的概念

自然界和社会中的许多现象,彼此之间都处在相互依存、相互制约和普遍联系之中。由于这种联系和发展,形成了千变万化的自然界,构成了错综复杂的社会整体,并促进了人类社会的发展。我们如果对各种现象之间的相互联系作进一步考察,便可发现,现象之间的联系大致可以归纳为函数关系和相关关系两大类。

1) 函数关系

函数关系是指现象之间存在的、完全确定的、严格的依存关系。即对于某一变量的每一个数值,都有另一个变量唯一确定的数值与之相对应,且这种关系可以用一个数学函数式反映出来。

例如,圆面积和它的半径之间的对应关系可用公式 $S = \pi R^2$ 表示,它表明圆面积 S 的大小是随着半径 R 的大小而变动的,且有一个半径 R,就有一个唯一确定的圆面积 S 与之相对应。

再如,在匀速直线运动条件下,路程与时间、速度的关系可用公式 $s = tv$ 表示,路程 s 与时间 t 或速度 v 的关系数值也是唯一确定的。

2) 相关关系

相关关系是指现象之间客观存在的、关系数值不确定的相互依存关系。即在两个变量(或两个以上变量)之间,虽不存在严格的数量关系,但彼此存在着相互伴随的变动状态,并且在数量上表现为非确定性的对应关系。即当一个或几个变量发生数量上的变化时,另一个变量也会发生相应的变化,但没有一个唯一的数值与之相对应。

例如,生育率与人均国内生产总值的关系属于典型的相关关系:人均国内生产总值高的国家,生育率往往较低,但两者没有唯一确定的关系,这是因为生育率除了受经济因素影响外,还受教育水平、城市化水平及不易测量的民族风俗、宗教和其他随机因素的共同影响。

再如,储蓄存款与居民货币收入之间的关系。一般说来,居民货币收入提高,储蓄存款也会相应提高。但是影响储蓄存款的不单是居民货币收入一个因素,储蓄的种类、利率、服务质量、机构设置及生活习惯等,都会引起储蓄存款的变化,因此,收入相同的居民,存款并不一致。但是,在一般情况下,随着居民货币收入的增加,储蓄存款会呈上升的趋势。其他如成本与劳动生产率的关系、销售量与商品价格的关系、广告支出与销售额之间的关系等,都属于这种数值不确定的依存关系。

3) 相关关系与函数关系的区别与联系

从相关关系与函数关系的概念可知,函数关系是变量值之间一种确定性的对应关系,而相关关系则是一种非确定性的依存关系,这是两者的根本区别。

在实际工作中,一方面,对于具有函数关系的某些现象也会因观察测量的误差,而使得到的数据表现为非确定性的,例如,由于量具精度、测量方法和观测者的主观因素,使得每次测量数据并不完全相同,这时,理论上的函数关系在实践中往往通过相关关系的形式表现出来。另一方面,如果对相关关系作进一步的观察,不难发现它们也是有规律可循的,这种规律是,影响因素给出一个确定的数值,被影响因素虽没有一个唯一确定的数值与之相对应,有一定的波动性,但却总是分布在它们的平均数周围,并围绕它们的平均数依照一定的规律变动,对这种变动规律,可以借助函数关系的数学表达式来近似地描述具有相关关系现象间的相关表现形式、相关方向等,作为分析和预测的依据。此时,函数关系又成为研究相关关系不可缺少的工具。

函数关系与相关关系虽然是两种不同类型的变量关系,但是它们之间并无严格的界限,在一定的条件下是可以互相转化的。本来具有函数关系的变量,在存在观察误差时或认识能力尚未达到时,其函数关系往往也是以相关关系的形式表现出来的。而具有相关关系的变量之间的联系,如果我们对它们的规律性有了深刻的认识,认识的能力和手段达到了应有的程度,并且能够把影响因变量变动的因素全部纳入方程,这时的相关关系也就可能转化为函数关系。

2. 相关关系的特点

(1) 现象之间确实存在着数量上的依存关系。如果一个现象发生数量上的变化,则另一个现象也会相应发生数量上的变化。例如,商品销售额增加,商品流通费用一般也会增加;身材较高的人,一般体重也较重;反过来,体重较重的人,一般身材也较高。在互相依存的两个变量中,可以根据研究的目的,把其中一个变量确定为自变量(x),把另一个对应变化的变量确定为因变量(y)。

(2) 现象之间数量上的关系不是完全确定的。相关关系属于变量之间的一种不完全确定的关系。这意味着一个变量虽然受另一个变量的影响,却并不是由这一个变量完全决定的。

例如,产品的单位成本和劳动生产率的变动之间存在着一定的依存关系,劳动生产率提高产品单位成本下降,但是产品单位成本的大小除了受劳动生产率变动的影响外,还会受到材料消耗、设备折旧、能源耗用及车间管理费用等诸多因素变动的影响。

9.1.2 相关关系的种类

现象之间的相关关系是多种多样的,根据相关关系涉及变量的多少、变化的方向、相关的程度及表现形式,相关关系有如下几种分类。

1. 单相关和复相关

相关关系按其所涉及变量的多少,可分为单相关和复相关。两个变量之间的相关关系称作单相关(也叫一元相关),它是最简单、最基本的相关关系,所以又称简单相关。两个以上变量之间的相关关系称作复相关(也叫多元相关),它是研究一个变量与两个或两个以上变量之间的相关关系。例如,只研究储蓄存款与居民货币收入之间的关系,这是一种单相关。如果同时研究储蓄存款与居民货币收入及储蓄利率之间的关系,就是一种复相关。

2. 直线相关和曲线相关

相关关系按其表现形式不同,可分为直线相关和曲线相关。虽然相关关系是一种数量关系上不严格的相互依存关系,但是在直角坐标系中,如果这种关系近似地表现为一条直线,则称为直线相关,亦称线性相关,如图 9-1、9-2 所示。例如,人均消费水平与人均收入水平通常呈线性相关。如果这种关系近似地表现为一条曲线,则称为曲线相关(即非直线相关),如图 9-3 所示。例如,施肥量和亩产量之间的关系,在一定数量界限内,施肥量增加,亩产量相应增加,但施肥量超过一定数量,亩产量不仅不增加反而出现下降的情况,这就是一种曲线相关。曲线相关又可表现为抛物线、指数曲线、双曲线等形式。

3. 正相关和负相关

相关关系按其变化的方向,可分为正相关和负相关。两个相关现象之间,当一个现象的数值增大(或减少),另一个现象的数值也显示着增大(或减少)的趋势,简言之,相关的变量呈同向变化,这种相关关系称为正相关,如图 9-1 所示。例如,在一般条件下,身高增加,体重也增加;在一定范围内,施肥量增多,单产也增多;在正常情况下,居民货币收入增多,商品零售额也增加,这些都是正相关。但若当一个现象数值增加(或减少)时,另一个现象却出现数值减少(或增加)的趋势,简言之,相关的变量呈反向变化,这种相关关系称为负相关,如图 9-2 所示。例如,一般情况下,商品价格降低,商品的销售量增多;总产量增加,产品的单位成本降低;商品的流通费用增多,销售利润额减少,这些都是负相关。

4. 完全相关、不完全相关和不相关

相关关系按其相关的程度,可分为完全相关、不完全相关和不相关。两个现象之间,当一个变量的数量完全由另一个变量的数量变化所确定时,两者之间即为完全相关。例如,在价格不变的条件下,销售额与销售量之间的正比例关系即为完全相关,此时的相关关系即为函数关系,因此,也可以说函数关系是相关关系的一个特例。当变量之间彼此互不影响,其数量变化各自独立时,则变量之间为不相关,如图9-4所示。例如,股票价格的高低与气温的高低一般情况下是不相关的。如果两个变量的关系介于完全相关和不相关之间,称为不完全相关,如图9-1、9-2、9-3所示。由于完全相关和不相关的数量关系是确定的或是相互独立的,因此,统计学中相关关系分析的研究对象主要是不完全相关。

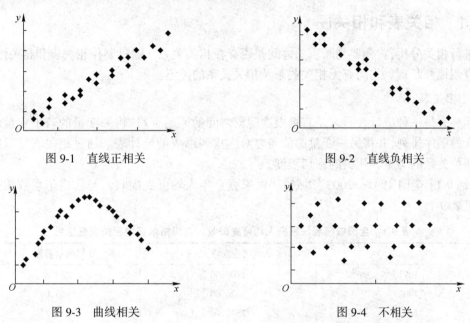

图 9-1　直线正相关　　　　　　　　图 9-2　直线负相关

图 9-3　曲线相关　　　　　　　　　图 9-4　不相关

9.1.3　相关关系分析的内容

相关关系分析是对客观现象之间存在的相关关系进行分析研究的一种统计方法。其主要目的就是对现象间的相互关系的密切程度和变化规律,有一个具体量的观念,进一步找出相互关系的模式,以便进行统计预测和推算,为管理决策提供资料。具体内容包括两个部分:一是相关分析;二是回归分析。有关相关分析和回归分析的具体内容在下面的有关内容中加以详细介绍。

9.2　相关分析

相关分析是定性和定量分析相结合,正确选择变量,确定变量间有无相关关系,并确定相关关系的表现形式、密切程度和方向等。首先,确定现象之间有无关系,判断现象间是否存在依存关系是相关分析的起始点。存在依存关系,才有必要采用相关分析方法去研究;其次,确定相关关系的表现形式,只有判明了现象互相关系的具体表现形式后,才能运用相应的相关分析方法去进一步研究相关的密切程度。如果把曲线相关误以为是直线相关,按直线相关来分析,便会导致错误的结论;再次,判定相关关系的密切程度和方向,现象之间的相关关系是一种不严格的数量关系,相关分析就是要从这种松散的数量关系中,判定其相关关系的密切程度和方向。

进行相关分析的主要方法是编制相关表、绘制相关图和计算相关系数。

9.2.1 相关表和相关图

进行相关分析,首先要判断现象之间是否存在相关关系。通过制作相关表和相关图,可以初步直观地判断现象之间有无相关关系及相关关系的类型。

1. 相关表

相关表是一种统计表。它是直接根据现象之间的原始资料,将一变量的若干变量值按从小到大的顺序排列,并将另一变量的值与之对应排列形成的统计表。通过相关表可以粗略地看出相关关系的类型和相关的密切程度。

【例 9-1】全国 1991—2003 年城镇居民家庭全年人均可支配收入与恩格尔系数相关调查结果见表 9-1。

表 9-1 全国城镇居民家庭人均可支配收入与恩格尔系数相关调查结果

年 份	人均可支配收入/元	恩格尔系数/%
1991	1700.60	53.80
1992	2026.60	53.04
1993	2577.40	50.32
1994	3496.20	50.04
1995	4283.00	50.09
1996	4838.90	48.76
1997	5160.30	46.59
1998	5425.10	44.66
1999	5854.02	42.07
2000	6280.00	39.44
2001	6859.60	38.20
2002	7702.80	37.68
2003	8472.20	37.10

注:资料来源于《2004 中国统计年鉴》

从表 9-1 中可以粗略看出,随着人均可支配收入的增多,恩格尔系数有减少的趋势。因此,可以认为人均可支配收入与恩格尔系数之间存在着一定的负相关关系。

2. 相关图

相关图又称散点图,它是将相关表中的观测值在平面直角坐标系中用坐标点描绘出来,以表明相关点的分布状况的图形。通常坐标上的横轴(X)代表自变量(起影响作用的现象);纵轴(Y)代表因变量(受自变量影响而变动的现象)。通过相关图,可以大致看出两个变量之间有无相关关系、相关的形态、方向和密切程度。一般来说,相关图上所有相关点愈聚集在某一条直线(或曲线)附近,则表明现象间的相关关系愈密切。

【例 9-2】以表 9-1 数据绘制的相关图如图 9-5 所示。

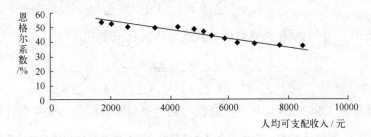

图 9-5 全国城镇居民家庭人均可支配收入与恩格尔系数相关图

从图 9-5 中可以看出,全国城镇居民家庭人均可支配收入与恩格尔系数之间存在着负直线相关关系,而且还可以看出其相关关系的密切程度较高。

9.2.2 相关系数

1. 相关系数的概念

通过编制相关表、绘制相关图只能初步判断现象之间有无相关关系、相关关系的形式及密切程度。为了准确地测定两个现象之间相关关系的密切程度和方向,则需要计算相关系数 r。相关系数是用以反映变量之间在直线相关条件下相关关系密切程度的统计指标。它的主要作用是:

- 表明现象之间是否存在直线相关关系;
- 表明现象之间直线相关关系的密切程度;
- 表明现象之间直线相关关系的方向。

2. 相关系数的计算

相关系数有多种计算方法,本章只介绍如何用积差法计算直线相关系数。在直线相关的条件下,直线相关系数的定义公式是在自变量 x 和因变量 y 的各自离差及两个离差乘积的基础上确定的。因此,计算直线相关系数的方法称作积差法。

积差法的相关系数 r 由以下三部分所组成,即:

- 自变量 x 的标准差为:$\sigma_x = \sqrt{\dfrac{\sum (x - \bar{x})^2}{n}}$
- 因变量 y 的标准差为:$\sigma_y = \sqrt{\dfrac{\sum (y - \bar{y})^2}{n}}$

- x 与 y 的协方差：$\sigma_{xy}^2 = \dfrac{\sum(x-\overline{x})(y-\overline{y})}{n}$

用积差法测定相关系数的公式为：

$$r = \frac{\sigma_{xy}^2}{\sigma_x \sigma_y} = \frac{\dfrac{1}{n}\sum(x-\overline{x})(y-\overline{y})}{\sqrt{\dfrac{1}{n}\sum(x-\overline{x})^2}\sqrt{\dfrac{1}{n}\sum(y-\overline{y})^2}}$$

为了计算上的方便，上面相关系数的公式还可以简化成下式：

$$r = \frac{n\sum xy - \sum x \sum y}{\sqrt{n\sum x^2 - (\sum x)^2}\sqrt{n\sum y^2 - (\sum y)^2}}$$

【例 9-3】某地区 1998—2004 年生产总值与社会商品零售额的相关系数计算见表 9-2。

表 9-2 某地区 1998—2004 年生产总值与社会商品零售额的相关系数计算表

年 份	生产总值(x)/亿元	社会商品零售额(y)/亿元	x^2	y^2	xy
1998	39	20	1521	400	780
1999	45	22	2025	484	990
2000	52	26	2704	676	1352
2001	63	34	3969	1156	2142
2002	70	36	4900	1296	2520
2003	80	39	6400	1521	3120
2004	85	40	7225	1600	3400
合计	434	217	28744	7133	14304

$$r = \frac{n\sum xy - \sum x \sum y}{\sqrt{n\sum x^2 - (\sum x)^2}\sqrt{n\sum y^2 - (\sum y)^2}}$$

$$= \frac{7 \times 14\,304 - 434 \times 217}{\sqrt{7 \times 28\,744 - (434)^2}\sqrt{7 \times 7133 - (217)^2}}$$

$$= 0.984$$

3．相关系数的分析

相关系数由正负号和绝对值的大小两部分组成。

相关系数的正负号取决于协方差。自变量 x 的标准差和因变量 y 的标准差均为正值，只有 x 与 y 的协方差可正可负。协方差可正可负的原因，如图 9-6 所示。

在直角坐标系 xOy 的基础上，我们以 $(\overline{x},\overline{y})$ 为圆点建立新的直角坐标系 $x'O'y'$，若点 $(x-\overline{x}, y-\overline{y})$ 落在新坐标系 Ⅰ、Ⅲ 象限，即 $(x-\overline{x})$、$(y-\overline{y})$ 同号，则点 $(x-\overline{x}, y-\overline{y})$ 为正相关点；若点 $(x-\overline{x}, y-\overline{y})$ 落在新坐标系 Ⅱ、Ⅳ 象限，即 $(x-\overline{x})$、$(y-\overline{y})$ 异号，则点 $(x-\overline{x}, y-\overline{y})$ 为负相关点。所以两个变量之间的相关方向，取决于两个变量离差乘积之和。如果落在

Ⅰ、Ⅲ象限的散点多于落在Ⅱ、Ⅳ象限的,其和为正值,协方差为正值,相关系数为正值,散点在直角坐标系 xOy 中呈现出从左下角向右上角的分布,是正相关,如图 9-6(a)所示;反之,如果落在Ⅰ、Ⅲ象限的散点少于落在Ⅱ、Ⅳ象限的,其和为负值,协方差为负值,相关系数为负值,散点在直角坐标系 xOy 中呈现出从左上角向右下角的分布,是负相关,如图 9-6(b)所示。因此,相关系数的正负号取决于协方差。

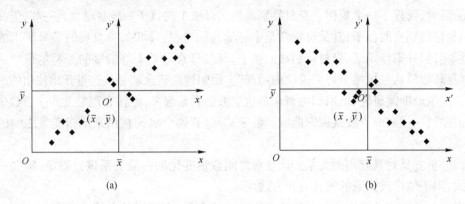

图 9-6 协方差可正可负的原因分析图

相关系数的正负说明现象之间的相关方向,当 $r>0$ 时,表示两变量为正相关,$r<0$ 时,表示两变量为负相关。

相关系数的值介于 -1 到 $+1$ 之间,即 $-1 \leqslant r \leqslant +1$。其绝对值的大小说明两现象之间线性相关的密切程度。

- 当 $|r|=1$ 时,表示两变量为完全线性相关,即为直线函数关系。
- 当 $r=0$ 时,表示两变量间无线性相关关系。无线性相关关系,不等于说现象间没有相关关系。现象间不具有线性相关关系,可能具有曲线相关关系。
- 当 $0<|r|<1$ 时,表示两变量存在一定程度的线性相关。且 $|r|$ 越接近 1,两变量间线性相关越强;$|r|$ 越接近于 0,表示两变量的线性相关越弱。
- 一般可按四级划分:$|r|<0.3$ 为微弱线性相关;$0.3 \leqslant |r|<0.5$ 为低度线性相关;$0.5 \leqslant |r|<0.8$ 为显著线性相关;$0.8 \leqslant |r|<1$ 为高度线性相关。

可见在例 9-3 中,某地区 1998—2004 年生产总值与社会商品零售额的相关系数为 0.984,说明生产总值与社会商品零售额之间存在着高度的线性正相关关系。

9.3 直线回归分析

9.3.1 回归分析的含义

相关系数可以用来说明在直线相关条件下两个现象相关关系的方向和密切程度,但它不能说明两个变量之间相关的数量关系。当给出自变量某一数值时，不能根据相关系数来估计和预测因变量可能发生的数值。例如，生产性固定资产每增加百万元，工业总产值一般会增加多少；工资性现金支出每增加百万元，储蓄存款收入一般会增加多少。这种现象间数量上的推算与预测需使用回归分析的方法。

最早提出"回归"这个概念的是英国生物学家葛尔顿。葛尔顿在研究父母亲的身高和子女身高的关系时，发现了一个规律。身材特别高的父母所生的孩子一般身材也高一些，但并不特别高，而身材特别高的孩子，其父母常常是中等偏高的身材。同时，身材矮的父母所生的孩子一般也矮些，但并不特别矮，身材特别矮的孩子，其父母常常是中等偏矮的。葛尔顿把这种想象叫做"身高数值从一极端至另一极端的回归"。回归这个概念就是从这里开始使用的。葛尔顿的学生皮尔逊继续研究，把回归的概念和数学方法联系起来，把代表现象之间一般数量关系的直线或曲线叫做回归直线或回归曲线。后来，"回归"这个名词被用来泛指变量之间的一般数量关系。

回归分析就是对具有相关关系的诸变量之间数量变化的一般关系进行测定，确立一个数学表达式，用于估计或预测的统计分析方法。

根据回归分析方法得出的数学表达式称为回归方程，它可能是直线回归方程或曲线回归方程，也可能是一元回归方程或多元回归方程，视具体资料的性质而定。两个变量之间的线性回归方程称为一元线性回归方程或简单直线回归方程。本章主要介绍一元线性回归分析。

9.3.2 简单线性回归方程的建立

当两个变量存在高度密切的线性相关关系时，就能进行一元线性回归分析。一元线性回归分析的前提条件是，两个变量之间确实存在相关关系，而且其相关的密切程度必须是显著的。如果变量之间不存在相关关系，回归分析就毫无意义。相关程度高回归预测的准确性才会高。

进行回归分析通常要设定一定的数学模型。在回归分析中，最简单的模型是只有一个因变量和一个自变量的线性回归模型。这一类模型就是一元线性回归方程。该类模型假定因变量 y 主要受自变量 x 的影响，它们之间存在着近似的线性函数关系，即

$$y_c = a + bx$$

在上述一元线性回归模型中，y_c 表示因变量的估计值；a、b 是待定参数，其中 a 是回归直线的起始值（数学上称截距），即 x 为 0 时 y_c 的值，从经济意义上理解，它表示在没有自变量 x 的影响时，其他各种因素对因变量 y 的平均影响。b 是回归系数（数学上称斜率），从经济意义上理解，它表示自变量 x 每变动一个单位时，因变量 y 平均变动 b 个单位，同时它还表明 x 与 y 的变动方向，即 b 为正值，表明 x 与 y 是正相关；b 为负值，表明 x 与 y 是负相关。

一元线性回归方程中的待定参数也是根据最小平方法的原理（5.3.1 中已述及），在自变量和因变量的原始数据资料的基础上求出的。其计算公式为：

$$b = \frac{n\sum xy - \sum x \sum y}{n\sum x^2 - (\sum x)^2}$$

$$a = \bar{y} - b\bar{x}$$

当 a、b 求出后,一元线性回归方程 $y_c = a + bx$ 便可确定了。

【例 9-4】以表 9-2 的资料,建立生产总值与社会商品零售额的一元线性回归方程,将表 9-2 的计算数据代入公式求解未知参数 a、b 得:

$$b = \frac{n\sum xy - \sum x \sum y}{n\sum x^2 - (\sum x)^2}$$

$$= \frac{7 \times 14\,304 - 434 \times 217}{7 \times 28\,744 - (434)^2}$$

$$= 0.3159(亿元)$$

$$a = \bar{y} - b\bar{x}$$

$$= \frac{217}{7} + 0.3159 \times \frac{434}{7}$$

$$= 11.4142(亿元)$$

所以,回归方程为 $y_c = 11.4142 + 0.3159x$。

由此可见,回归系数 0.3195 表明该地区生产总值每增加 1 亿元,则社会商品零售额将平均增加 0.3159 亿元,同时还看到该地区生产总值与社会商品零售额之间是正相关的。

通过建立的直线回归模型,可以利用已知的生产总值对社会商品零售额进行推算和预测。当假定生产总值为 100 亿元时,那么社会商品零售额为:

$$y_c = 11.4142 + 0.3159 \times 100 = 40.0042(亿元)$$

9.3.3 回归分析与相关分析的区别

相关分析是回归分析的基础,回归分析是相关分析的深入和继续。只有当两个变量间存在高度相关时,进行回归分析才有意义。如果在没有对变量之间是否相关及相关形式和程度作出正确判断之前,就进行回归分析,很容易造成"虚假回归"。与此同时,相关分析只研究变量之间相关的方向和程度,不能推断变量之间相互关系的具体形式,也无法从一个变量的变化来推测另一个变量的变化情况。因此,在具体应用过程中,只有把相关分析和回归分析结合起来,才能达到研究和分析的目的。

两者的区别主要体现在以下三个方面。

(1) 在相关分析中涉及的变量不存在自变量和因变量的划分问题,变量之间的关系是对等的;而在回归分析中,则必须根据研究对象的性质和分析研究的目的,对变量进行自变量和因变量的划分。因此,在回归分析中,变量之间的关系是不对等的。

(2) 在相关分析中所有的变量都是随机变量;而在回归分析中,自变量是给定的,因变量才是随机的,即将自变量的给定值代入回归方程后,所得到的因变量的估计值不是唯一确定的,而会表现出一定的随机波动性。

(3) 相关分析主要是通过一个指标即相关系数来反映变量之间相关程度的大小,由于变量之间是对等的,因此相关系数只有一个数值。而在回归分析中,对于互为因果的两个变量(如人的身高与体重,商品的价格与需求量),则可存在两个回归方程。

需要指出的是,变量之间是否存在"真实相关",是由变量之间的内在联系所决定的。相关分析和回归分析只是定量分析的手段,通过相关分析和回归分析,虽然可以从数量上反映变量之间的密切程度及其联系的数量形式,但是无法准确判断变量之间是否存在内在的联系,也无法判断变量之间的因果关系。因此,在具体应用过程中,一定要始终注意把定性分析和定量分析结合起来,在准确定性分析的基础上展开定量分析。

9.3.4 回归估计标准误差

回归方程的一个重要作用在于根据自变量的已知值估计因变量的理论值(估计值),而理论值 y_c 与实际值 y 一定存在着差距,这就产生了推算结果的准确性问题。如果差距小,说明推算结果的准确性高;反之,则低。为此,分析理论值与实际值的差距很有意义。为了度量实际值和其估计值离差的一般水平,可计算回归估计标准误差。回归估计标准误差是实际值 y 与其估计值 y_c 的标准差,它是衡量回归直线代表性大小的统计分析指标,说明观察值围绕着回归直线的变化程度或分散程度。

1. 回归估计标准误差的计算

通常用 S_y 代表回归估计标准误差,其计算公式为:

$$S_y = \sqrt{\frac{\sum(y - y_c)^2}{n}}$$

上面的计算公式为回归估计标准误差的概念性计算公式,利用这个公式计算回归估计标准误差需计算所有实际值 y 的理论值(估计值) y_c,这样的计算工作量非常大。因此,统计实践中,在已知直线回归方程的情况下,通常采用下列的简便公式计算回归估计标准误差。

$$S_y = \sqrt{\frac{\sum y^2 - a\sum y - b\sum xy}{n}}$$

【例 9-5】以表 9-2 的资料计算生产总值与社会商品零售额的回归估计标准误差如下:

$$S_y = \sqrt{\frac{\sum y^2 - a\sum y - b\sum xy}{n}}$$

$$= \sqrt{\frac{7133 - 11.4142 \times 217 - 0.3159 \times 14304}{7}}$$

$$= 4.4318(亿元)$$

计算结果表明,一定生产总值下的社会商品零售额的估计值与其实际值平均相差 4.4318 亿元。

2. 回归估计标准误差与一般标准差的异同

回归估计标准误差与一般标准差的计算原理是一致的,两者都是反映平均差异程度和表明代表性的指标。一般标准差反映的是各变量值与其平均数的平均差异程度,表明其平均数对各变量值的代表性高低;回归估计标准误差反映的是因变量各实际值与其估计值之间的平均差异程度,表明其估计值对各实际值的代表性高低,其值越小,估计值 y_c(或回归方程)的代表性越高,用回归方程估计或预测的结果就越准确;反之,代表性越低,准确性越低。

本章小结

本章主要讲述了相关关系的意义、相关分析和回归分析三个问题。

相关关系是指现象之间客观存在的、关系数值不确定的相互依存关系。相关关系按其所涉及变量的多少可分为单相关和复相关;按其表现形式可分为直线相关和曲线相关;按其变化的方向可分为正相关和负相关;按其相关程度可分为完全相关、不完全相关和不相关。

相关关系分析的对象是相关关系,包括相关分析和回归分析两部分。

相关分析是确定变量间有无相关关系、相关关系的表现形式、密切程度和方向的相关关系分析方法。进行相关分析的主要方法是编制相关表、绘制相关图和计算相关系数。

相关系数是用以反映变量之间在直线相关条件下相关关系密切程度的统计指标。它既可表明现象之间直线相关的密切程度,又可表明现象之间直线相关的变动方向。

相关系数的应用性计算公式为:

$$r = \frac{n\sum xy - \sum x \sum y}{\sqrt{n\sum x^2 - (\sum x)^2}\sqrt{n\sum y^2 - (\sum y)^2}}$$

回归分析就是对具有相关关系的诸变量之间数量变化的一般关系进行测定,确立一个数学表达式,用于估计或预测的相关关系分析方法。

简单线性回归方程模型为:

$$y_c = a + bx$$

简单线性回归方程模型中 a、b 两个待定参数的计算公式为:

$$b = \frac{n\sum xy - \sum x \sum y}{n\sum x^2 - (\sum x)^2}$$

$$a = \overline{y} - b\overline{x}$$

回归系数 b,既表明自变量 x 和因变量 y 的数量关系,又表明 x 与 y 的变动方向。

回归估计标准误差是实际值 y 与其估计值 y_c 的标准差,它是衡量回归直线代表性大小的统计分析指标,说明观察值围绕着回归直线变化的程度或分散程度。其应用性计算公式为:

$$S_y = \sqrt{\frac{\sum y^2 - a\sum y - b\sum xy}{n}}$$

思考题

9-1 简述相关关系的概念、特点及种类。

9-2 相关分析的含义及目的是什么？

9-3 相关系数的含义及作用是什么？

9-4 回归分析的含义及目的是什么？

9-5 相关系数与回归系数有何异同？

9-6 回归分析与相关分析的联系与区别是什么？

9-7 回归估计标准误差与一般标准差有何异同？

填空题

9-1 相关关系是指现象之间客观存在的、关系数值(　　　)的相互依存关系。

9-2 相关关系按其所涉及变量的多少，可分为(　　　)和(　　　)；相关关系按其变化的方向，可分为(　　　)和(　　　)。

9-3 相关关系分析的具体内容包括两个部分：(　　　)和(　　　)。

9-4 相关系数是用以反映变量之间在(　　　)相关条件下相关关系密切程度的统计指标。

9-5 相关系数的值介于(　　　)之间，相关系数的(　　　)说明现象之间的相关方向，当 $r>0$ 时，表示两变量为(　　　)相关，$r<0$ 时，表示两变量为(　　　)相关。

9-6 回归系数 b 表示自变量每变动一个单位时，(　　　)平均变动 b 个单位，b 为正值表明 x 与 y 是(　　　)相关，b 为负值表明 x 与 y 是(　　　)相关。

9-7 回归估计标准误差是实际值 y 与其估计值 y_c 的(　　　)，它是衡量(　　　)代表性大小的统计分析指标。

单选题

9-1 相关分析是一种(　　　)。
A. 定性分析　　　　　　　　B. 定量分析
C. 以定性分析为前提的定量分析　　D. 以定量分析为前提的定性分析

9-2 三个或三个以上变量之间的相关关系称为(　　　)。
A. 单相关　　B. 直线相关　　C. 复相关　　D. 曲线相关

9-3 两个相关变量呈反方向变化，则其相关系数 r(　　　)。
A. 小于零　　B. 大于零　　C. 等于零　　D. 等于1

9-4 相关分析中,用于判断两个变量之间相关关系类型的图形是( )。
A. 直方图　　　　B. 散点图　　　C. 次数分布多边形图　　D. 累计频率曲线图

9-5 若变量 x 增加时,变量 y 的值也增加,则变量 x 和 y 之间存在( )。
A. 负相关　　　　B. 正相关　　　C. 直线相关　　　D. 曲线相关

9-6 学生的学号与学习成绩之间的相关系数若等于 0.82,可以断定两者是( )。
A. 高度直线正相关　　B. 直线相关　　C. 曲线相关　　D. 虚假相关

9-7 已知变量 x 与 y 之间存在着负相关,则下列回归方程中肯定错误的是( )。
A. $y = -10 - 0.8x$　　　　B. $y = 100 - 1.5x$
C. $y = -150 + 0.9x$　　　D. $y = 25 - 0.7x$

9-8 在回归方程 $y = A + Bx$ 中,回归系数 B 表示( )。
A. 当 $x = 0$ 时 y 的理论值
B. x 变动一个单位时 y 的变动总额
C. y 变动一个单位时 x 的平均变动量
D. x 变动一个单位时 y 的平均变动量

9-9 设某种产品的产量为 1000 件时,其生产成本为 30 000 元,其中不变成本为 6000 元,则生产成本对产量的一元线性回归方程为( )。
A. $y = 6 + 0.24x$　　　　B. $y = 6000 + 24x$
C. $y = 24\ 000 + 6x$　　　D. $y = 24 + 6000x$

9-10 估计标准误差是反映( )。
A. 平均数代表性的指标　　　B. 序时平均数代表性的指标
C. 现象之间相关关系的指标　D. 回归直线代表性的指标

多选题

9-1 下列哪些现象之间存在相关关系( )。
A. 家庭收入与消费支出　　B. 物价水平与商品需求量
C. 消费品物价与商业网点　D. 劳动消耗与产品产量
E. 时间与距离

9-2 在相关关系中各现象之间( )。
A. 一定存在着严格的依存关系
B. 存在着一定的依存关系,但不是确定的关系
C. 存在着不明显的因果关系
D. 存在一一对应的函数关系
E. 确实存在着数量上的依存关系

9-3 下述关系中,相关系数 $r < 0$ 的是( )。
A. 商业劳动效率与流通费用之间的关系
B. 商品销售量与售价之间的关系

C. 工业固定资产与产品价值量之间的关系

D. 工业劳动生产率与生产单位产品的消耗时间之间的关系

E. 单位产量的耗电量与单位成本之间的关系

9-4 由直线回归方程 $y = a + bx$ 所推算出来的 y 值（　　）。

A. 是一组估计值　　　　B. 是一个平均值

C. 是一个等差级数　　　D. 可能等于实际值

E. 与实际值的离差平方和等于 0

9-5 设产品的单位成本（元）对产量（千件）的直线回归方程 $y = 100 - 4x$，这表明（　　）。

A. 产量为 1000 件时，单位成本为 100 元

B. 产量为 1000 件时，单位成本为 96 件

C. 产量为 1000 件时，单位成本为 4 元

D. 产量每增加 1000 件，单位成本平均减少 4 元

E. 产量每增加 1000 件，单位成本平均增加 4 元

判断题

9-1 计算相关系数时，应首先确定自变量和因变量。（　　）

9-2 相关系数等于零，说明两变量之间无相关关系。（　　）

9-3 当变量 x 与 y 之间存在相关关系时，x 依 y 的相关系数和 y 依 x 的相关系数相等。（　　）

9-4 回归系数 b 大于 0 或小于 0 时，则相关系数 r 也大于 0 或小于 0。（　　）

9-5 回归方程中，回归系数 b 的绝对值大小与变量所用计量单位的大小有关。（　　）

技能实训题

【实训 1】某企业某种产品产量与单位成本资料见表 9-3。

表 9-3　某企业某种产品产量与单位成本资料

月　份	1	2	3	4	5	6
产量/千件	2	3	4	3	4	5
单位成本/(元/件)	73	72	71	73	69	68

要求：

(1) 计算产品产量与单位成本的相关系数；

(2) 确定单位成本对产量的直线回归方程，并说明回归系数 b 的含义；

(3) 如产量为 6 千件时，单位成本为多少？

【实训 2】某班学生统计学的学习时间与成绩的整理资料见表 9-4。

表 9-4 某班学生统计学的学习时间与成绩的整理资料

每周学习时数/小时	学习成绩/分
4	40
6	60
7	50
10	70
13	90

要求：
(1) 计算出学习时数与学习成绩之间的相关系数；
(2) 建立直线回归方程；
(3) 计算估计标准误差。

【实训3】有 10 个同类企业的生产性固定资产平均价值和工业总产值资料见表 9-5。

表 9-5 10 个同类企业的生产性固定资产平均价值和工业总产值资料

企业编号	生产性固定资产价值/万元	工业总产值/万元
1	318	524
2	910	1019
3	200	638
4	409	815
5	415	913
6	502	928
7	314	605
8	1210	1516
9	1022	1219
10	1225	1624
合计	6525	9801

要求：
(1) 建立直线回归方程，并说明两变量之间的相关方向；
(2) 计算估计标准误差；
(3) 估计生产性固定资产为 1100 万元时工业总产值的可能值。

【实训4】某市抽查 10 家百货商店的销售额和利润率资料见 9-6。

表 9-6 10 家百货商店的销售额和利润率资料

商店编号	每人月平均销售额(x)/千元	利润率(y)/%
1	6	12.6
2	5	10.4
3	8	18.5
4	1	3.0

续表

商店编号	每人月平均销售额(x)/千元	利润率(y)/%
5	4	8.1
6	7	16.3
7	6	12.3
8	3	6.2
9	3	6.6
10	7	16.8

要求：

(1) 计算每人月平均销售额与利润率的相关系数；

(2) 拟合利润率对每人月平均销售额的回归直线方程；

(3) 若某商店每人月平均销售额为2千元，试估计其利润率；

(4) 计算估计标准误差。

【实训5】根据第2章的【实训1】所取得的调查资料，在统计整理的基础上进行本章的相关计算与分析。

第 10 章 统计分析报告的撰写技术

📖 **本章知识技能要点与要求**

- 了解统计分析报告的特点、作用与种类
- 掌握统计分析报告的结构格式
- 掌握统计分析报告的说理方法
- 掌握总结型、调查型和分析型统计分析报告的写作要点
- 了解统计分析报告的写作程序

10.1 统计分析报告的意义

10.1.1 统计分析报告的概念与特点

统计分析报告是根据统计学的原理和方法,运用大量统计数据来反映、研究和分析社会经济活动的现状、成因、本质和规律,并作出结论、提出解决问题办法的一种统计应用文体,它是统计分析的最终成果。其主要特点是:

(1) 运用统计特有的分析方法,结合统计指标体系,全面、深刻地研究和分析社会经济现象的发展变化。

(2) 注重定量分析,运用数字语言来描述和分析社会经济现象的发展情况。

(3) 具有很强的针对性。针对各级党政领导和社会各界普遍关心的难点、热点、焦点问题进行分析,只有这样才会有的放矢,针对性强。

(4) 注重准确性和时效性。统计分析报告的准确性除了数字准确,还要求论述有理,不能违反逻辑;观点正确,不能出现谬误;建议可行,不能脱离实际。统计分析报告的时效性要求统计分析报告要争取雪中送炭,避免雨后送伞,把统计分析报告提供在领导决策之前和社会各界需要之时。

(5) 具有很强的实用性。统计分析报告不但包含了统计数据反映的信息,更为重要的是它还能进行分析研究和预测,能指出工作中的不足和问题,能提出有益于今后工作的措施和建议,从而能直接满足党政领导和社会各界的需要。

10.1.2 统计分析报告的作用

撰写统计分析报告的作用,主要体现在以下四个方面。

(1) 统计分析报告不仅能综合和灵活地运用表格、图形等表现方式,而且可以表现出表格、图形所不能充分表现的活情况;可以表现出表格、图形所不能表现的定性分析;可以表现出研究过程中的条理性和逻辑性。

(2) 统计分析报告是发挥统计整体功能的重要手段。它把数据、情况、问题、建议等融为一体,既有定量分析,又有定性分析,比一般统计数据更集中、更系统、更鲜明地反映客观实际,又便于阅读、理解和利用,因而是发挥统计信息、咨询、监督职能的重要手段。

(3) 统计分析报告有利于提高统计工作者的业务素质。要发挥统计的整体功能,就要广泛地开展统计分析,经常向领导部门和社会各界提供有价值的统计分析报告,这是一项综合性、实用性很强的工作,也是成就统计人才的必由之路。统计人员积极撰写统计分析报告,才能不断地增长才能,提高自己的理论水平、业务水平和分析问题的能力。

(4) 统计分析报告是增进社会了解统计的重要窗口。由于统计分析报告可以综合表现和传播多种统计信息,因而它可以成为充分展示各种统计成果的重要窗口。通过这个窗口,既可以向社会各界传递统计信息,又可以使他们增进对统计工作的了解,进而认识统计工作的重要性。

10.1.3 统计分析报告的种类

(1) 按统计领域分,可分为工业、农业、商业、科技、教育、文化、卫生、体育、人口、财政、金融、政法、人民生活、国民经济综合核算等统计分析报告。

(2) 按写作对象的层次划分,可分为微观、中观和宏观统计分析报告。一般来讲,基层企事业单位,属于社会经济的细胞,可视为微观;乡镇、县一级可视为中观;而地(市)及地(市)以上的地区和部门,由于地域较广,社会经济门类比较复杂,需要较多地注意平衡关系,可视为宏观。

(3) 按内容范围分,可分为综合统计分析报告与专题统计分析报告。综合统计分析报告是研究和反映一个地区、部门或单位的全面情况的分析报告。这种分析报告一般是定期的。专题统计分析报告是研究和反映某一方面或某个专门问题的分析报告。专题统计分析报告有定期的,也有不定期的,而多以不定期的为主。

(4) 按照时间长度分,可分为定期与不定期的统计分析报告。定期统计分析报告,一般是利用定期统计报表制度的资料来定期研究和反映社会经济情况。根据期限不同,定期统计分析报告又可分为月度、季度、半年、年度等统计分析报告。不定期的统计分析报告,主要是用于研究和反映不需要经常性定期调查的社会经济情况。

(5) 按写作类型分,可分为说明型、计划型、总结型、公报型、调查型、分析型、研究型、预测型等统计分析报告。

10.2 统计分析报告的结构格式

所谓结构格式,就是文章的内部组织、内部构造,是对文章内容进行安排的形式。统计分析报告的结构格式,一般包括标题、导语、正文、结尾四个部分。

10.2.1 标题

标题也称为题目。有的标题,既有正题又有副题。正题也叫主题或大标题;副题也叫次题或提要题,是正题的辅助标题,用于进一步补充和说明正题,使正题的意思更完整。例如,战高温,夺高产,完成产量一千台——我厂八月份的计划执行情况分析。

拟定标题,要力求确切、新颖、有吸引力。俗话说:"看人先看脸,看脸先看眼"。人们阅读文章,第一眼是看标题,加之标题常常是文章中心内容、基本思想的集中体现,因而标题也就成了文章的"眼睛",在文章的结构中占有重要的地位。一篇统计分析报告有了好的标题,可以对读者产生强烈的吸引力,使统计分析报告增色。相反,一篇统计分析报告也会因标题较差而逊色。

10.2.2 导语

导语就是统计分析报告的开头。文章开头的好坏,是关系全篇成败的一个重要因素。因此,对导语的基本要求是:要抓住读者的心理,引起读者的注意和兴趣,使读者急于读下去和乐于读下去;要为全文的展开理清脉络,牵出头绪,做好辅垫,主定格局;要短、要精、要新。

导语的形式一般有以下几种。

1. 开门见山

"开门见山"的开头方法,其特点是紧紧围绕文章的基本观点,简明扼要,直叙入题。这种开头方法是统计分析报告最常见的一种。如《加强农村基础教育,提高劳动后备军素质》的导语是这样的:目前,我国有 3.9 亿农村劳动力,约占社会劳动力总数的 3/4。由于近年来一些地区学龄儿童入学率下降,失学严重,出现了一大批"小农民"劳动后备军。这种劳动后备军素质低,制约了农村经济发展。

上面的开头,是直接揭示或暗示了文章的基本观点,把最能引起读者关心的问题点破,使之看了开头几句话,就能领悟到题旨,引起阅读兴趣,进而迫不及待地把全文读完。

2. 造成悬念

在分析问题或阐述观点以前,先有意地提出一个问题,以引起读者的注意与思考。如《苏、锡工业超越发展的原因剖析》的导语:苏、锡工业的崛起,不仅在国内外引起了强烈的反响,而且以它们特有的工业发展方式,在我国工业经济发展史上独树一帜,同常州一道,创立了"苏南经济模式"。苏、锡工业飞速发展的主要原因是什么呢?

这种开头方法使文章内容在问与答中不断扩展深化,使读者在问与答中得到新的启迪和提高。

3. 交待动机

交待动机开头方法的主要特点是:起因线索完整,时间、地点俱在,分析动机清楚,命题明显自然。如《一个值得社会关注的问题——湖南省青少年违法犯罪情况调查》的导语:为了解我省青少年违法犯罪情况,剖析青少年违法犯罪的原因,以便采取对策,预防和减少青少年违法犯罪,今年 4～7 月,省统计局和司法厅按照随机抽样的方法,从 14～25 岁的在押在教劳改劳教人员中,抽选 3991 人进行了问卷调查。同时走访了管教干警、学校师生和家长等 173 人,收集整理出反映我省青少年违法犯罪原因、特点及基本状况的近 8 万个数据和青少年劳改劳教人员的近千条意见。现将调查了解的情况综述如下。

以上导语将"时间"、"地点"、"人物"、"事件"四要素及所采用的调查方法都作了交待。接着写调查结果就会对读者产生一定的吸引力。

除以上三种导语比较典型外,导语的形式是多种多样的,甚至有的统计分析报告不写导语,直接进入正文。

10.2.3 正文

正文是统计分析报告的主体。正文要求结构严谨、层次分明、条理清晰。这就要求对内容的先后次序,展开的步骤,详略的安排,从全局出发进行合理的组织。一般地,统计分析报告的正文有以下几种。

1. 序时结构

序时结构,即按事物发展的经过和时间的先后次序安排层次。这种结构多用于反映客观事物随着时间的变化而变化的统计分析报告。如在分析新中国成立以来经济发展状况时,可按"一五"时期、"二五"时期、"三年调整"时期等来安排。

2. 序事递讲结构

序事递讲结构,即指文章各部分内容按事理的发展顺序排列。它可以是先因后果,或先果后因的因果序事式;也可以按事理发展的连续性,每一阶段一个层次;还可以是按事理意义上的一层进一层,层层深入的递进关系的递进式。

3. 总分式

总分式,即先总起来说,然后分开说;或者先分开说,后总起来说;或者前后都总说,中间分开说。

4. 并列结构

并列结构,即各层意思之间是并列关系。一般是将所要表述的情况,分成并列的几部分横向展开。如在分析国民经济发展状况时,按照农业、工业、商业等一部分一部分地进行叙述。

要合理安排分析报告的内容,使之具有一个适当的结构。不仅要明了有什么样的结构,而且还要清楚分析研究的成果适合于哪种结构。在结构确定之后,还要明确各层次的内容怎样衔接,怎样突出分析的主题等一些问题。

10.2.4 结尾

结尾就是分析报告的结束语。好的结尾,可以帮助读者明确题旨、加深认识,又可引起读者的联想和思考。统计分析报告结尾的写法,也是多种多样的,常见的有以下几种。

1. 总括全文

统计分析报告在分析事物发展变化的主客观原因,论证多层次观点后,在结束全文时予以归纳总结,加强基本观点,突出中心思想,这种结尾方法就叫总括全文。

总括全文式结尾的起始句多使用"综上所述"、"总之"、"总而言之"等概括性词语,然后再把文章前面叙述的内容进行简要回顾概括,使读者进一步明确全文的中心思想。

2. 提出建议

统计分析报告以建议结束全篇的居多,并且形式各异。归纳起来主要有以下两大类:一是没有结尾段,以最后一个层次的若干条建议来收笔;二是专门有个建议结尾段,用简练的语言把建议内容概括在终篇段内。

如《1987年我国商业横向经济联合组织发展迅速》一文的结尾:鉴于上述存在的问题,建议有关部门对发展横向经济联合应以认真贯彻、积极扶持、合理规划、正确引导、加强管理的方针,把我国商业、饮食业、服务业横向经济联合推向一个新的阶段。

3. 首尾呼应

有的统计分析报告在导语提出问题,通过分析归纳,在结尾时给予回答,这种结尾方法叫做首尾呼应式。

例如,有一篇题为《沈北褐煤有没有出路?》的统计分析报告。在导语中,作者提出了"沈北褐煤到底有没有出路,出路何在"的质问,经过认真分析论证,文章指出了可以解决这些问题的三条路子。接着在结尾段,作者对前面所提出的问题做出了"真能够做到这些,沈北褐煤还是有出路的"回答,不仅解开了读者最后一道谜,而且也使整篇文章首尾圆合,浑然一体。

4. 篇末点题

这种类型的统计分析报告,在开头不亮出基本观点,经过一系列分析、论证、最后才在文章的收笔处照应题旨,点明题意。所谓"点",就是一语道破,用笔极少,但却含义深刻,富有概括力、表现力。

如一篇题为《北京城乡居民消费特征及发展前景分析》的统计分析报告,在篇末写到:由于社会主义国家与资本主义国家的分配方式不同,因而消费结构也不尽相同。我们预测即使到21世纪末,可能也不会达到80年代发达国家的"恩格尔系数"。但可以预见,居民的消费结构将进一步发生显著变化,部分居民生活开始进入富裕水平。这样,在分析报告的结尾,才亮出基本观点,使读者有"豁然开朗"的感觉。

统计分析报告的结尾除以上几种外,还可以以提问的形式结尾,意在引起人们进一步的思索;或补充、强调导语和正文中未提到的问题,以使分析报告更加全面系统;有的还以饱满的热情、有力的语言来完成全篇分析报告。

10.3 统计分析报告的说理方法

统计分析报告是研究和反映社会经济情况的文章。这种文章的目的在于实用性,也就是让党政领导和社会各界采用你的文章,接受你的观点,采纳你提出的建议。但是统计分析报告中的情况、观点和建议,都不能强加于人,要让别人接受、采纳,唯一的办法就是说理。要说理,首先必须明确什么是"理"。对我们来说,"理"就是马克思主义认识论所讲的真理。真理是客观事物及其规律在人们意识中的正确反映。说理,则是通过语言或文字,把正确的主观认识表达出来,用以传播和交流。

统计分析报告的说理方法,主要有三大类:一是统计的方法;二是逻辑的方法;三是辩证的方法。

10.3.1 统计的方法

在说理中运用的统计计算及统计分析的方法很多,主要有以下几种方法:总量分析法,是指通过计算和分析总量指标来认识社会经济现象的总规模或总水平的方法;比较分析法,是指通过计算和分析相对数指标来认识社会经济现象的总体结构、比例、强度、速度及计划完成程度的方法;平均分析法,是指通过计算和分析平均指标来认识社会经济现象的平均水平,并以此为依据与同类社会经济现象比较的方法;动态分析法,是指依据时间数列通过计算和分析动态指标来认识社会经济现象的方法;因素分析法,是指通过计算和分析统计指数,来认识社会经济现象的总体变动中,各因素影响的程度和方向的方法;相关分析法,是指通过计算和分析,来认识有相关关系的社会经济现象所表现的相关形式、密切程度及数量联系的方法;平衡分析法,是指通过计算和分析,来认识有平衡关系的社会经济现象之间的对应关系、数量联系及其综合平衡问题的方法;预测分析法,是指通过数学模型或其他统计方法的计算和分析,来认识社会经济发展方向及其数量表现的方法;抽样分析法,是指通过抽样调查资料的计算分析和推断,来认识社会经济现象总体情况的方法;重点分析法,是指通过重点调查资料的计算和分析,来认识重点单位的社会经济情况的方法;典型分析法,是指通过典型调查资料的计算和分析,来认识社会经济现象的典型情况,进而加深对总体情况认识的方法;分组分析法,是指通过统计分组的计算和分析,来认识社会经济现象的不同类型,并在此基础上认识其不同特征、不同性质及相互关系的方法。

10.3.2 逻辑的方法

统计分析报告的说理,离不开逻辑的方法。现将统计分析报告中常用的推理及论证的方法分述如下:归纳法,就是指从若干个具体事实中作出一般性结论的方法;演绎法,这是以一般性道理对具体事实作出结论的方法;类比法,这是通过两个或若干同类的具体事实进行比较而得出结论的方法;引证法,这是引用某些伟人、经典作家的言论或科学上的公理,尽人皆知的常理来推论观点的方法;反证法,这是借否定对立的观点来证明自己观点正确的方法;归谬法,这是顺着错误的观点、错误的现象继续延伸,进而引出荒谬的结论,以间接证明自己观点正确的方法。

10.3.3 辩证的方法

这主要是运用马列主义哲学的唯物辩证法来说理的方法。例如物质与意识,认识与实践,对立统一规律、质量互变规律、否定之否定规律等。

10.4 统计分析报告的类型

10.4.1 说明型

这是对统计报表进行说明的统计分析报告,亦称为"文字说明"。也就是我们通常所说的报表说明。这种说明,主要是对报表的数据作文字的补充叙述,配合报表进一步反映社会经济情况。它可以帮助本单位领导审查报表,以保证数字的质量。这是说明型统计分析报告的基本作用。

严格地说,这种说明型统计分析报告,只是附属统计报表,而不能独立成篇,也无完整的文章形式。但由于它具备统计分析报告的基本特点,可以把它看成是统计分析报告的雏形。

写这种说明型统计分析报告,并没有严格的要求,但要掌握以下几个要点。
- 文字说明的情况要与统计报表的情况有关,与报表无关的内容不应写进文字中。
- 写文字说明时,既可以对整个报表作综合说明,也可以只对报表中的某些统计数字加以说明。
- 写文字说明时,可作简要的分析,但不宜论述过多。如需深入研究,应另写专题分析。
- 说明型统计分析报告没有标题,一般也没有开头和结尾。文中的各个段落,各有其独立的内容,结构呈并列式。一般用"一、二、三、四……"来分段叙述,使说明更有条理、更清晰。
- 文字要简明,直截了当。

10.4.2 计划型

这是检查计划执行情况的统计分析报告,按月、季、半年和年度检查计划执行情况的定期统计分析报告,都属于这种计划型。

计划型统计分析报告的写作要点。
- 检查计划是文章的中心。不但有实际数、计划数,而且要有计划完成相对数。

- 检查计划执行情况的主要目的,不是单纯的进行数字对比,而是通过分析,找出计划执行过程中存在的问题,提出对策建议,以保证计划的顺利完成。
- 统计指标要相对稳定。在同一个计划期内,统计指标与计划指标的项目要一致,并相对稳定,以便进行对比检查。
- 标题有两种形式。一种比较固定,例如,《我厂四月份计划执行情况》。另一种是可以变化,以突出某些特点。例如,战高温 夺高产 完成产量一千台——我厂八月份的计划执行情况分析。这是运用了双标题,有正题和副题。
- 正文的结构多是总分式。开头总说计划完成情况,然后进行分析,提出一些建议等。

10.4.3 总结型

这是对一定时期社会经济发展情况进行总结分析的统计分析报告。通过分析总结,可以全面认识一个地区、部门或单位的社会经济形势,或某个方面的情况,以便发扬成绩,总结经验教训,制定新的措施,为今后工作创造更好的条件。

总结型统计分析报告的写作要点。
- 总结型的对象应是本地区、本部门或本单位的社会经济发展情况,并不是工作情况。
- 一般有三个写作重点:一是分析社会经济发展形势;二是总结经验教训;三是提出建设性的意见。
- 要注意运用统计资料和统计分析方法。主要采用统计数字与文字论述相结合的方法,定量认识和定性认识相结合。
- 正文结构大都采用总分式。开头是简要总说,接着写情况、形势(包括成绩与问题),再写经验体会与教训,然后写今后的方向和目标,最后写几点建议,每个部分应设小标题,使层次更分明。
- 标题可以适当变化,形式不拘一格。

10.4.4 公报型

这是政府统计机关向社会公告重大社会经济情况的统计分析报告。统计公报是政府的一种文件,一般应由级别较高的统计机关发布。级别较低的统计机关不宜发表公报,但是可以采用统计公报的写作形式公布本地的社会经济发展情况,也应列入公报型。

公报型统计分析报告的写作要点。
- 统计公报具有较强的政策性和权威性。
- 统计公报要充分反映本地区社会经济全面情况,主要由反映事实的统计资料来直接阐述,不作过多的分析。
- 统计公报的标题是一种公文式的标题。正文的结构是总分式。
- 公报型的统计分析报告,要求行文严肃,用语郑重,文字简练明确,情况高度概括。

10.4.5 调查型

这是通过非全面的专门调查来反映部分单位社会经济情况的统计分析报告。其基本特点是:只反映部分单位的社会经济情况,一般不直接反映和推论总体情况;它的资料和情况来源于非全面调查,并不主要来自全面统计。

调查型统计分析报告的写作要点。
- 文章要有明显的针对性,要有具体、明确的调查目的。
- 要大量占有第一手材料,用事实说话,要有一定的深度,要解剖"麻雀",以发现其实质和典型意义。
- 统计资料和生动情况相结合,对于调查方法和过程应该少写或不写。
- 调查型统计分析报告的标题应灵活多样。结构形式可以不拘一格,一般的安排是叙事式:先概述调查目的、调查形式和调查单位之后,就要较大篇幅阐述调查情况,然后是概况的分析研究,并作出结论,最后可提出一些建议。

10.4.6 分析型

这是通过分析着重反映社会经济现象具体状态的统计分析报告。它同调查型的主要区别是:它既反映部分单位的情况,也反映总体的情况,并以总体情况为主;它的资料和情况来源是多方面的,可以是部分单位的调查资料,也可以是全面统计报表资料、历史资料等,其中又以全面统计报表资料居多。

分析型统计分析报告的写作要点。
- 它的主要内容和写作重点是反映某个社会经济现象的具体状态,一般不涉及规律性问题,要做到具体事情具体分析。
- 具体分析的主要方法:从总体的各个方面来分解和比较,比如,一个企业有产、供、销,居民家庭有收、支、存,地区有经济、社会、科技、环境等;从结构上分解和比较,所有制结构、产业结构、产品结构,重轻工业结构,农民收入构成等;从因素上分解和比较,比如,影响农民收入增长的各种因素,影响工业增加值的各种因素等;从联系上分解和比较,比如,GDP 与发电量的联系,农民收入与社会消费品零售总额的联系等;从心理、思想上分解和比较,比如,问卷调查对改革的看法,对物价的看法,对婚姻的各种心理等看法;从时间上分解和比较,如报告期与基期、"十五"时期与"九五"时期的比较等;从地域上分解和比较,比如,与别的地区对比,与外省的对比等。
- 标题应该灵活多样,结构也要有多种形式。

10.4.7 研究型

这是着重研究解决问题办法和进行理论探讨的统计分析报告。它同分析型统计分析报告的主要区别是:分析型对社会现象的认识仍停留在具体状态,而研究型则是对具体的状态上升到理论的高度,提出理论性的见解或新的观点。所以,研究型比分析型的意义又进一步,是一种高层次的统计分析报告。

研究型统计分析报告的写作要点。
- 在研究的题目确定之后可以拟定一个研究提纲,主要内容是:研究的目的是什么,内容有哪些,需要哪些资料,如何收集,需要哪些参考书籍和文章等。
- 要进行抽象与概括。所谓抽象,就是在具体分析的基础上,将事物的非本质属性抛在一边,而抽象出其本质属性来认识事物的方法。所谓概括,就是在抽象的基础上,把个别事物的本质属性推及为一般事物的本质属性。有了正确的概括,就能认识社会经济现象中的共性、普遍性和规律性。
- 要多方论证。要做到论述严密、说理充分,没有漏洞。从多方面、多角度、多种资料、多件事实及多种逻辑方法来论证。
- 标题有适当变化,但要做到题文一致,用词准确、郑重。

10.4.8 预测型

这是估量社会经济发展前景的统计分析报告。它与研究型统计分析报告的主要区别为:研究型着重对趋势性、规律性进行定性研究,而预测型是在认识趋势及规律的基础上,着重对前景进行具体的定向和定量的研究。通过预测,人们可以超前认识社会经济发展前景,对制定方针、发展策略、编制计划、搞好管理等都具有很大的帮助。因此,预测型分析报告的作用很大,也属于高层次的统计分析报告。

预测型统计分析报告的写作要点。
- 全文要以统计预测为中心,其他内容都要为预测服务。
- 写推算过程要注意读者对象。如果是写给统计同行或统计专家看的,可以写数学模型的计算过程,否则,数学模型和计算过程可以略写或不写。
- 应注意预测期的长短。一般来说,中、长期的预测,要体现战略性和规划性,不可能写得那么具体,文字可以概略一些;对近、短期预测,主要是具体地分析和估量一些实际问题,所提的措施和建议要有一定的针对性和现实性,不可写得太笼统,文字应详细、具体一些。

10.5 统计分析报告的写作程序

10.5.1 选择分析课题

选题是写作统计分析报告首先要解决的问题。统计分析报告的选题可以分为三种类型:一是任务题。这是领导交办、上级部门布置及有关单位委托的选题;二是固定题。这是结合定期统计报表进行统计分析的选题。这种选题一般比较稳定、变化不大;三是自选题。这是作者从统计资料或从现实生活中发现的选题。

统计分析报告选题范围、题材内容十分广泛,从社会到经济、从微观到宏观、各种社会经济活动从开始到结束,都可以产生选题。正因为如此,就必须注意选题的准确性,既要考虑选题的社会经济价值和意义,又要考虑党政领导和社会的需求,还要考虑作者自身的主观和客观条件,力求使选题准确对路。

10.5.2 拟制分析提纲

分析提纲与写作提纲不同,它是如何进行统计分析的思路和打算,是作者对分析对象的初步认识,它对统计分析的顺利进行起指导作用。

分析提纲主要包括以下内容:统计分析的目的和任务是什么,要解决哪些问题;需要收集哪些统计数字和具体事实,从哪些途径去取得这些资料;要选择哪些分析方法,准备从哪些方面进行分析;调查、整理与分析工作的组织安排等。

10.5.3 收集加工资料

统计分析报告所需要的材料主要是统计资料。统计资料不仅是统计分析的基础,也是报告写作的基础;不仅是形成和表现观点的依据,也是阐明事物发展变化的依据。

统计资料包括以下几部分。

- 定期统计报表资料:这是根据定期统计报表制度,从全部基层填报单位逐级汇总上报的一种全面统计调查资料。
- 一次性调查资料:这是为了一定目的而专门组织的统计调查资料。
- 统计整理资料:按照一定的要求,对原始资料进行加工、整理后的统计资料。
- 统计分析资料:包括统计分析素材和统计分析报告,是数字和文字相结合的资料。
- 统计资料书刊:统计年鉴、统计手册等。

统计资料的收集要根据选题的要求明确收集的方向和渠道,要注意收集反映事物总体情况的资料及反映事物发展变化的背景资料。调查收集得来的统计资料,要按照材料处理的程序和要求进行整理、鉴别、选择等工作。

10.5.4 分析认识事物

统计分析的目的是为了认识事物。只有做到分析更加深入,才能对事物的认识更加深刻,从而使统计分析报告更加具有深度。分析认识事物需要注意以下几个方面。

1. 综合运用多种分析方法从多个方面多个角度进行分析

例如,要分析一个企业的生产情况,只看全年的总产值就很难说明问题,应使用多种方法进行分析。如用动态数列法分析近几年工业总产值的变动和生产发展速度的快慢;用分组法对全厂车间班组进行解剖,对比分析各部门任务完成情况;用平衡法把现价工业总产值同销售收入结合起来,观察产销平衡情况;再联系报告期的利润、税金、劳动生产率、产品质量、物资消耗等情况分析经济效益等。这样,我们对这个企业的基本状况就有了总体的认识和了解。然后在此基础上抓住其中的主要矛盾和关键问题,就可以把分析引向深入。当然,并不是分析每个问题都必须综合运用各种分析方法,这要针对分析对象灵活选择。

2. 定性分析与定量分析相结合

定性分析是根据现有资料和经验,主要运用演绎、归纳、类比及矛盾分析的方法,对事物的性质进行分析研究。定性分析可以从纷繁复杂的事物中找出其本质要素。但由于定性分析忽略了同类事物在数量上的差异,结论多具有概貌性,并带有一定程度的主观成分,因此,不容易根据定性分析的结论来推断所涉及的社会经济现象的总体。定量分析是研究社会经济现象的数量特征、数量关系和发展过程中的数量变化的方法。定量分析可以为认识社会经济现象提供量的说明,可以反映事物总体的数量情况。定量分析是现代统计调查分析的主要方法。但定量分析也有一定的局限性,只有把定量分析与定性分析结合起来,才能形成完整的科学的分析方法体系。

3. 善于使用比较分析的方法

比较是认识事物的基本方法,也是统计分析的基本方法。统计分析离不开比较,如分组法、动态数列法、指数法等统计分析方法,它们有一个共同的特点,都是通过比较来说明问题。

比较可分为纵比和横比。纵比是事物现状与历史的比较,它可以反映事物前后的变化,揭示事物的内部联系。横比是一事物与其他同类事物的比较,它可以反映事物之间的差距,找出事物的外部联系。

在统计分析中使用比较的地方较多,如实际完成数与计划数比、本期与上期比、本期与上年同期比、本单位与外单位比等。

使用比较应注意可比性。指标的口径范围、计算方法、计量单位必须一致;比较的指标类型必须统一;比较单位的性质必须相同。

4. 要善于进行系统分析

社会是一个错综复杂、互相联系的有机整体。在分析过程中,不但要注意研究对象所包括的各因素之间的相互联系、相互制约的关系,而且要用系统的眼光将所研究的对象放在社会的大系统中去考察。

10.5.5 构思内容形式

在动笔写作之前,必须对统计分析报告的内容与形式进行全面而缜密的构思。这是统计分析报告整个写作过程中非常重要的一环,它不仅是孕育统计分析报告"胎儿"的过程,而且是深化和完善统计认识的过程。

构思,首先要考虑的是确立文意,即文章的基本观点。统计分析报告的基本观点,是统率全文的主脑。其次要考虑的是文章的内容。全文写些什么,大体内容有哪些,分为几大部分,各部分是什么关系,有些什么观点,需要哪些材料来说明等。再次对全文的内容进行构思后,还要对各部分的内容进行构思。最后再考虑报告的层次、段落、表现形式等问题。

经过这一系列构思,统计分析报告的构架就基本形成,于是就可以动笔进行具体的写作了。

本章小结

本章主要讲授了统计分析报告的意义、结构格式、说理方法、类型特点和写作程序等问题，目的是使读者掌握统计分析报告的写作技巧，并能撰写简单的统计分析报告。

统计分析报告是根据统计学的原理和方法，运用大量统计数据来反映、研究和分析社会经济活动的现状、成因、本质和规律，并作出结论，提出解决问题办法的一种统计应用文体，是统计分析的最终成果。

统计分析报告的结构格式，一般包括标题、导语、正文、结尾四个部分。

统计分析报告的说理方法，主要有三大类：一是统计的方法；二是逻辑的方法；三是辩证的方法。

常用的统计分析报告类型有说明型、计划型、总结型、公报型、调查型、分析型、研究型、预测型等。

统计分析报告的写作程序是：选择分析课题，拟制分析提纲，收集加工资料，分析认识事物，构思内容形式。

思考题

10-1 统计分析报告的特点有哪些？
10-2 统计分析报告的结构格式怎样？
10-3 统计分析报告的说理方法有哪些？
10-4 总结型、调查型和分析型统计分析报告的写作要点有哪些？
10-5 统计分析报告的写作程序如何？

填空题

10-1 统计分析报告的结构一般包括(　　)、(　　)、(　　)、(　　)四个部分。
10-2 统计分析报告的说理方法主要有(　　)、(　　)、(　　)三大类。

单选题

10-1 统计分析报告的主体是(　　)。
A．标题　　　B．导语　　　C．正文　　　D．结尾
10-2 在分析国民经济发展状况时，按照农业、工业、商业等一部分一部分地进行叙述。

这种统计分析报告的正文属于( )结构。

    A. 序时   B. 序事递进   C. 并列   D. 总分式

10-3 统计分析报告在分析事物发展变化的主客观原因、论证多层次观点后,在结束全文时予以归纳总结,加强基本观点,突出中心思想,这种结尾方法就是( )。

    A. 总括全文   B. 提出建议   C. 首尾呼应   D. 篇末点题

10-4 ( )是现代统计调查分析的主要方法。

    A. 因素分析   B. 逻辑分析   C. 定性分析   D. 定量分析

10-5 在动笔写作之前,必须对统计分析报告的内容与形式进行全面而缜密的构思。构思,首先要考虑的是( )。

    A. 全文内容   B. 确立文意

    C. 报告各部分内容   D. 报告的层次、段落、表现形式等

多选题

10-1 下列属于统计分析报告作用的是( )。

    A. 统计分析报告可以表现出表格、图形所不能表现的定性分析

    B. 统计分析报告是发挥统计整体功能的重要手段

    C. 统计分析报告有利于提高统计工作者的业务素质

    D. 统计分析报告是增进社会了解统计的重要窗口

    E. 注重定量分析

10-2 统计分析报告按内容范围可分为( )。

    A. 宏观统计分析报告   B. 微观统计分析报告   C. 中观统计分析报告

    D. 综合统计分析报告   E. 专题统计分析报告

10-3 统计分析报告的导语有( )。

    A. 开门见山式   B. 造成悬念式   C. 交待动机式

    D. 要辞藻华丽   E. 总分式

10-4 统计分析报告所需的材料主要是统计资料,这些统计资料包括( )。

    A. 一次性调查资料   B. 统计整理资料   C. 统计分析资料

    D. 统计资料书刊   E. 定期统计报表资料

10-5 统计分析的目的是为了认识事物。只有做到分析更加深入,才能对事物的认识更加深刻,从而使统计分析报告更加具有深度。分析认识事物需要注意下述哪几方面( )?

    A. 要综合运用多种分析方法从多个方面多个角度进行分析

    B. 定性分析与定量分析相结合

    C. 要善于进行系统分析

    D. 要善于使用比较分析的方法

E. 注意拟定分析提纲

📋 判断题

10-1 统计分析报告按统计领域划分可分为微观统计分析报告、宏观统计分析报告。（   ）

10-2 统计分析报告的导语可有可无。（   ）

10-3 统计分析报告正文的叙事递进结构是按事物发展的经过和时间的先后次序安排层次。（   ）

10-4 统计分析报告以建议结束全篇的居多，并且形式各异。（   ）

10-5 通过分析着重反映社会经济现象具体状态的统计分析报告属于研究型统计分析报告。（   ）

🎬 技能实训题

【实训1】在前面综合实训的基础上写一篇800字左右的统计分析报告。

【实训2】认真阅读本章的"阅读材料"，进一步领会统计分析报告的撰写技术。

☞ 阅读材料

居住消费大幅上升 天津农村居民生活向享受型发展

"十五"期间,在党的各项惠农政策的引领下,改革和发展的春风吹遍了整个津沽大地,天津市农民更是激情勃发,辛勤耕耘,用自己诚实的劳动创造着美好的生活。随着收入的快速增长,津郊农民的生活水平更是"芝麻开花节节高"。据天津市农村居民收支调查资料显示,2005年天津市农村居民人均生活消费支出达3590元,比2000年增加1197元,增长50.0%,年均增长8.5%,比"九五"时期每年加快1.6%。

一、恩格尔系数快速降低,居民生活由小康步入富裕

2005年,天津市农村居民人均食品消费支出1376元,比2000年增加356元,增长34.9%,年均增长6.2%,比"九五"时期快了5.4%。食品消费占生活消费支出的比重,即恩格尔系数为38.3%,比2000年降低了4.3%,农村居民生活实现了从小康向富裕的飞跃。

在食品支出增长的同时,天津市农村居民家庭饮食结构和饮食习惯也明显改善。据统计,2005年天津市农村居民人均在外饮食消费支出155元,比2000年增加90元,年均增速达18.9%,拉动"十五"时期食品消费支出增幅提高了8.8%,成为天津市农民饮食消费的新亮

点。从饮食结构看,2005年天津市农村居民人均消费粮食173公斤,比2000年减少20公斤,而蔬菜、肉类、水产品等副食品的消费量较2000年均有不同程度的增加,农村居民饮食更加科学、更加营养、更讲搭配。

二、居住消费支出大幅上升,居住环境显著改善

"十五"期间,天津市进一步加快农村城市化和小城镇建设步伐,农村房地产市场迅猛发展,农村居民购房、建房热情不减,用于居住方面的消费支出大幅增长。2005年,天津市农村居民人均居住消费支出844元,比2000年增加392元,增长86.7%,年均增长13.3%。人均住房面积26.1平方米,比"九五"末期2000年的23.6平方米,增加了2.5平方米。为了改善自家的居住环境,提高生活品位,农村居民用于装修生活用房的费用大幅提高,2005年人均为124元,比2000年增加了111元,增长了8.6倍,年均增长57.3%。

"十五"期间,天津市先后实施了户厕改造和人畜饮水解困等惠农工程,加之许多乡镇、行政村积极筹措资金加强街道路面建设,整治村容村貌,农村居民居住质量逐渐提高。调查显示,2005年末,天津市饮用自来水的农户比重为61.7%,使用水冲式厕所的农户比重为43.7%,室外道路为硬质路面的农户比重为69.3%,比"九五"末期分别提高了22.0%、28.2%和18.3%,农村居民的生活条件得到显著改善。

三、电话、手机迅速普及,交通通信支出成倍增长

"十五"时期,随着天津市交通通信事业的快速发展,固定电话和移动电话在天津市农村居民家庭中日渐普及,小汽车也快速步入农家,农民在交通和通信方面的消费支出呈高速增长态势。2005年,天津市农村居民人均交通通信消费支出达270元,比2000年增加162元,增长了1.5倍,年均增长20.1%。据统计,2005年天津市农村居民家庭每百户拥有普通电话88部,比"九五"末期的51部增加了37部,增长72.5%;拥有移动电话89部,比"九五"末期的11部增加了78部,增长7.1倍;拥有生活用汽车近6辆,比"九五"末期的2.2辆增加了3.8辆,增长1.7倍。

四、时尚观念不断强化,衣着消费支出连年增加

"十五"时期,随着生活水平的稳步提高,时尚观念的不断强化,天津市农村居民在衣着方面的消费支出连年增加。2005年,天津市农村居民人均衣着消费支出362元,比2000年增加139元,增长62.3%,年均增长10.2%,比"九五"时期快了6.7%。

五、小型家电走入农家,生活质量进一步提高

"九五"时期,诸如电冰箱、洗衣机等大件耐用消费品在天津市农村居民家中已相当普及,"十五"以来,这些耐用消费品开始进入更新换代时期,百户拥有量稳步增长,如洗衣机由2000年的85台增加到2005年的95台,电冰箱由65台增长到84台。与此同时,电动自行车、微波炉等小型家电悄然兴起,快速步入农家,缩小了农村与城市间的差距,农村居民的生活质量进一步提高。近年来各种家庭设备用品价格的大幅下降,使农民明显获益。2005年,天津市农村居民人均家庭设备、用品及服务消费支出为108元,比2000年减少27元,下降20%,平均每年下降4.4%。

六、医疗保健意识逐步增强,医疗保健支出明显提高

"十五"时期,在经历了"非典"、"禽流感"疫情后,广大农村居民保健意识日益增强,加之生活水平的不断提高和农村新型合作医疗制度的逐步推广,天津市农村居民人均医疗保健消费支出大幅增长。据统计,截至"十五"末期,天津市累计参加农村新型合作医疗的人数已近120万人,占全部乡村人口的30%,较好地解决了农民因患大病造成的生活困难和致贫、返贫问题。2005年,天津市农村居民医疗保健消费支出人均268元,比2000年增加116元,增长76.3%,年均增长12.0%。

七、旅游、娱乐渐成时尚,文教娱乐用品及服务支出稳步增长

近年来,随着天津市广大农村居民生活条件的改善,大家在平时看看报、下下棋、养养花、遛遛鸟、扭扭秧歌,自娱自乐,其乐融融,越发懂得享受生活,享受清闲。每逢节假日,休闲娱乐、购物旅游,已不再是奢侈的行为。据调查,2005年三个黄金周期间,天津市农村居民累计外出人次数已达240万人次。

此外,随着当今尊重知识,尊重人才观念的深入人心,很多农村居民家庭更加注重教育方面的投资。2005年,天津市农村居民人均教育服务消费支出为186元,比2000年增加了23元,年均增长2.7%。每百户拥有家用电脑10台,其中接入互联网的2台,农村居民信息化程度大幅提高。2005年,天津市农村居民文教娱乐用品及服务消费支出人均252元,比2000年增加47元,增长22.9%,年均增长4.2%。

八、消费结构优化,农村居民生活向享受型发展

随着农村社会经济的快速发展、农民收入水平的日益提高和花钱买清闲观念的逐渐形成,天津市农村居民生活向享受型发展的步伐日益加快,消费结构进一步优化。2005年,天津市农村居民服务性消费支出人均1049元,比2000年增加482元,增长85%,年均增长13.1%。从支出构成看,2005年食品、住房和衣着三项基本消费,占生活消费支出的比重仍然位居前三位,比重分别为38.3%、23.5%和10.1%;享受型消费支出占生活消费支出的比重为48.5%,比2000年的44.0%提高了4.5%,消费结构进一步调整优化。

按照全国农村全面小康标准测算,2005年,天津市农村全面小康社会实现程度已接近70%,比"九五"末期提高了10%,平均每年前进2%。这标志着天津市农村居民生活质量和生活水平在"十五"期间实现了新的跨越,津郊农民生活越来越富足,越来越幸福。

资料来源:引自中国统计信息网,网址 www.stats.gov.cn。

部分技能实训题参考答案

第 4 章

【实训 1】略。

【实训 2】增长 0.95%。

【实训 3】计划数为 764 元,实际数为 760 元;计划完成程度为 99.48%。

【实训 4】(1) 略;(2) 178.29 万元,4.41%;(3) 406.37 万元,10.05%。

【实训 5】(1) 104%;(2) 半年。

【实训 6】略。

【实训 7】(1) 116%;(2) 半年。

【实训 8】平均日产量为 13.58 件。

【实训 9】$\bar{x}$ = 395 元;M_0 = 438.46 元;M_e = 413.33 元。

【实训 10】(1) 650 斤;(2) 149.5 万斤。

【实训 11】422 元。

【实训 12】甲企业平均单位成本为 11.6 元,乙企业平均单位成本为 10.95 元。甲企业的平均单位成本比乙企业高,这是因为甲企业单位成本较高的产品产量占总产量的比重大,为 70%,而乙企业仅占 35%。

【实训 13】755 元。

【实训 14】甲市场的平均价格为 0.32 元/千克,乙市场的平均价格为 0.325 元/千克,乙市场的平均价格高于甲市场的。这是因为乙市场价格较高的蔬菜销售量比重大于甲市场。

【实训 15】7.13 万元/人。

【实训 16】(1) 105.53%;(2) 104.94%。

【实训 17】略。

【实训 18】略。

【实训 19】平均工资为 1360 元,标准差为 233.24 元。

【实训 20】$\bar{x}$ = 4687.5 千克/公顷,σ = 1420.55 千克/公顷。

【实训 21】甲工业局的标准差系数为 19.51%;
乙工业局的平均数为 68 万元,标准差为 14 万元,标准差系数为 20.59%;
所以甲工业局的平均产值的代表性比乙工业局的高。

【实训 22】6095.24 元。

【实训 23】略。

第 5 章

【实训 1】468.17 只。

【实训 2】0.3 万元/人。

【实训 3】24.26 吨。

【实训 4】483.5 人。

【实训 5】0.69 万元/人。

【实训 6】(1) 略；(2) 略；(3) 略；
(4) 平均增长量 311.2 万元,平均发展速度 124.11%,年平均增长速度 24.11%。

【实训 7】(1) 略；(2) 平均增长量 3.66 万吨,平均增长速度 8.55%。

【实训 8】2005 年的粮食产量 520.32 亿斤,粮食产量每年平均增长速度 8.25%。

【实训 9】3 年。

【实训 10】平均发展速度 108.37%。

【实训 11】(1) 年平均增长量 25 万台；(2) 年平均增长速度 9.1%；
(3) 直线趋势方程：$y_c = 190.5 + 29.5t$,预测 2008 年的电视机产量:426.5 万台。

【实训 12】(1) 略；(2) 直线趋势方程 $y_c = 50 + 1.15t$,预测该企业 2010 年的利润额：71.85 万元。

【实训 13】季节指数略。第一季度 126.975 万元,第二季度 1088.925 万元,第三季度 1657.575 万元,第四季度 126.525 万元。

第 6 章

【实训 1】
(1) $\bar{k}_q = 116.85\%$ ；137 000 元　(2) $\bar{k}_z = 93.84\%$ ；−58 500 元
(3) $\bar{k}_{qz} = \bar{k}_q \times \bar{k}_z$,即：109.66% = 116.85% × 93.84%；
$\sum q_1 z_1 - \sum q_0 z_0 = (\sum q_1 z_0 - \sum q_0 z_0) + (\sum q_1 z_1 - \sum q_1 z_0)$
即：78 500 元 = 137 000 元 + (−58 500)元

【实训 2】
(1) $\bar{k}_q = 114.63\%$ ；196 元　(2) $\bar{k}_p = 100.59\%$ ；9 元
(3) $\bar{k}_{qp} = \bar{k}_q \times \bar{k}_p$,即：115.3% = 114.63% × 100.59%；
$\sum q_1 p_1 - \sum q_0 p_0 = (\sum q_1 p_0 - \sum q_0 p_0) + (\sum q_1 p_1 - \sum q_1 p_0)$,
即：205 元 = 196 元 + 9 元

【实训 3】
(1) $\bar{k}_q = 124.5\%$；24.5 万元　(2) $\bar{k}_z = 96.39\%$ ；−4.5 万元

【实训 4】

(1) $\bar{k}_p = 91.63\%$; -31.04 万元 (2) $\bar{k}_q = 148.42\%$; 121.04 万元

【实训 5】

(1) $\bar{k}_p = 103.38\%$; 40.54 万元 (2) $\bar{k}_q = 104.3\%$; 49.46 万元

(3) $\bar{k}_{qp} = \bar{k}_q \times \bar{k}_p$，即：$107.83\% = 104.3\% \times 103.38\%$ ；

$$\sum q_1 p_1 - \sum q_0 p_0 = \left(\sum \frac{1}{k_p} q_1 p_1 - \sum q_0 p_0 \right) + \left(\sum q_1 p_1 - \sum \frac{1}{k_p} q_1 p_1 \right)$$

即：90 万元 $= 49.46$ 万元 $+ 40.54$ 万元

【实训 6】

(1) $\bar{k}_q = 122.22\%$ ；销售量增长 22.22%

(2) $\bar{k}_{zq} = 117.6\%$ ；总成本增加 17.6%

(3) $\bar{k}_{xf} = 108.15\%$ ；总产值提高 8.15%

(4) $\bar{k}_p = 104.17\%$

(5) $\bar{k}_{zq} = 104.17\%$ ；$\bar{k}_q = 106.3\%$ ；-0.41 万元

(6) $\bar{k}_{qp} = \bar{k}_q \times \bar{k}_p$，即：$105\% = 97.22\% \times 108\%$ ；

$$\sum q_1 p_1 - \sum q_0 p_0 = \left(\sum q_1 p_0 - \sum q_0 p_0 \right) + \left(\sum q_1 p_1 - \sum q_1 p_0 \right)$$

即：400 万元 $= -222.22$ 万元 $+ 622.22$ 万元

【实训 7】

$\bar{k}_{qp} = \bar{k}_q \times \bar{k}_p$，即：$101.18\% = 109.07\% \times 92.76\%$

$$\sum q_1 p_1 - \sum q_0 p_0 = \left(\sum q_1 p_0 - \sum q_0 p_0 \right) + \left(\sum q_1 p_1 - \sum q_1 p_0 \right)$$

即：220 元 $= 1695$ 元 $+ (-1475)$ 元

【实训 8】

$\dfrac{\bar{x}_1}{\bar{x}_0} = \dfrac{\bar{x}_1}{\bar{x}_n} \times \dfrac{\bar{x}_n}{\bar{x}_0}$，即：$93.51\% = 103.35\% \times 90.48\%$

$\bar{x}_1 - \bar{x}_0 = (\bar{x}_1 - \bar{x}_n) + (\bar{x}_n - \bar{x}_0)$，即：$-3.21$ 元 $= 1.5$ 元 $+ (-4.71)$ 元

【实训 9】

$\bar{K}_{固定} = 126.24\%$

【实训 10】

$\dfrac{\bar{x}_1}{\bar{x}_0} = \dfrac{\bar{x}_1}{\bar{x}_n} \times \dfrac{\bar{x}_n}{\bar{x}_0}$，即：$98.28\% = 109.62\% \times 89.66\%$

$\bar{x}_1 - \bar{x}_0 = (\bar{x}_1 - \bar{x}_n) + (\bar{x}_n - \bar{x}_0)$，即：$-10$ 元 $= 50$ 元 $+ (-60)$ 元

【实训 11】

代表品 $1 = 120\%$ ；代表品 $2 = 98\%$ ；小类 A1 $= 113.4\%$ ；中类 A $= 118.04\%$ ；大类甲 $= 122.23\%$

价格总指数 $= 123.67\%$

【实训 12】
代表品 1 = 118%；代表品 2 = 110%；小类 B1 = 113.5%；中类 B = 112.69%；大类甲 = 116.49%；
收购价格总指数 = 121.22%。

第 7 章

【实训 1】重复抽样 $\mu_x = 0.71$ 千克；不重复抽样 $\mu_x = 0.67$ 千克
【实训 2】重复抽样 $\mu_p = 1.96\%$；不重复抽样 $\mu_p = 1.95\%$
【实训 3】$\mu_x = 21.22$ 小时；$\mu_p = 4.24\%$
【实训 4】重复抽样 $\mu_x = 11.08$ 元；不重复抽样 $\mu_x = 10.96$ 元
【实训 5】$97.1 \leqslant \overline{X} \leqslant 98.9$；$n = 1600$（盒）
【实训 6】$10.16\% \leqslant P \leqslant 13.84\%$；$n = 1778$（件）
【实训 7】427.36 元 $\leqslant \overline{X} \leqslant 472.64$ 元；$F(t) = 95\%$
【实训 8】$30.83\% \leqslant P \leqslant 39.17\%$；$F(t) = 99.73\%$
【实训 9】830.2 斤 $\leqslant \overline{X} \leqslant 849.8$ 斤，$61.02\% \leqslant P \leqslant 78.98\%$；
$8302 \sim 8498$ 万斤，$61\,020 \sim 78\,980$ 亩
【实训 10】1.797 千克 $\leqslant \overline{X} \leqslant 2.203$ 千克；$72.58\% \leqslant P \leqslant 91.42\%$
【实训 11】(1) 1045.118 小时 $\leqslant \overline{X} \leqslant 1065.882$ 小时，$F(t) = 95.45\%$；
(2) $82.42\% \leqslant P \leqslant 99.58\%$，$F(t) = 99.73\%$
【实训 12】重复抽样 $n = 900$ 支；不重复抽样 $n = 826$ 支
【实训 13】$\overline{x} = 1328$ 元；$\overline{\sigma_i^2} = 1443.6$；$\mu_x = 3.02$ 元；$\Delta_x = 6.04$ 元；
1321.96 元 $\leqslant \overline{X} \leqslant 1334.04$ 元

第 8 章

【实训 1】假设形式为 $H_0: \overline{X} = 90$；$H_1: \overline{X} \neq 90$。查表 $U_{\alpha/2} = 1.96$，拒绝域为 $(-\infty, -1.96)$ 和 $(1.96, \infty)$。计算统计量 $U = -2$，落在拒绝域 $(-\infty, -1.96)$ 内,所以拒绝原假设。

【实训 2】假设形式为 $H_0: \overline{X} = 127$；$H_1: \overline{X} \neq 127$。查表 $T_{\alpha/2(4)} = 2.776$，拒绝域为 $(-\infty, -2.776)$ 和 $(2.776, \infty)$。计算统计量 $T = -1.415$，落在接受域内,所以接受原假设,说明用此仪器间接测量与精确办法测量无显著性差异。

【实训 3】假设形式为 $H_0: \overline{X} \leqslant 75$；$H_1: \overline{X} > 75$。查表 $U_\alpha = 1.645$，拒绝域为 $(1.645, \infty)$。计算统计量 $U = 1.75$，落在拒绝域 $(1.645, \infty)$ 内,所以拒绝原假设,设备更新后月产量有明显提高。

【实训 4】假设形式为 $H_0: \overline{X} \leqslant 500$；$H_1: \overline{X} > 500$。查表 $t_{\alpha(24)} = 1.711$，拒绝域为 $(1.711, \infty)$。计算统计量 $T = 3.125$，落在拒绝域 $(1.711, \infty)$ 内,所以拒绝原假设,说明平均使用寿命比规定的高。

【实训 5】假设形式为 $H_0: \overline{X} \leq 100; H_1: \overline{X} > 100$。查表 $t_{\alpha(4)} = 2.132$,拒绝域为 $(2.132, \infty)$。计算统计量 $T = 2.02$,落在接受域内,所以接受原假设,说明工人的平均日产量不比生产定额高。

【实训 6】假设形式为 $H_0: P = 14.7\%; H_1: P \neq 14.7\%$。查表 $U_{\alpha/2} = 1.96$,拒绝域为 $(-\infty, -1.96)$ 和 $(1.96, \infty)$。计算统计量 $U = -0.254$,落在接受域内,所以接受原假设,支持该市老年人口比重为 14.7% 的看法。

【实训 7】假设形式为 $H_0: P \leq 95\%; H_1: P > 95\%$。查表 $U_\alpha = 1.645$,拒绝域为 $(1.645, \infty)$。计算统计量 $U = 2.74$,落在拒绝域 $(1.645, \infty)$ 内,说明该企业生产的产品合格率高于要求的合格率。

【实训 8】假设形式为 $H_0: P = 45\%; H_1: P \neq 45\%$。查表 $U_{\alpha/2} = 1.96$,拒绝域为 $(-\infty, -1.96)$ 和 $(1.96, \infty)$。计算统计量 $U = 2.83$,落在拒绝域 $(1.96, \infty)$ 内,所以拒绝原假设,这次调查的结果和原来的调查结果不一致。

第 9 章

【实训 1】$r = -0.91; y_c = 77.37 - 1.82x; y_c = 66.46$(元)

【实训 2】$r = 0.96; y_c = 20.4 + 5.2x; S_y = 5.06$ 元

【实训 3】$y_c = 392.85 + 0.90x$,因 $b = 0.90 > 0$,所以生产性固定资产价值与工业总产值呈正相关;$S_y = 272.12$ 万元;$y_c = 1382.85$(万元)

【实训 4】$r = 0.99; y = -0.37 + 2.29x; 4.21\%; S_y = 0.79$

【实训 5】略。

附录 A　国民经济和社会发展重要统计指标

1. 国内生产总值(GDP)

国内生产总值是指一个国家(地区)所有常住单位在一定时期内生产活动的最终成果。所谓常住单位是指在一国政府控制或拥有的地理领土内,具有一定的场所(如住房、厂房或其他建筑物),从事一定规模经济活动并超过一定时期(一般以一年为操作准则)的单位。GDP 有产品、价值、收入三种表现形态。从产品形态看,它是最终使用的货物和服务;从价值形态看,它是所有常住单位在一定时期内所生产的全部货物和服务价值超过同期投入的全部非固定资产货物和服务价值的差额;从收入形态看,它是所有常住单位在一定时期内所创造并分配给常住单位和非常住单位的初次分配收入之和。

GDP 有三种形现形态,相应地它可以有支出法、生产法和收入法三种计算方法,它们从不同方面反映国内生产总值及其构成。

(1) 支出法。支出法也称使用法,它是从最终使用角度来反映最终产品的生产规模。最终使用包括资本形成总额、最终消费、货物和服务净出口三项内容,即:

$$GDP = 资本形成总额 + 最终消费 + 货物和服务净出口$$

(2) 生产法。生产法是从生产角度来计算国内生产总值,它等于总产出与中间投入之间的差额,即:

$$GDP = 总产出 - 中间投入$$

总产出是指一个国家(地区)的常住单位在一定时期内进行物质生产活动的总成果,中间投入是指在相应生产活动中所消耗的非固定资产货物价值,也称中间产品。

(3) 收入法。收入法也称分配法,它是从要素收入的角度来计算国内生产总值,即:

$$GDP = 劳动者报酬 + 生产税净额 + 固定资产折旧 + 营业盈余$$

国内生产总值是 SNA 体系的核心指标,它能够全面反映全社会经济活动的总规模,衡量一个国家(地区)的经济实力。

2. 国民生产总值(GNP)

国民生产总值是指一个国家(地区)所有常住单位在一定时期内收入初次分配的最终成果。一国常住单位从事生产活动所创造的增加值在初次分配过程中主要分配给该国的常住单位,但也有一部分以劳动者报酬和财产收入等形式分配给该国的非常住单位。同时,国外生产所创造的增加值也有一部分以劳动者报酬和财产收入等形式分配给该国的常住单位，从而产生了国民生产总值的概念。

国民生产总值等于国内生产总值加上来自国外的劳动者报酬和财产收入减去支付给国外的劳动者报酬和财产收入。可见，国民生产总值是一个收入概念，它是按国民原则计算的；而国内生产总值是一个生产概念，它是按国土原则计算的。

3. 增加值

增加值是各单位或部门在一定时期内生产活动的最终成果，它等于总产出与中间投入的差额。从实物形态看，增加值表现为各单位或部门的最终生产经营成果；从价值形态看，增加值表现为新创造的价值与固定资产折旧之和。各部门增加值之和等于国内生产总值。

增加值可以反映各单位或部门生产活动的最终成果，也是计算国内生产总值的基础。

4. 社会总产值

社会总产值是一个国家(地区)各物质生产部门在一定时期内所生产的，以货币表现的社会总产品。从实物形态看，它是由生产资料和消费资料两部分构成；从价值形态看，它是由生产过程中消耗掉的生产资料转移价值、物质生产部门的劳动者报酬及物质生产部门的劳动者为社会创造的价值三部分组成。

工业、农业、建筑业、商业、为生产服务的货物运输及邮电业五个行业的总产值之和即为社会总产值。它可以反映一定时期社会产品生产的总规模和总水平。但是，该指标的核算范围仅限于物质生产部门，其数值大小也受转移价值的影响，因而难以真实、客观地反映全社会的生产经营成果。

5. 三次产业

三次产业划分范围为：第一产业是指农、林、牧、渔业；第二产业是指采矿业，制造业，电力、燃气及水的生产和供应业，建筑业；第三产业是指除第一、二产业以外的其他行业；第三产业包括交通运输、仓储和邮政业，信息传输、计算机服务和软件业，批发和零售业，住宿和餐饮业，金融业，房地产业，租赁和商务服务业，科学研究、技术服务和地质勘查业，水利、环境和公共设施管理业，居民服务和其他服务业，教育，卫生、社会保障和社会福利业，文化、体育和娱乐业，公共管理和社会组织，国际组织。

6. 当年价格

当年价格也称现行价格，指报告期内的实际市场价格。按现行价格计算的各种综合指标可以反映当年国民经济发展水平及比例关系，但因其变化受实物数量增减和价格升降因素的影响，在不同时期之间缺乏可比性。

7. 可比价格

可比价格指计算各种总量指标所采用的扣除了价格变动因素的价格，可进行不同时期总量指标的对比。按可比价格计算总量指标有两种方法：一种是直接用产品产量乘以某一年的不变价格计算;另一种是用价格指数进行缩减。

8. 人口数

人口数指一定时点、一定地区范围内有生命的个人总和。年度统计的年末人口数指每年12月31日24时的人口数。年度统计的全国人口总数内未包括台湾省和港澳同胞以及海外华侨人数。

9. 人口出生率

人口出生率又称粗出生率,它是指一定时期内(通常为一年)平均每千人所出生的人数。其计算公式为:

$$人口出生率(‰) = \frac{年出生人数}{年平均人数} \times 1000‰$$

10. 人口死亡率

人口死亡率又称粗死亡率,它是指一定时期内(通常为一年)一个国家(地区)的死亡人数与同期平均人数之比。其计算公式为:

$$人口死亡率(‰) = \frac{年死亡人数}{年平均人数} \times 1000‰$$

11. 人口自然增长率

人口自然增长率是指在一定时期内(通常为一年)人口自然增加数与同时期平均人数之比。其计算公式为:

$$人口自然增长率(‰) = \frac{本年出生人数 - 本年死亡人数}{年平均人数} \times 1000‰$$

$$= 人口出生率 - 人口死亡率$$

12. 婴儿死亡率

婴儿死亡率是指一定时期内(通常为一年)未满周岁的死亡婴儿人数与活产婴儿总数之比,一般用千分比表示。

13. 平均预期寿命

平均预期寿命是指在一定的年龄别死亡率水平下,活到确切年龄 X 岁后平均还能继续生存的年数,简称平均寿命。0岁(即出生时)的平均预期寿命表示一批人出生后平均一生可活的年数,具有特殊重要意义。通常使用"平均寿命"一词,多指出生时平均预期寿命。

14. 小学学龄儿童入学率

小学学龄儿童入学率指调查范围内已入小学学习的学龄儿童占校内外学龄儿童总数(包括弱智儿童,不包括盲聋哑儿童)的比重。其计算公式为:

$$小学学龄儿童入学率 = \frac{已入学的学龄儿童数}{校内外学龄儿童总数} \times 100\%$$

15. 从业人员

从业人员是指从事一定社会劳动并取得劳动报酬或经营收入的人员，包括全部职工、再就业的离退休人员、私营业主、个体户主、私营和个体从业人员、乡镇企业从业人员、农村从业人员和其他从业人员(包括民办教师、宗教职业者、现役军人等)。

16. 在岗职工工资总额

在岗职工工资总额是指各单位在一定时期内直接支付给本单位全部在岗职工的劳动报酬总额，包括计时工资、计件工资、奖金、津贴、补贴、加班加点工资和其他工资(如附加工资、保留工资及调整工资补发的上年工资等)。

17. 职工平均工资

职工平均工资是指企业、事业、机关单位的职工在一定时期内平均每人所取得的货币工资，它可以表明一定时期职工工资收入的高低程度，是反映职工工资水平的主要指标。其计算公式为：

$$职工平均工资 = \frac{报告期实际支付的全部职工工资总额}{报告期全部职工平均人数}$$

公式中报告期实际支付的全部职工工资总额是指企业、事业、机关单位在报告期内直接支付给本单位全部职工的劳动报酬总额。各单位支付给职工的劳动报酬及其他根据有关规定支付的工资，不论是否计入成本，不论是否按国家规定列入计征奖金税项目，不论是以货币形式支付还是以实物形式支付，均应包括在工资总额内。

18. 职工实际平均工资

职工实际平均工资是指扣除物价变动因素后的职工平均工资，它可以比较客观、准确地反映一定时期内职工工资的一般水平。其计算公式为：

$$职工实际平均工资 = \frac{报告期职工平均工资}{报告期城镇居民消费价格指数}$$

公式中报告期城镇居民消费价格指数是反映一定时期内城镇居民所购买的生活消费品价格和服务项目价格变动趋势及其程度的相对数，它可用来观察和分析消费品的零售价格和服务价格变动对城镇居民实际生活费支出的影响程序。把城居民消费价格指数与职工平均工资结合起来，可以反映和分析一定时期内职工工资收入的真实水平。职工平均实际工资是职工实际生活的物质基础和保障。

19. 固定资产投资额

固定资产投资额是指以货币表现的建造和购置固定资产活动的工作量，分为基本建设投资、更新改造投资、房地产开发投资、其他固定资产投资、城镇工矿区私人建房投资、农村集体投资和农村个人投资等几个部分。

20. 固定资产投资率

固定资产投资率是指在一定时期内全社会固定资产投资额与国内生产总值之比,是反映固定资产投资规模是否适当的重要指标。其计算公式为:

$$固定资产投资率 = \frac{全社会固定资产投资额}{国内生产总值} \times 100\%$$

21. 固定资产投资效果系数

固定资产投资效果系数是指报告期新增国内生产总值与同期固定资产投资额的比率,反映单位固定资产投资额所增加的国内生产总值的数量。其计算公式为:

$$固定资产投资效果系数 = \frac{报告期新增国内生产总值}{同期固定资产投资额}$$

22. 房地产开发投资

房地产开发投资是指房地产开发公司、商品房建设公司及其他房地产开发法人单位和附属于其他法人单位,实际从事房地产开发或经营的活动单位统一开发的包括统代建、拆迁还建的住宅、厂房、仓库、饭店、宾馆、度假村、写字楼、办公楼等房屋建筑物和配套的服务设施,土地开发工程(如道路、给水、排水、供电、供热、通信、平整场地等基础设施工程)的投资;不包括单纯的土地交易活动。

23. 森林覆盖率

森林覆盖率是指森林面积与土地总面积之比,它反映一个国家(地区)森林资源和绿化水平。其计算公式为:

$$森林覆盖率(\%) = \frac{森林面积}{土地总面积} \times 100\%$$

24. 财政收入

财政收入是指国家财政参与社会产品分配所取得的收入,是实现国家职能的财力保证。财政收入所包括的内容几经变化,目前主要包括各项税收、专项收入、其他收入(如基本建设贷款归还收入、基本建设收入、捐赠收入等)和国有企业计划亏损补贴。

财政收入按财政体制划分为中央本级收入和地方本级收入。1994年分税制财政体制实施以后,属于中央财政的收入包括关税、海关代征消费税和增值税,消费税,中央企业所得税,地方银行和外资银行及非银行金融企业所得税,铁道、银行总行、保险总公司等集中缴纳的营业税、所得税、利润和城市维护建设税,增值税的75%,部分证券交易税(印花税)和海洋石油资源税;属于地方财政的收入包括营业税、地方企业所得税、个人所得税、城镇土地使用税、固定资产投资方向调节税(已停征)、城市维护建设税、房产税、车船使用税、印花税、屠宰税、农牧业税、农业特产税、耕地占用税、契税、增值税的25%、部分证券交易税(印花税)和除海洋石油资源税以外的其他资源税。

25. 财政支出

财政支出是指国家财政将筹集起来的资金进行分配使用,以满足经济建设和各项事业的需要,主要包括基本建设支出,企业挖潜改造资金,地质勘探费用,科技四项费用,支援农村生产支出,农、林、水利、气象等部门的事业费用,工业、交通、商业等部门的事业费,文教、科学、卫生事业费,抚恤和社会福利救济费,国防支出,行政管理费和价格补贴支出。

财政支出按照政府在经济和社会活动中的不同职权,划分为中央财政支出和地方财政支出。中央财政支出包括国防支出,武装警察部队支出,中央级行政定理费和各项事业费,重点建设支出及中央政府调整国民经济结构、协调地区发展、实施宏观调控的支出。地方财政支出主要包括地方行政管理和各项事业费,地方统筹的基本建设、技术改造支出,支援农村生产支出,城市维护和建设经费,价格补贴支出等。

26. 货币供应量

货币供应量是指某一时点一国流通中的货币量。货币供应量可分为三个层次。

- M_0:流通中的现钞
- M_1:M_0+企事业单位活期存款+机关部队团体存款+农村存款+个人持有的信用卡类存款
- M_2:M_1+企事业单位定期存款+储蓄存款+外币存款+信托类存款

27. 货币流通量

货币流通量即流通中的现金,指金融机构以外的机关、团体、部队、企业、事业单位和居民个人在某一时刻持有的现金总量。

28. 信贷资金

信贷资金是指中央银行以信用方式积聚和分配的货币资金。信贷资金的来源有各项存款、金融债券、对国际金融机构负债、流通中现金等;信贷资金的运用有各项贷款、有价证券贷款、金银占款、外汇占款、财政借款及在国际金融机构资产。

29. 城乡储蓄存款余额

城乡储蓄存款余额是指某一时刻(如月初或月末、季初或季末、年初或年末)城乡居民存入银行及农村信用社的储蓄金额与其他银行及农村信用社取出的金额之差。它是一个时点指标,用来反映城乡居民储蓄存款的规模。城乡储蓄存款余额包括城镇居民储蓄存款和农民个人储蓄存款两部分,不包括居民的手存现金和工矿企业、部队、机关团体等集体存款。

30. 保险金额

保险金额是指保险人承担赔偿或者给付保险金责任的最高限额。

31. 物价指数

物价指数又称价格指数,指从生产者、购买者和市场的角度,分别反映不同时期货物和服务商品价格总水平变动趋势幅度的相对数。目前编制的物价指数主要有居民消费价格指数、商品零售价格指数、工业品出厂价格指数、固定资产投资价格指数、房地产价格指数等。

32. 城镇居民家庭可支配收入

城镇居民家庭可支配收入是指被调查的城镇居民家庭在支付个人所得税、财产税及其他经常性转移支出后所余下的实际收入。

33. 恩格尔系数

恩格尔系数是指食物支出金额在生活消费总支出金额中所占的比例。其计算公式为：

$$恩格尔系数 = \frac{食物支出金额}{生活消费总支出金额} \times 100\%$$

34. 工业经济效益综合指数

工业经济效益综合指数是综合衡量地区工业经济效益总体水平的一种特殊相对数，是反映一定时期工业经济运行质量的主要指标。工业经济效益综合指数由总资产贡献率、资本保值增值率、资产负债率、流动资产周转率、成本费用利润率、全员劳动生产率和产品销售率七个工业经济效益指标组成。计算工业经济效益综合指数，应以各项工业经济效益指标实际数值分别除以该项指标的全国标准值，再乘以各自的权数，加总后除以总权数求得。该指标可从静态水平和动态趋势上较为全面地反映各地区工业经济效益的变化情况，并可在一定程度上消除地区对比的不可比因素。

35. 建筑业总产值（自行完成施工产值）

建筑业总产值（自行完成施工产值）是指以货币表现的建筑安装企业在一定时期内生产的建筑业产品的总和。建筑业总产值包括建筑工程产值，设备安装工程产值，房屋、构筑物修理产值和非标准设备制造产值。

36. 货物（旅客）运输量

货物（旅客）运输量是指在一定时期内，各种运输工具实际运送的货物（旅客）数量。货运按吨计算，客运按人计算。货物不论运输距离长短、货物类别、均按实际重量统计。旅客不论行程远近或票价多少，均按一人一次客运量统计；半价票、小孩票也按一人统计。

37. 邮电业务总量

邮电业务总量是指以货币形式表示的邮政、电信通信业为社会提供各类通信服务和传输手段的综合性总量指标。邮电业务总量按邮电通信专业性质可分为邮政业务总量和电信业务总量。其计算方法是以各类业务的实物量分别乘以相应的不变单价之和，再加上出租电路和设备，代用户维护电话交换机和线路等的服务收入。

38. 社会消费品零售总额

社会消费品零售总额是指国民经济各行业直接售给城乡居民和社会集团的消费品总额。社会消费品零售总额包括售给城乡居民作为生活用的商品和修建房屋用的建筑材料；售给社会集团的各种办公用品和公用消费品；售给机关、团体、学校、部队、企业、事业单位的职工食堂和旅店(招待所)附设专门供本店旅客食用,不对外营业的食堂的各种食品、燃料;企业、单位和国营农场直接售给本单位职工和职工食堂的自己生产的产品;售给部队干部、战士生活用的粮食、副食品、衣着品、日用品、燃料;售给来华的外国人、华侨、港澳台同胞的消费品;居民自费购买的中、西药品,中药材及医疗用品;报社、出版社直接售给居民和社会集团的报纸、图书、杂志、集邮公司出售的新、旧纪念邮票、特种邮票、首日封、集邮册、集邮工具等;旧货寄售商店自购、自销部分的商品;煤气公司、液化石油气站售给居民和社会集团的煤气灶具和罐装液化石油气;农民售给非农业居民和社会集团的商品。

39. 外商直接投资

外商直接投资是指外国企业和经济组织或个人(包括华侨、港澳台胞以及我国在境外注册的企业)按我国有关政策、法规,用现汇、实物、技术等在我国境内开办外商独资企业,与我国境内的企业或经济组织共同举办中外合资经营企业、合作经营企业或合作开发资源的投资(包括外商投资收益的再投资),以及经政府有关部门批准的项目投资总额内企业从境外借入的资金。

40. 海关进出口总额

海关进出口总额是指实际进出我国国境的货物总金额,包括对外贸易实际进出口货物,来料加工装配进出口货物,国家间、联合国及国际组织无偿授助物资和赠送品,华侨、港澳台同胞和外籍华人捐赠品,租赁期满归承租人所有的租赁货物,进料加工进出口货物,边境地方贸易及边境地区小额贸易进出口货物(边民互市贸易除外),中外合资、中外合作、外商独资经营企业进出口货物和公用物品,到、离岸价格在规定限额以上的进出口货样和广告品(无商业价值、无使用价值和免费提供出口的除外),从保税仓库提取在中国境内销售的进口货物,以及其他进出口货物。我国规定出货物按离岸价格统计,进口货物按到岸价格统计。

41. 能源生产弹性系数与能源消费弹性系数

能源生产弹性系数与能源消费弹性系数是指研究一个国家(或地区)在一定时期内能源生产和消费的增长与国民经济增长之间关系的重要宏观经济指标,前者反映能源生产量的增长与国民经济增长之间的比例关系,后者反映能源消费增长与国民经济增长之间的比例关系,其计算公式为:

$$能源生产弹性系数 = \frac{能源生产总量年平均增长速度}{国民经济年平均增长速度}$$

$$能源消费弹性系数 = \frac{能源消费总量年平均增长速度}{国民经济年平均增长速度}$$

在这里,能源生产总量是指一定时期内一个国家(地区)一次能源生产量的总和,一次能源生产量包括原煤、原油、天然气、水电及其他动力能(如风能、地热能等)发电量,不包括低热值燃料生产量、生物质能、太阳能等的利用和由一次能源加工转换而成的二次能源产量;能源消费总量是指在一定时期内一个国家(地区)物质生产部门、非物质生产部门和生活消费的各种能源的总和,它包括消费的原煤和原油及其制品、天然气、电力,不包括低热值燃料、生物质能和太阳能等的利用,可以分为终端能源消费量、能源加工转换损失和损失量三个部分组成。

42. 资金利税率

资金利税率是指在一定时期内已实现的利润,税金总额与同期的资产之比,它可以反映每单位资金所提供的利润税金总额,是考察和评价部门或企业资金运用的经济效益,分析资金投入效果的主要分析指标。其计算公式为:

$$资金利税率(\%) = \frac{报告期累计实现利税总额}{固定资产净值平均余额 + 流动资产平均余额} \times 100\%$$

43. 产值利税率

产值利税率是指在一定时期内已实现的利润、税金总额占同期的总产值的比重,它可以反映部门或企业的最终有效产出率。其计算公式为:

$$产值利税率(\%) = \frac{利税总额}{总产值} \times 100\%$$

44. 流动资产周转次数

流动资产周转次数是指在一定时期内流动资产完成的周转次数,可用来反映流动资产的周转速度。其计算公式为:

$$流动资产周转次数 = \frac{产品销售收入}{全部流动资产平均余额}$$

45. 工业固体废物综合利用率

工业固体废物综合利用率是指工业固体废物综合利用量占工业固体废物产生量的比例。其计算公式为:

$$工业固体废物综合利用率 = \frac{工业固体废物综合利用量}{工业固体废物产生量} \times 100\%$$

工业固定废物综合利用量是指通过回收、加工、循环、交换等方式,从固体废物中提取或者使其转化为可以利用的资源、能源和其他原材料的固体废物量。

工业固体废物产生量是指企业在生产过程中产生的固体状、半固体状和高浓度液体状废弃物的总量,包括危险废物、冶炼废渣、粉煤灰、炉渣、煤矸石、尾矿、放射性废物和其他废物等,不包括矿山开采的剥离废石和掘进废石。

46. 劳动生产率

劳动生产率反映劳动者在单位时间内提供的生产成果,它一般按实物量或价值量计算,计算公式为:

$$实物量劳动生产率 = \frac{产品产量}{劳动者平均人数}$$

$$价值量劳动生产率 = \frac{价值指标}{劳动者平均人数}$$

上述公式中的分母既可以是工人平均人数,也可以是全部职工(或从业人员)平均人数,由此得到工人劳动生产率和全员劳动生产率两个指标。实物量劳动生产率适合于反映生产单一产品或同类产品的企业或部门劳动者的生产效率;价值量劳动生产率因价值指标具有的高度综合与概括能力而成为应用最广泛的劳动生产率指标,它的分子一般为总产值或增加值。

47. 农作物播种面积

农作物播种面积是指实际播种或移植有农作物的面积。凡是实际种植有农作物的面积,不论种植在耕地上还是种植在非耕地上,均包括在农作物播种面积中。在播种季节基本结束后,因遭灾而重新改种和补种的农作物面积也包括在内。

48. 单位面积产量

单位面积产量简称单产,又称收获率,它是指单位面积(如每公顷)上所收获的农产品数量,通常按各种农作物分别计算。单位面积产量是反映农业生产水平的主要经济技术指标之一,可以计算播种面积单产,也可以计算耕地面积单产。播种面积单产反映一季农作物的播种面积的生产水平,耕地面积单产反映每公顷耕地面积上全年的生产水平。其计算公式为:

$$播种面积单产 = \frac{某种农作物的总产量}{该种农作物的实际播种面积}$$

$$耕地面积单产 = \frac{某种农作物全年各季总产量之和}{该种农作物的实际占用耕地面积}$$

49. 单位产品成本

单位产品成本是指报告期生产费用与产品产量之比,反映一定时期内生产某种产品平均每一件所花费的成本,它是产品价格的重要组成部分。其计算公式为:

$$单位产品成本 = \frac{报告期生产费用}{报告期产品产量}$$

50. 商品平均销售价格

商品平均销售价格是指报告期商品销售额与商品销售量之比,反映一定时期内某种商品的平均零售价格。其计算公式为:

$$商品平均销售价格 = \frac{报告期商品销售额}{报告期商品销售量}$$

附录 B 正态分布概率表

t	$F(t)$	t	$F(t)$	t	$F(t)$	t	$F(t)$
0.00	0.0000	0.33	0.2586	0.66	0.4907	0.99	0.6778
0.01	0.0080	0.34	0.2661	0.67	0.4971	1.00	0.6827
0.02	0.0160	0.35	0.2737	0.68	0.5035	1.01	0.6875
0.03	0.0239	0.36	0.2812	0.69	0.5098	1.02	0.6923
0.04	0.0319	0.37	0.2886	0.70	0.5161	1.03	0.6970
0.05	0.0399	0.38	0.2961	0.71	0.5223	1.04	0.7017
0.06	0.0478	0.39	0.3035	0.72	0.5285	1.05	0.7063
0.07	0.0558	0.40	0.3108	0.73	0.5346	1.06	0.7109
0.08	0.0638	0.41	0.3182	0.74	0.5407	1.07	0.7154
0.09	0.0717	0.42	0.3255	0.75	0.5467	1.08	0.7199
0.10	0.0797	0.43	0.3328	0.76	0.5527	1.09	0.7243
0.11	0.0876	0.44	0.3401	0.77	0.5587	1.10	0.7287
0.12	0.0955	0.45	0.3473	0.78	0.5646	1.11	0.7330
0.13	0.1034	0.46	0.3545	0.79	0.5705	1.12	0.7373
0.14	0.1113	0.47	0.3616	0.80	0.5763	1.13	0.7415
0.15	0.1192	0.48	0.3688	0.81	0.5821	1.14	0.7457
0.16	0.1271	0.49	0.3759	0.82	0.5878	1.15	0.7499
0.17	0.1350	0.50	0.3829	0.83	0.5935	1.16	0.7540
0.18	0.1428	0.51	0.3899	0.84	0.5991	1.17	0.7580
0.19	0.1507	0.52	0.3969	0.85	0.6047	1.18	0.7620
0.20	0.1585	0.53	0.4039	0.86	0.6102	1.19	0.7660
0.21	0.1663	0.54	0.4108	0.87	0.6157	1.20	0.7699
0.22	0.1741	0.55	0.4177	0.88	0.6211	1.21	0.7737
0.23	0.1819	0.56	0.4245	0.89	0.6265	1.22	0.7775

续表

t	$F(t)$	t	$F(t)$	t	$F(t)$	t	$F(t)$
0.24	0.1897	0.57	0.4313	0.90	0.6319	1.23	0.7813
0.25	0.1974	0.58	0.4381	0.91	0.6372	1.24	0.7850
0.26	0.2051	0.59	0.4448	0.92	0.6424	1.25	0.7887
0.27	0.2128	0.60	0.4515	0.93	0.6476	1.26	0.7923
0.28	0.2205	0.61	0.4581	0.94	0.6528	1.27	0.7959
0.29	0.2282	0.62	0.4647	0.95	0.6579	1.28	0.7995
0.30	0.2358	0.63	0.4713	0.96	0.6629	1.29	0.8030
0.31	0.2434	0.64	0.4778	0.97	0.6680	1.30	0.8064
0.32	0.2510	0.65	0.4843	0.98	0.6729	1.31	0.8098
1.33	0.8132	1.64	0.8990	1.96	0.9500	2.56	0.9895
1.34	0.8165	1.65	0.9011	1.97	0.9512	2.58	0.9901
1.35	0.8198	1.66	0.9031	1.98	0.9523	2.60	0.9907
1.36	0.8230	1.67	0.9051	1.99	0.9534	2.62	0.9912
1.37	0.8262	1.68	0.9070	2.00	0.9545	2.64	0.9917
1.38	0.8293	1.69	0.9090	2.02	0.9566	2.66	0.9922
1.39	0.8324	1.70	0.9109	2.04	0.9587	2.68	0.9926
1.40	0.8355	1.71	0.9127	2.06	0.9606	2.70	0.9931
1.41	0.8385	1.72	0.9146	2.08	0.9625	2.72	0.9935
1.42	0.8415	1.73	0.9164	2.10	0.9643	2.74	0.9939
1.43	0.8444	1.74	0.9181	2.12	0.9660	2.76	0.9942
1.44	0.8473	1.75	0.9199	2.14	0.9676	2.78	0.9946
1.45	0.8501	1.76	0.9216	2.16	0.9692	2.80	0.9949
1.46	0.8529	1.77	0.9233	2.18	0.9707	2.82	0.9952
1.47	0.8557	1.78	0.9249	2.20	0.9722	2.84	0.9955
1.48	0.8584	1.79	0.9265	2.22	0.9736	2.86	0.9958
1.49	0.8611	1.80	0.9281	2.24	0.9749	2.88	0.9960
1.50	0.8638	1.81	0.9297	2.26	0.9762	2.90	0.9962
1.51	0.8664	1.82	0.9312	2.28	0.9774	2.92	0.9965
1.52	0.8690	1.83	0.9328	2.30	0.9786	2.94	0.9967

续表

t	$F(t)$	t	$F(t)$	t	$F(t)$	t	$F(t)$
1.52	0.8715	1.84	0.9342	2.32	0.9797	2.96	0.9969
1.53	0.8740	1.85	0.9357	2.34	0.9807	2.98	0.9971
1.54	0.8764	1.86	0.9371	2.36	0.9817	3.00	0.9973
1.55	0.8789	1.87	0.9385	2.38	0.9827	3.20	0.9986
1.56	0.8812	1.88	0.9399	2.40	0.9836	3.40	0.9993
1.57	0.8836	1.89	0.9412	2.42	0.9845	3.60	0.99968
1.58	0.8859	1.90	0.9426	2.44	0.9853	3.80	0.99986
1.59	0.8882	1.91	0.9439	2.46	0.9861	4.00	0.99994
1.60	0.8904	1.92	0.9451	2.48	0.9869	4.50	0.999993
1.61	0.8926	1.93	0.9464	2.50	0.9876	5.00	0.999999
1.62	0.8948	1.94	0.9476	2.52	0.9883		
1.63	0.8969	1.95	0.9488	2.54	0.9889		

附录C 标准正态分布概率双侧临界值表

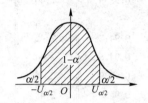

（表中数字为 $1-\alpha$ 值，即图中阴影部分；横纵标目的和为双侧临界值的绝对值）

U_α	0.00	0.01	0.02	0.03	0.04	0.05	0.06	0.07	0.08	0.09
0.0	0.0000	0.0080	0.0160	0.0239	0.0319	0.0399	0.0478	0.0558	0.0638	0.0717
0.1	0.0797	0.0876	0.0955	0.1034	0.1113	0.1192	0.1271	0.1350	0.1428	0.1507
0.2	0.1585	0.1663	0.1741	0.1819	0.1897	0.1974	0.2051	0.2128	0.2205	0.2282
0.3	0.2358	0.2434	0.2510	0.2586	0.2661	0.2737	0.2812	0.2886	0.2961	0.3035
0.4	0.3108	0.3182	0.3255	0.3328	0.3401	0.3473	0.3545	0.3616	0.3688	0.3759
0.5	0.3829	0.3899	0.3969	0.4039	0.4108	0.4177	0.4245	0.4313	0.4381	0.4448
0.6	0.4155	0.4581	0.4647	0.4713	0.4778	0.4843	0.4907	0.4971	0.5035	0.5098
0.7	0.5161	0.5223	0.5283	0.5346	0.5407	0.5467	0.5527	0.5587	0.5646	0.5705
0.8	0.5763	0.5821	0.5878	0.5935	0.5991	0.6047	0.6102	0.6157	0.6211	0.6265
0.9	0.6319	0.6372	0.6424	0.6476	0.6528	0.6579	0.6629	0.6680	0.6729	0.6778
1.0	0.6827	0.6875	0.6923	0.6970	0.7017	0.7063	0.7109	0.7154	0.7199	0.7243
1.1	0.7287	0.7330	0.7373	0.7415	0.7457	0.7499	0.7540	0.7580	0.7620	0.7660
1.2	0.7699	0.7737	0.7775	0.7813	0.7850	0.7887	0.7923	0.7957	0.7995	0.8030
1.3	0.8064	0.8098	0.8132	0.8165	0.8198	0.8230	0.8262	0.8293	0.8324	0.8355
1.4	0.8385	0.8415	0.8444	0.8473	0.8501	0.8529	0.8557	0.8584	0.8611	0.8368

附录 C 标准正态分布概率双侧临界值表

续表

U_α	0.00	0.01	0.02	0.03	0.04	0.05	0.06	0.07	0.08	0.09
1.5	0.8664	0.8690	0.8715	0.8740	0.8764	0.8789	0.8812	0.8836	0.8859	0.8882
1.6	0.8904	0.8926	0.8948	0.8969	0.8990	0.9011	0.9031	0.9051	0.9070	0.9090
1.7	0.9109	0.9127	0.9146	0.9164	0.9181	0.9199	0.9216	0.9233	0.9249	0.9265
1.8	0.9281	0.9297	0.9312	0.9328	0.9342	0.9357	0.9371	0.9385	0.9399	0.9412
1.9	0.9426	0.9439	0.9451	0.9464	0.9476	0.9488	0.9500	0.9512	0.9523	0.9534
2.0	0.9545	0.9556	0.9566	0.9576	0.9587	0.9596	0.9606	0.9616	0.9625	0.9634
2.1	0.9643	0.9655	0.9660	0.9668	0.9676	0.9684	0.9692	0.9700	0.9707	0.9714
2.2	0.9722	0.9728	0.9736	0.9742	0.9749	0.9756	0.9762	0.9768	0.9774	0.9780
2.3	0.9786	0.9792	0.9797	0.9802	0.9807	0.9812	0.8917	0.9822	0.9827	0.9832
2.4	0.9836	0.9840	0.9845	0.9850	0.9853	0.9858	0.9861	0.9864	0.9869	0.9872
2.5	0.9876	0.9880	0.9883	0.9886	0.9889	0.9892	0.9895	0.9898	0.9901	0.9904
2.6	0.9907	0.9910	0.9912	0.9914	0.9917	0.9920	0.9922	0.9924	0.9926	0.9928
2.7	0.9931	0.9932	0.9935	0.9936	0.9939	0.9941	0.9942	0.9944	0.9946	0.9948
2.8	0.9949	0.9950	0.9952	0.9954	0.9955	0.9956	0.9958	0.9959	0.9960	0.9967
2.9	0.9962	0.9964	0.9965	0.9966	0.9967	0.9968	0.9969	0.9970	0.9971	0.9972
3.0	0.9973	0.9974	0.9975	0.9976	0.9977	0.9978	0.9978	0.9978	0.9980	0.9980

附录D t分布临界值表

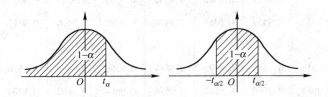

（表中数字为临界值的绝对值；单侧α为右侧概率，双侧α为两边小概率的和）

自由度	双侧 α = 0.50 单侧 α = 0.25	双侧 α = 0.20 单侧 α = 0.10	双侧 α = 0.10 单侧 α = 0.05	双侧 α = 0.05 单侧 α = 0.025	双侧 α = 0.02 单侧 α = 0.01	双侧 α = 0.01 单侧 α = 0.005
1	1.0000	3.0777	6.3138	12.7062	31.8207	63.6574
2	0.8165	1.8856	2.9200	4.3207	6.9646	9.9248
3	0.7649	1.6377	2.3534	3.1824	4.5407	5.8409
4	0.7407	1.5332	2.1318	2.7764	3.7469	4.6041
5	0.7267	1.4759	2.0150	2.5706	3.3649	4.0322
6	0.7176	1.4398	1.9432	2.4469	3.1427	3.7074
7	0.7111	1.4149	1.8946	2.3646	2.9980	3.4995
8	0.7064	1.3968	1.8595	2.3060	2.8965	3.3554
9	0.7027	1.3830	1.8331	2.2622	2.8214	3.2498
10	0.6998	1.3722	1.8125	2.2281	2.7638	3.1693
11	0.6974	1.3634	1.7959	2.2010	2.7181	3.1058
12	0.6955	1.3562	1.7823	2.1788	2.6810	3.0545
13	0.6938	1.3502	1.7709	2.1604	2.6503	3.0123
14	0.6924	1.3450	1.7613	2.1448	2.6245	2.9768
15	0.6912	1.3406	1.7531	2.1315	2.6025	2.9467

续表

自由度	双侧 $\alpha=0.50$ 单侧 $\alpha=0.25$	双侧 $\alpha=0.20$ 单侧 $\alpha=0.10$	双侧 $\alpha=0.10$ 单侧 $\alpha=0.05$	双侧 $\alpha=0.05$ 单侧 $\alpha=0.025$	双侧 $\alpha=0.02$ 单侧 $\alpha=0.01$	双侧 $\alpha=0.01$ 单侧 $\alpha=0.005$
16	0.6901	1.3368	1.7459	2.1199	2.5835	2.9028
17	0.6892	1.3334	1.7396	2.1098	2.5669	2.8982
18	0.6884	1.3304	1.7341	2.1009	2.5524	2.8784
19	0.6876	1.3277	1.7291	2.0930	2.5395	2.8609
20	0.6870	1.3253	1.7247	2.0860	2.5280	2.8453
21	0.6864	1.3232	1.7207	2.0796	2.5177	2.8314
22	0.6858	1.3212	1.7171	2.0739	2.5083	2.8188
23	0.6853	1.3195	1.7139	2.0687	2.4999	2.8073
24	0.6848	1.3178	1.7109	2.0639	2.4922	2.7969
25	0.6844	1.3163	1.7081	2.0595	2.4851	2.7874
26	0.6840	1.3150	1.7056	2.0555	2.4786	2.7787
27	0.6837	1.3137	1.7033	2.0518	2.4727	2.7707
28	0.6834	1.3125	1.7011	2.0484	2.4671	2.7633
29	0.6830	1.3114	1.6991	2.0452	2.4620	2.7564
30	0.6828	1.3104	1.6973	2.0423	2.4573	2.7500

附录 E 标准正态分布概率较小制累计分布表

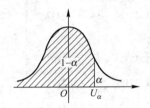

（表中数字为 $1-\alpha$ 值，即图中阴影部分；U_α 为临界值，纵标目为 U_α 的第二位小数）

U_α	0.00	0.01	0.02	0.03	0.04	0.05	0.06	0.07	0.08	0.09
−3.0	0.0013	0.0010	0.0007	0.0005	0.0003	0.0002	0.0002	0.0001	0.0001	0.0000
−2.9	0.0019	0.0018	0.0017	0.0017	0.0016	0.0016	0.0015	0.0015	0.0014	0.0014
−2.8	0.0026	0.0025	0.0024	0.0023	0.0023	0.0022	0.0021	0.0021	0.0020	0.0019
−2.7	0.0035	0.0034	0.0033	0.0032	0.0031	0.0030	0.0029	0.0028	0.0027	0.0026
−2.6	0.0047	0.0045	0.0044	0.0043	0.0041	0.0040	0.0039	0.0038	0.0037	0.0036
−2.5	0.0062	0.0060	0.0059	0.0057	0.0055	0.0054	0.0052	0.0051	0.0049	0.0048
−2.4	0.0082	0.0080	0.0078	0.0075	0.0073	0.0071	0.0069	0.0068	0.0066	0.0064
−2.3	0.0107	0.0104	0.0102	0.0099	0.0096	0.0094	0.0091	0.0089	0.0087	0.0084
−2.2	0.0139	0.0136	0.0132	0.0129	0.0126	0.0122	0.0119	0.0116	0.0113	0.0110
−2.1	0.0179	0.0174	0.0170	0.0166	0.0162	0.0158	0.0154	0.0150	0.0146	0.0143
−2.0	0.0228	0.0222	0.0217	0.0212	0.0207	0.0202	0.0197	0.0192	0.0188	0.0183
−1.9	0.0287	0.0281	0.0274	0.0268	0.0262	0.0256	0.0250	0.0244	0.0238	0.0233
−1.8	0.0359	0.0352	0.0344	0.0336	0.0329	0.0322	0.0314	0.0307	0.0300	0.0294
−1.7	0.0446	0.0436	0.0427	0.0418	0.0409	0.0401	0.0392	0.0384	0.0375	0.0367
−1.6	0.0548	0.0537	0.0526	0.0516	0.0505	0.0495	0.0485	0.0475	0.0465	0.0455
−1.5	0.0668	0.0655	0.0643	0.0630	0.0618	0.0606	0.0594	0.0582	0.0570	0.0559
−1.4	0.0808	0.0793	0.0778	0.0764	0.0749	0.0735	0.0722	0.0708	0.0694	0.0681
−1.3	0.0968	0.0951	0.0934	0.0918	0.0901	0.0885	0.0869	0.0853	0.0838	0.0823
−1.2	0.1151	0.1131	0.1112	0.1093	0.1057	0.1056	0.1038	0.1020	0.1003	0.0985
−1.1	0.1357	0.1225	0.1314	0.1292	0.1271	0.1251	0.1230	0.1210	0.1190	0.1170
−1.0	0.1587	0.1562	0.1539	0.1515	0.1492	0.1469	0.1446	0.1423	0.1401	0.1379
−0.9	0.1841	0.1814	0.1788	0.1762	0.1736	0.1711	0.1685	0.1660	0.1635	0.1611
−0.8	0.2119	0.2090	0.2061	0.2033	0.2005	0.1977	0.1949	0.1922	0.1894	0.1867
−0.7	0.2420	0.2389	0.2358	0.2372	0.2297	0.2266	0.2236	0.2206	0.2177	0.2148
−0.6	0.2743	0.2709	0.2676	0.2643	0.2611	0.2578	0.2540	0.2514	0.2483	0.2451

附录 E　标准正态分布概率较小制累计分布表

续表

U_α	0.00	0.01	0.02	0.03	0.04	0.05	0.06	0.07	0.08	0.09
−0.5	0.3085	0.3050	0.3015	0.2981	0.2946	0.2912	0.2877	0.2843	0.2810	0.2776
−0.4	0.3446	0.3409	0.3372	0.3336	0.3300	0.3264	0.3228	0.3192	0.3156	0.3121
−0.3	0.3821	0.3783	0.3745	0.3707	0.3669	0.3632	0.3594	0.3557	0.3520	0.3483
−0.2	0.4207	0.4168	0.4129	0.4090	0.4052	0.4013	0.3974	0.3936	0.3897	0.3859
−0.1	0.4602	0.4562	0.4522	0.4483	0.4443	0.4404	0.4364	0.4325	0.4286	0.4247
−0.0	0.5000	0.4960	0.4920	0.4880	0.4840	0.4801	0.4761	0.4721	0.4681	0.4641
0.0	0.5000	0.5040	0.5080	0.5120	0.5160	0.5199	0.5239	0.5279	0.5319	0.5359
0.1	0.5398	0.5438	0.5478	0.5517	0.5557	0.5596	0.5636	0.5675	0.5714	0.5753
0.2	0.5793	0.5832	0.5871	0.5910	0.5948	0.5987	0.6026	0.6064	0.6103	0.6141
0.3	0.6179	0.6217	0.6255	0.6293	0.6331	0.6368	0.6406	0.6443	0.6480	0.6517
0.4	0.6554	0.6591	0.6628	0.6664	0.6700	0.6736	0.6772	0.6808	0.6844	0.6879
0.5	0.6915	0.6950	0.6985	0.7019	0.7054	0.7088	0.7123	0.7157	0.7190	0.7224
0.6	0.7257	0.7291	0.7324	0.7357	0.7389	0.7422	0.7454	0.7486	0.7517	0.7549
0.7	0.7580	0.7611	0.7642	0.7673	0.7703	0.7734	0.7764	0.7794	0.7823	0.7852
0.8	0.7881	0.7910	0.7939	0.7967	0.7995	0.8023	0.8051	0.8078	0.8106	0.8133
0.9	0.8159	0.8186	0.8212	0.8238	0.8264	0.8289	0.8315	0.8340	0.8365	0.8389
1.0	0.8413	0.8438	0.8461	0.8485	0.8508	0.8531	0.8554	0.8577	0.8599	0.8621
1.1	0.8643	0.8665	0.8686	0.8708	0.8729	0.8749	0.8770	0.8790	0.8810	0.8830
1.2	0.8849	0.8869	0.8888	0.8907	0.8925	0.8944	0.8962	0.8980	0.8997	0.9015
1.3	0.9032	0.9049	0.9066	0.9082	0.9099	0.9115	0.9131	0.9147	0.9162	0.9177
1.4	0.9192	0.9207	0.9222	0.9236	0.9251	0.9265	0.9278	0.9292	0.9306	0.9319
1.5	0.9332	0.9345	0.9357	0.9370	0.9382	0.9394	0.9406	0.9418	0.9430	0.9441
1.6	0.9452	0.9463	0.9474	0.9484	0.9495	0.9505	0.9515	0.9525	0.9535	0.9545
1.7	0.9554	0.9564	0.9573	0.9582	0.9591	0.9599	0.9608	0.9616	0.9625	0.9633
1.8	0.9641	0.9648	0.9656	0.9664	0.9671	0.9678	0.9686	0.9693	0.9700	0.9706
1.9	0.9713	0.9719	0.9726	0.9732	0.9738	0.9744	0.9750	0.9756	0.9762	0.9767
2.0	0.9772	0.9778	0.9783	0.9788	0.9793	0.9798	0.9803	0.9808	0.9812	0.9817
2.1	0.9821	0.9826	0.9830	0.9834	0.9838	0.9842	0.9846	0.9850	0.9854	0.9857
2.2	0.9861	0.9864	0.9868	0.9871	0.9874	0.9878	0.9881	0.9884	0.9887	0.9890
2.3	0.9893	0.9896	0.9898	0.9901	0.9904	0.9906	0.9909	0.9911	0.9913	0.9916
2.4	0.9918	0.9920	0.9922	0.9925	0.9927	0.9929	0.9931	0.9932	0.9934	0.9936
2.5	0.9938	0.9940	0.9941	0.9943	0.9945	0.9946	0.9948	0.9949	0.9951	0.9952
2.6	0.9953	0.9955	0.9956	0.9957	0.9959	0.9960	0.9961	0.9962	0.9963	0.9964
2.7	0.9965	0.9966	0.9967	0.9968	0.9969	0.9970	0.9971	0.9972	0.9973	0.9974
2.8	0.9974	0.9975	0.9976	0.9977	0.9977	0.9978	0.9979	0.9979	0.9980	0.9981
2.9	0.9981	0.9982	0.9982	0.9983	0.9984	0.9984	0.9985	0.9985	0.9986	0.9986
3.0	0.9987	0.9990	0.9993	0.9995	0.9997	0.9998	0.9998	0.9999	0.9999	1.0000

参考文献

[1] 杨曾武.社会经济统计学原理教科书.北京:中国统计出版社,1986.
[2] 陈希孺,苏淳.统计学漫话,北京:科学出版社,1987.
[3] 黄良文.统计学原理问题研究,北京:中国统计出版社,1988.
[4] 罗森费尔德.36小时商务统计课程.上海:上海人民出版社,1994.
[5] 陈允明.国民经济统计概论.北京:中国人民大学出版社,1995.
[6] 黄良文.统计学原理.北京:中央广播电视大学出版社,1996.
[7] 林洪,罗良清.现代统计学.北京:经济管理出版社,1996.
[8] 焦红浩,史书良,张艺萍.统计学原理.北京:航空工业出版社,1997.
[9] 徐锡平.金融统计.北京:中国金融出版社,1998.
[10] 王景新.统计基础与实训.北京:中国物价出版社,1999.
[11] 穆久顺,王积田.统计学原理.2版.哈尔滨:黑龙江人民出版社,1999.
[12] 李洁明,祁新娥.统计学原理.2版.上海:复旦大学出版社,1999.
[13] 卞毓宁.统计学概论.北京:高等教育出版社,2000.
[14] 贾俊平,何晓群,金勇进.统计学.北京:中国人民大学出版社,2000.
[15] 李国艳.新编统计基础.大连:大连理工大学出版社,2002.
[16] 李朝鲜.社会经济统计学教程.北京:经济科学出版社,2002.
[17] 王涛,曲昭仲.统计学原理.2版.北京:中国财政经济出版社,2003.
[18] 张清太.统计学教程.上海:立信会计出版社,2004.
[19] 方促进.统计学与统计案例分析.南昌:江西高校出版社,2004.
[20] 栗方忠.统计学原理.2版.大连:东北财经大学出版社,2004.
[21] 贾俊平,何晓群,金勇进.统计学.2版.北京:中国人民大学出版社,2004.
[22] 梁前德.基础统计.2版.北京:高等教育出版社,2005.
[23] 曹光四,邹晓明.统计学原理.上海:立信会计出版社,2005.
[24] 袁卫,庞皓,曾五一,等.统计学.2版.北京:高等教育出版社,2005.